Betriebs-Berater Schriftenreihe

Praxisleitfaden zur Umsetzung der EU-Entgelttransparenzrichtlinie

Herausgegeben von:

Dr. Michaela Felisiak, LL.M.
und
Dr. Dominik Sorber

Fachmedien Recht und Wirtschaft | dfv Mediengruppe | Frankfurt am Main

Bibliografische Information Der Deutschen Nationalbibliothek

Die Deutsche Nationalbibliothek verzeichnet diese Publikation in der Deutschen Nationalbibliografie; detaillierte bibliografische Daten sind im Internet über http://dnb.de abrufbar.

ISBN 978-3-8005-1975-0

dfv Mediengruppe

www.ruw.de

Druck: Beltz Grafische Betriebe GmbH, 99947 Bad Langensalza

Printed in Germany

Autoren- und Herausgeberverzeichnis

Nicole Barz	Rechtsanwältin München
Jan-Philipp Brune	Fachanwalt für Arbeitsrecht, Hamburg
Dr. Michaela Felisiak, LL.M.	Fachanwältin für Arbeitsrecht, München
Niklas Kastel	Rechtsanwalt München
Christina Knoepffler	Referentin im Bayerischen Staatsministerium für Familie, Arbeit und Soziales, München
Markus Matt	Journalist & HR-Experte, München
Dr. Dominik Sorber	Fachanwalt für Arbeitsrecht, München
Raffaela Stutz	Senior Principal, Mercer – Career / Rewards, München
Stefan Würz	Senior Principal, Mercer – Career / Rewards, Frankfurt am Main
Rorry Zhang	Manager, Mercer – Career / Rewards, Wien

Vorwort

Entgelttransparenz ist kein Randthema mehr – sie wird zum strategischen Erfolgsfaktor.

Jahrzehntelang galt: *Über Geld spricht man nicht.* Dieses Sprichwort ist überholt. Mit der Entgelttransparenzrichtlinie müssen Arbeitgeber, Betriebsräte und Beschäftigte offenlegen, begründen und vergleichen, wie sich Gehälter zusammensetzen.

Die *vertrauten* Unternehmensphilosophien wie „*Aber das haben wir schon immer so gemacht*", „*Aber das haben wir noch nie so gemacht*" und „*Aber die anderen machen das genau so*" tragen künftig als Ausreden nicht mehr. Wer sie weiter pflegt, riskiert Rechtsverstöße, Imageschäden und den Verlust von Fachkräften.

Dieses Praxisbuch zeigt, **warum** Offenheit beim Entgelt kein Risiko, sondern **eine Chance** ist – und **wie** Sie die Richtlinie rechtssicher, pragmatisch und mit Mehrwert umsetzen. Es verbindet die juristische Präzision eines Kommentars mit der HandsonPerspektive eines Leitfadens: Sie erfahren die Hintergründe, Pflichten und Fristen, lernen erprobte Werkzeuge zur diskriminierungsfreien Gehaltsgestaltung kennen und sehen, wie sich Transparenz in eine tragfähige **Arbeitgeberstrategie** übersetzen lässt – damit Sie in Ihrem Unternehmen sagen können: Wir sprechen über Entgelt und machen das zur Unternehmensstrategie.

Utting/München, Mai 2025

Dr. Michaela Felisiak, LL.M. Dr. Dominik Sorber

Inhaltsverzeichnis

Kapitel 6
Umsetzung der EntgelttransparenzRL auf Vergütungsstrukturen

Kapitel 7
Lösungsansätze zur Beseitigung nicht gerechtfertigter Entgeltunterschiede

Kapitel 1
Einleitung & Status Quo aus Unternehmenssicht

A. Chancen und Herausforderungen für Unternehmen

Wir schreiben das Jahr 2025 und immer noch gibt es **massive Unterschiede** zwischen den Gehältern bei Männern und Frauen. Nicht nur in Deutschland, sondern in vielen europäischen Nachbarländern. Und das, obwohl bereits seit 1957 in den europäischen Verträgen[1] verankert ist, dass Männer und Frauen in Europa bei „gleicher oder gleichwertiger Arbeit“ das **gleiche Entgelt** beziehen sollen. 1

Nach wie vor bestehen **signifikante Unterschiede** in der Entlohnung von Männern und Frauen – das sogenannte Gender Pay Gap (nachfolgend „GPG“). Damit ist der Umstand gemeint, dass Frauen in Deutschland durchschnittlich 18 % weniger verdienen als Männer (sog. unbereinigter *Gender Pay Gap*). Selbst bei vergleichbarer Qualifikation, Tätigkeit und Erwerbsbiografie verdienen Frauen 6 % weniger als ihre männlichen Kollegen (sog. bereinigter *Gender Pay Gap*).[2] Diese Ungleichheit zieht sich durch viele Branchen und Unternehmensgrößen. Um dem **entgegenzuwirken**, trat am 6. Juni 2023 die Entgelttransparenz-Richtlinie (EU) 2023/970[3] in Kraft (nachfolgend „EntgTransp-RL“). Bis zum **7. Juni 2026** haben die Mitgliedstaaten Zeit, diese in nationales Recht umzusetzen. Viele Unternehmen haben noch nicht erkannt, was das konkret bedeutet und dass bereits jetzt Handlungsbedarf besteht. 2

Manch einer könnte einwenden: Gibt es in Deutschland nicht längst Regelungen hierzu? Immerhin untersagt das Allgemeine Gleichbehandlungsgesetz (AGG) die unmittelbare sowie mittelbare Benach- 3

1 Art. 119 EGV (später Art. 141 EGV), nunmehr Art. 157 AEUV.

2 Statistisches Bundesamt, Pressemitteilung Nr. 27 vom 18.1.2024.

3 Richtlinie des Europäischen Parlaments und des Rates zur Stärkung der Anwendung des Grundsatzes des gleichen Entgelts für Männer und Frauen bei gleicher oder gleichwertiger Arbeit durch Entgelttransparenz und Durchsetzungsmechanismen“ RL (EU) 2023/970 vom 10.5.2023, L 132/21 (sog. Entgelttransparenz-Richtlinie).

teiligung aufgrund des Geschlechts. Zudem wurde bereits 2017 das Entgelttransparenzgesetz (EntgTranspG) verabschiedet.

4 Das ist richtig – und dennoch ist von **echter Entgeltgleichheit** in Deutschland (noch) keine Rede. Das zeigt sich sowohl an Hand der hierzu ergangenen Rechtsprechung[4] als auch an einschlägigen Statistiken[5]. Unternehmen sollten sich bereits jetzt darauf vorbereiten, dass die Debatte um Entgeltgleichheit an **Dynamik und Bedeutung** auf verschiedenen Ebenen gewinnt. Gleichzeitig wächst der Druck aus Brüssel: Die EntgTranspRL geht in vielen Punkten deutlich über die bestehenden Vorgaben des deutschen EntgTranspG hinaus – und zwingt Unternehmen zum Handeln.

I. Chancen mit Umsetzung der EntgTranspRL

5 Das **Wichtigste** gleich vorab: Wie bei vielen Compliance-Themen bietet die Umsetzung der Entgelttransparenz-Richtlinie für Unternehmen **erhebliche Chancen**. Durch eine **aktive und transparente** Beschäftigung mit Entgeltfragen können Arbeitgeber ihre Attraktivität am Markt signifikant steigern: Faire und **nachvollziehbare Bezahlungsstrukturen** stärken die **Mitarbeiterzufriedenheit**, erhöhen das Vertrauen und verbessern langfristig die Mitarbeiterbindung. Gerade in Zeiten zunehmenden Fachkräftemangels ist es entscheidend, sich als moderner und glaubwürdiger Arbeitgeber zu positionieren, um **Talente** anzuziehen und **langfristig** zu binden. Unternehmen, die sich aktiv für Entgeltgleichheit einsetzen, profitieren zudem von einer verbesserten Reputation, übernehmen gesellschaftliche Verantwortung und heben sich positiv von Wettbewerbern ab. Transparente und **faire Vergütungssysteme reduzieren Konfliktpotenziale**, erhöhen die Mitarbeitermotivation, minimieren rechtliche Risiken und fördern ein **produktives Betriebsklima**.

6 Entgelttransparenz bietet Unternehmen zudem die Chance, sich als **Vorreiter** in Sachen Fairness und Gleichberechtigung zu positionieren. Gerade in Zeiten, in denen Diversity und Inklusion immer stärker

---

4 U.a. BAG, Urteil vom 16.2.2023 – 8 AZR 450/21, VG Freiburg, Urteil vom 3.3.2023 – 5 K 664/21, Arb Köln, Urteil vom 6.10.2023 – 18 Ca 5541/20, LAG Baden-Württemberg vom 1.10.2024 – 2 Sa 14/24.

5 Weitere Details hierzu finden sich in Kapitel 6.

in den Fokus rücken, setzt **Entgelttransparenz** ein klares Signal für Gleichbehandlung am Arbeitsplatz. Diese Transparenz schafft **Vertrauen** innerhalb der Belegschaft und erhöht die **Mitarbeiterbindung** an das Unternehmen.

Die Umsetzung der Richtlinie ermöglicht es Unternehmen **langfristig, effizienter und gerechter** zu agieren, da strukturelle Probleme wie verdeckte Lohnunterschiede aufgedeckt und gezielt beseitigt werden können. **Transparente** Gehaltsstrukturen erleichtern (auch für Unternehmen) **Gehaltsverhandlungen** und fördern die **Leistungsmotivation**, da Mitarbeiter das Gefühl haben, dass ihre Arbeit fair und nachvollziehbar – insbesondere auch im Vergleich zu Kollegen – honoriert wird. 7

Aus **strategischer** Sicht ist eine frühzeitige Umsetzung der Entgelttransparenz-Richtlinie ratsam. Unternehmen, die rechtzeitig agieren, schaffen sich wertvollen **Gestaltungsspielraum**. Dieser kann resp. sollte genutzt werden, um **proaktiv** strategische Anpassungen der Vergütungsstruktur vorzunehmen, etwa durch gezielte Gehaltserhöhungen (z.B. in Etappen) oder Anpassungen einzelner Entgeltbestandteile (individueller Bonus).[6] So können bestehende Ungleichheiten schrittweise und nachhaltig korrigiert werden, anstatt später kurzfristig reagieren zu müssen. Ein frühzeitiges Handeln ist **Kernbestandteil** nachhaltiger **Unternehmensführung** und signalisiert der Belegschaft, dass faire und leistungsgerechte Bezahlung aktiv gefördert wird. Dies stärkt die positive Wahrnehmung im Unternehmen und reduziert das Risiko **kostenintensiver Konflikte** und rechtlicher Auseinandersetzungen, die dem Image und Betriebsklima nachhaltig schaden könnten. 8

Unternehmen sollten die Entgelttransparenz zudem als **Gewinn** betrachten: Transparenz in Vergütungsfragen ist eng mit **Unternehmenswerten**, **Mitarbeiteridentifikation** sowie der **Motivation** und **Zufriedenheit** der Mitarbeiter verbunden. Leistungsträger und Talente gewinnt und hält man nicht mit einfachen Benefits wie einem Obstkorb, sondern mit einer nachhaltigen **HR-Strategie**, zu der Entwicklungsmöglichkeiten, Verantwortung und transparente, marktgerechte 9

6 BAG, Urteil vom 16. April 2025 – 10 AZR 80/24 entschied, dass auch sog. Kryptowährung Ether (ETH) zur Erfüllung von Provisionsansprüchen des Arbeitnehmers vereinbart werden können.

Vergütungsstrukturen zählen. Auch **innovative Vergütungsbestandteile** wie **Mitarbeiterbeteiligungsprogramme**[7] sind längst nicht mehr nur in Startups, sondern auch in mittelständischen Unternehmen zu finden. Die Umsetzung der Entgelttransparenz-Richtlinie ist daher nicht nur eine lästige Pflicht, sondern ein **essenzieller Schritt** hin zu einer zukunftsorientierten HR-Strategie. Die Planung und Umsetzung sollten daher frühzeitig mit klaren Verantwortlichkeiten und abgestimmten Entscheidungen erfolgen. Falls Sie in Ihrem Unternehmen noch überzeugende Argumente für eine umfassende HR-Strategie suchen, hilft möglicherweise ein kurzer Selbsttest:

10 Fragen Sie sich, warum Sie selbst in der Vergangenheit einen **Arbeitgeber gewechselt** haben. Der häufigste Grund ist **laut Studien das Gehalt** (73 %)[8]. Unzufriedenheit mit Arbeitsbedingungen und ungerechter Vergütung zählen regelmäßig zu den Hauptursachen für Jobwechsel. Erfassen Sie intern, warum Mitarbeiter Ihr Unternehmen verlassen? Wenn nicht, sollten Sie dies zukünftig tun. Ermitteln Sie dabei auch, **welche Kosten** dadurch entstehen – etwa durch **Produktivitätsverlust**, weiteren Folgekündigungen im Team, Recruiting-Kosten oder Einarbeitungsaufwand. Diese Kostenanalyse verdeutlicht, dass die Umsetzung der Entgelttransparenz-Richtlinie nicht nur aus Compliance-Sicht wichtig ist, sondern auch **erhebliche finanzielle Vorteile** mit sich bringt. Zu den wesentlichen Faktoren, die Mitarbeiter bei einem neuen Arbeitgeber erwarten, zählen langfristige Arbeitsplatzsicherheit (69 %), höheres Gehalt (65 %) und gutes Führungsverhalten (63 %).[9]

---

7 Auch bei virtuellen Mitarbeiterbeteiligungsprogrammen gilt die EntgTransp-RL. Neben diesen Vorgaben gab das BAG ganz aktuell auch seine großzügige Rechtsprechung zum AGB-Recht auf: BAG, Urteil vom 19. März 2025 – 10 AZR 67/24, sodass die Beteiligungsprogramme rechtlich neu gedacht werden müssen.

8 Vgl. hierzu: https://www.bund-verlag.de/aktuelles~Viele-Beschaeftigte-koennen-sich-Arbeitgeberwechsel-vorstellen~.html#:~:text=F%C3%BCr%20diejenigen%2C%20die%20offen%20f%C3%BCr%20einen%20Arbeitgeberwechsel%20sind%2C,sicherer%20Job%20sowie%20gutes%20F%C3%BChrungsverhalten%20 %28je%2062%20Prozent%29, zuletzt abgerufen am 16.3.2025.

9 Vgl. hierzu: https://www.hrblue.com/de/forsa-studie-zur-wechselwilligkeit-2025/, zuletzt abgerufen am 16.3.2025.

II. Herausforderungen bei der Umsetzung der EntgTranspRL

11 Allerdings birgt die Umsetzung der EntgTranspRL auch Herausforderungen, insbesondere für Unternehmen kleiner und mittlerer Größe (nachfolgend „**KMUs**"). Der bürokratische und administrative Aufwand steigt, da Unternehmen beispielsweise künftig verpflichtet sind, nicht nur Gehälter offenzulegen, sondern bereits ab 100 Arbeitnehmern[10] auch umfassende Entgeltberichte zu erstellen. Unter 100 Arbeitnehmern „sollten" Unternehmen dies bereits tun.

12 KMUs fehlen häufig die personellen, finanziellen und organisatorischen Ressourcen, um komplexe **Vergütungsstrukturen detailliert zu analysieren** und Anpassungen schnell umzusetzen. Darüber hinaus verfügen KMUs oft nicht über spezialisierte HR-Abteilungen (People and Culture) oder rechtliches Know-how, um den Anforderungen effizient gerecht zu werden. Deshalb sind gerade diese Unternehmen gut beraten, sich **frühzeitig** und strukturiert mit den neuen Anforderungen auseinanderzusetzen. Nur so können sie sicherstellen, die gesetzlichen Vorgaben fristgerecht zu erfüllen und gleichzeitig potenzielle **Haftungs- und Reputationsrisiken** zu vermeiden.

B. Entgelttransparenz aus Unternehmensperspektive im Überblick

13 Am 10. Mai 2023 wurde die **EntgTranspRL** erlassen, im Juni 2023 trat sie in Kraft. Wenngleich bis zum Ablauf ihrer Umsetzungsfrist am 7. Juni 2026 (Art. 34 Abs. 1 EntgTranspRL) nur noch weniger als ein Jahr Zeit ist, sind Diskussionen (in der Fachwelt) über die Umsetzung bislang ausgeblieben.[11] Allein angesichts der Tatsache, dass sich die Mehrheiten im Deutschen Bundestag nach den Neuwahlen Ende Februar 2025 erst finden mussten, kann kaum mit Sicherheit behauptet

10 Art. 9 Abs. 1 EntgTranspRL; Der Zeitpunkt dieser Verpflichtung hängt von der Unternehmensgröße ab: von 100–149 Arbeitnehmern erstmalig zum 7.6.2031; von 150–249 Arbeitnehmern erstmalig zum 7.6.2027, Art. 9 Abs. 2–4 EntgTranspRL.

11 Vgl. hierzu schon *Rolfs*, EuZW 2023, 489, 490; *Winter*, NZA 2024, 8.

werden, dass diese Frist eingehalten werden wird. Im **Koalitionsvertrag** von Union und SPD gibt es keine konkreten Hinweise auf die Umsetzung der EntgTranspRL.[12] Dennoch werden die Auswirkungen der EntgTranspRL die Unternehmen und die Arbeitsgerichte unabhängig von einer nationalen Umsetzung erreichen. Arbeitgeber sollten frühzeitig Vorkehrungen treffen, um die **eigenen Entgeltstrukturen** richtlinienkonform auszugestalten und die Chancen, Entgeltstrukturen (neu) aufzubauen, zu nutzen.

I. Ziele der EntgTranspRL

14 Ziel der EntgTranspRL ist es, die **geschlechtergerechte Entgeltstruktur** und **Transparenz** zu fördern sowie den Grundsatz des gleichen Entgelts bei gleicher oder gleichwertiger Arbeit (vergleiche hierzu Art. 157 Abs. 1 AEUV) wirkungsvoll durchzusetzen (siehe Art. 1 EntgTranspRL). Dazu soll sie

- die Entgeltdiskriminierung, insbesondere geschlechtsspezifische Lohnunterschiede, abbauen (vergleiche zum Beispiel Art. 1, 4 EntgTranspRL),
- die Entgeltgestaltung transparenter machen, indem unter Umständen detaillierte Informationen über Entgeltstrukturen bereitgestellt werden müssen (vergleiche zum Beispiel Art. 5 ff. EntgTranspRL, insbesondere Art. 7 EntgTranspRL (Auskunftsrecht)), und
- Verstöße gegen den Grundsatz des gleichen Entgelts durch verstärkte Durchsetzungsmechanismen effektiv verhindern und gegebenenfalls sanktionieren (vergleiche insbesondere Art. 23 EntgTranspRL, aber in diesem Zusammenhang auch Art. 16 EntgTranspRL).

15 Schon aus dieser kurzen Zusammenstellung wird deutlich: Die Auswirkungen der EntgTranspRL werden sich nicht nur punktuell zeigen. Sie werden das Beschäftigungsverhältnis umfassend prägen und sogar **vor Eingehen** einer vertraglichen Beziehung Einfluss auf ein etwaiges künftiges Beschäftigungsverhältnis haben (vergleiche zum Bei-

---

12 Die Koalition verspricht in ihrem Vertrag folgendes: „*Wir wollen gleichen Lohn für gleiche Arbeit für Frauen und Männer bis 2030 verwirklichen. Dazu werden wir die EU-Transparenzrichtlinie bürokratiearm in nationales Recht umsetzen. Wir werden eine Kommission einsetzen, die bis Ende 2025 dazu Vorschläge macht. Ein entsprechendes Gesetzgebungsverfahren soll dann unverzüglich eingeleitet werden.*“

spiel Art. 5 EntgTranspRL). Für Arbeitgeber bedeuten die massiven Ausweitungen, insbesondere auf der Durchsetzungs- und Sanktionsebene, im Vergleich zum bestehenden Recht und dem nationalen Entgelttransparenzgesetz[13], dass Anstrengungen unternommen werden müssen, um gesetzeskonform aufgestellt zu sein.[14]

II. Überblick über die zentralen Aspekte der EntgTranspRL

Die Richtlinie beinhaltet mehrere spezifische Anforderungen: **16**

1. Transparenz im Bewerbungsverfahren

Arbeitgeber müssen Bewerbern Informationen über das Einstiegsentgelt oder dessen Spanne sowie über einschlägige Tarifbestimmungen bereitstellen. Zudem dürfen sie Bewerber nicht nach ihrer bisherigen Gehaltsgeschichte fragen. **17**

2. Informationspflichten während des Beschäftigungsverhältnisses

Arbeitgeber sind verpflichtet, ihre Mitarbeiter über die Kriterien für die Festlegung und Entwicklung des Entgelts zu informieren. **18**

3. Erweitertes Auskunftsrecht

Beschäftigte haben das Recht, Informationen über das **durchschnittliche Entgelt** anderer Arbeitnehmer des eigenen und des anderen Geschlechts für gleiche oder gleichwertige Arbeit zu erhalten. **19**

4. Entgeltberichterstattung

Unternehmen mit mindestens 100 Beschäftigten sind verpflichtet, regelmäßig über ihre Entgeltstrukturen zu berichten. Die Häufigkeit dieser Berichte variiert je nach Unternehmensgröße: **20**

---

13 Gesetz zur Förderung der Entgelttransparenz zwischen Frauen und Männern (Entgelttransparenzgesetz – EntgTranspG) vom 30. Juni 2017 (BGBl. I S. 2152).

14 Vgl. hierzu schon *Köllmann*, SPA 2024, 33, 35.

- Unternehmen mit 250 oder mehr Beschäftigten: jährliche Berichterstattung ab dem 7. Juni 2027.
- Unternehmen mit 150 bis 249 Beschäftigten: dreijährliche Berichterstattung ab dem 7. Juni 2031.
- Unternehmen mit 100 bis 149 Beschäftigten: dreijährliche Berichterstattung ab dem 7. Juni 2031.

5. Gemeinsame Entgeltbewertung

21 Wenn ein geschlechtsspezifisches Lohngefälle von mindestens 5 % festgestellt wird und nicht durch objektive, geschlechtsneutrale Kriterien gerechtfertigt ist, sind Arbeitgeber verpflichtet, gemeinsam mit den Arbeitnehmervertretern eine Entgeltbewertung durchzuführen.

6. Beweislastumkehr

22 In Fällen von vermuteter Entgeltdiskriminierung liegt die Beweislast für das Gegenteil beim Arbeitgeber. Dieser muss nachweisen, dass keine Diskriminierung stattgefunden hat.

7. Sanktionen bei Verstößen

23 Arbeitgeber, die die Vorgaben der Entgelttransparenzrichtlinie missachten, müssen künftig mit spürbaren Sanktionen rechnen. Art. 23 der Richtlinie verpflichtet die Mitgliedstaaten, ein Sanktionsregime einzurichten, das *„wirksam, verhältnismäßig und abschreckend"* ist. In der Praxis können dies Bußgelder sein, die sich am Bruttojahresumsatz oder an der gesamten Lohn- und Gehaltssumme des Unternehmens orientieren – vergleichbar mit den Bußgeldmechanismen der DSGVO.[15] Ebenso kommt der Entzug öffentlicher Fördermittel oder der Ausschluss von Vergabeverfahren in Betracht. Ergänzend gewährt Art. 16 den betroffenen Beschäftigten einen Anspruch auf Entschädigung beziehungsweise Schadensersatz, sodass finanzielle Folgen nicht nur von staatlicher Seite, sondern auch zivilrechtlich drohen.

---

15 *Heimann*, SPA 2024, 133, 133.

III. Status Quo in Deutschland

Deutschland hat bereits mit dem Entgelttransparenzgesetz (EntgTranspG) von 2017 **erste Schritte** unternommen, um die **Entgeltgleichheit** zu fördern. Dieses Gesetz gewährt Beschäftigten in Unternehmen mit mehr als 200 Mitarbeitern einen **individuellen Auskunftsanspruch** über das Vergleichsentgelt. Zudem sind Unternehmen mit mehr als 500 Beschäftigten verpflichtet, regelmäßig Berichte zur Gleichstellung und Entgeltgleichheit zu erstellen. Allerdings hat eine Evaluierung des Gesetzes gezeigt, dass nur wenige Beschäftigte von ihrem Auskunftsrecht Gebrauch gemacht haben und viele Unternehmen ihre Entgeltstrukturen nicht überprüft haben. 24

Mit der neuen EU-Richtlinie steigt der Druck auf Unternehmen, ihre **Vergütungsstrukturen** transparenter zu gestalten und proaktive Maßnahmen zur Sicherstellung der Entgeltgleichheit zu ergreifen. 25

C. Rückschau: Überblick über die Entwicklungen der Entgelttransparenz auf europäischer und nationaler Ebene

Die Gleichstellung der Geschlechter mit Blick auf das Thema Vergütung ist seit Jahrzehnten ein zentrales Anliegen der Europäischen Union und ihrer Mitgliedstaaten. Trotz vielfältiger Bemühungen bestehen indes nach wie vor geschlechtsspezifische Lohnunterschiede. Um diesen entgegenzuwirken, wurden sowohl auf EU-Ebene als auch in Deutschland verschiedene gesetzliche Maßnahmen ergriffen. Zentraler Umsetzungsschritt ist die EntgTranspRL, die bis zum 7. Juni 2026 in nationales Recht umgesetzt werden muss. 26

I. Kurzüberblick über die Entwicklung der Entgelttransparenz auf EU-Ebene

1. Frühe Initiativen und Rechtsgrundlagen

Das Prinzip des gleichen Entgelts für Männer und Frauen bei gleicher oder gleichwertiger Arbeit ist seit den **Anfängen der Europäischen** 27

Gemeinschaft verankert. Bereits im Vertrag von Rom 1957 wurde in Artikel 119 das Gebot der Entgeltgleichheit festgeschrieben. In den folgenden Jahrzehnten wurden mehrere Richtlinien erlassen, um die Gleichstellung am Arbeitsplatz zu fördern.

28 Trotz dieser rechtlichen Rahmenbedingungen blieben die Fortschritte bei der Schließung des Gender-Pay-Gaps begrenzt. Das war auch der Auslöser, der die Europäische Union veranlasste, weitere Maßnahmen zur Verwirklichung der Entgeltgleichheit zu ergreifen.

2. Einordnung der EntgTranspRL

29 Angesichts der anhaltenden Lohnungleichheit zwischen den Geschlechtern verabschiedete das Europäische Parlament im März 2023 die EntgTranspRL.

30 Klar ist: Die Richtlinie zielt darauf ab, durch erhöhte Transparenz und spezifische Informationspflichten die Lohnlücke zu schließen und darüber hinaus den arbeitsrechtlichen Gleichbehandlungsgrundsatz zu stärken. Die EntgTranspRL verpflichtet Unternehmen, ihre Entgeltstrukturen offenzulegen und Maßnahmen zur Sicherstellung der Entgeltgleichheit zu implementieren. Die Mitgliedstaaten sind angehalten, diese Richtlinie bis zum 7. Juni 2026 in nationales Recht umzusetzen.

II. Kurzüberblick über die Entwicklung der Entgelttransparenz auf nationaler Ebene (Deutschland)

1. Allgemeines Gleichbehandlungsgesetz (AGG) 2006

31 In Deutschland wurde mit dem Allgemeinen Gleichbehandlungsgesetz (AGG) im Jahr 2006 ein umfassendes Antidiskriminierungsgesetz eingeführt, das unter anderem die Benachteiligung aufgrund des Geschlechts im Arbeitsleben verbietet. Das AGG bildet die Grundlage für den Schutz vor Diskriminierung und fördert die Gleichbehandlung in verschiedenen Bereichen, einschließlich der Entlohnung.

32 Obwohl das AGG formell sämtliche Entgeltbenachteiligungen wegen des Geschlechts untersagt, hat sich in der Praxis gezeigt, dass das Gesetz sein Ziel – eine wirksame Beseitigung unter anderem des Gender Pay Gaps – nur unzureichend erreicht. Dies belegt insbesondere der **Statistische Jahresbericht der Antidiskriminierungsstelle des Bundes (ADS)**: Dort stieg der Anteil der Beschwerden, die sich speziell auf Entgelt- und Beförderungsdiskriminierung beziehen, in den letzten Jahren kontinuierlich an. Parallel weisen die von der ADS ausgewerteten Erfolgsquoten gerichtlicher Klagen darauf hin, dass die Darlegungs- und Beweislastregelung des § 22 AGG für Betroffene weiterhin eine hohe Einstiegshürde bleibt.

Vor diesem Hintergrund mehren sich in Wissenschaft und Politik die Rufe nach einer Reform des AGG. **33**

2. Entgelttransparenzgesetz 2017

Um die Entgeltgleichheit weiter zu fördern, trat am 6. Juli 2017 das Entgelttransparenzgesetz (EntgTranspG) in Kraft. Dieses Gesetz sollte bereits das Gebot des gleichen Entgelts für Frauen und Männer bei gleicher oder gleichwertiger Arbeit durchsetzen. Es ergänzt das AGG und sieht verschiedene Instrumente zur Durchsetzung der Entgeltgleichheit vor: **34**

Auskunftsanspruch

Beschäftigte in Unternehmen mit mehr als 200 Mitarbeitern können danach Auskunft über die Kriterien und Verfahren der Entgeltfestlegung sowie über das Vergleichsentgelt erhalten. **35**

Nach derzeitigem Entgelttransparenzgesetz gilt der individuelle Auskunftsanspruch nur in Betrieben mit mindestens 200 Beschäftigten (§ 12 Abs. 1 EntgTranspG[16]). Die anfragende Person muss außerdem selbst eine Tätigkeit benennen, die ihrer Arbeit gleich oder gleichwertig ist (§ 10 Abs. 1 S. 2). Kommt der Arbeitgeber der Anfrage nach, reicht bislang die Mitteilung des Medians der Vergleichsvergütung aus (§ 11 Abs. 3 S. 2); weitergehende Entgeltangaben schuldet er nicht. **36**

---

16 § 12 Abs. 1 EntTranspG lautet wie folgt: *„Der Anspruch nach § 10 besteht für Beschäftigte nach § 5 Absatz 2 in Betrieben mit in der Regel mehr als 200 Beschäftigten bei demselben Arbeitgeber.“*

Beweislast

37 Bislang enthält das EntgTranspG nur eine ausdrückliche Beweislastregel für den Sonderfall, dass ein nicht tarifgebundener oder nicht tarifanwendender Arbeitgeber seiner Auskunftspflicht nach § 10 EntgTranspG nicht nachkommt (§ 15 Abs. 5 EntgTranspG). Tarifgebundene bzw. tarifanwendende Arbeitgeber genießen hier ein Privileg: Für sie sieht das Gesetz bislang keine entsprechende Sanktion vor.[17]

38 Allerdings hat das BAG klargestellt, dass eine Arbeitnehmerin bzw. ein Arbeitnehmer bereits dann ein Indiz im Sinne des § 22 AGG vorweisen kann, wenn das eigene Entgelt unterhalb des mitgeteilten Medianwerts liegt.[18] Kann eine Partei darlegen – und im Bestreitensfall beweisen –, dass Kolleg*innen des anderen Geschlechts für gleiche oder gleichwertige Arbeit höher bezahlt werden, besteht danach regelmäßig die Vermutung einer geschlechtsbedingten Entgeltbenachteiligung.

Berichtspflicht

39 Nach geltendem EntgTranspG sind bislang nur Unternehmen mit **mindestens 500 Beschäftigten** verpflichtet, einen Entgeltbericht vorzulegen (§ 21 Abs. 1 EntgTranspG).

3. Zwischenfazit

40 Trotz dieser Maßnahmen wurde das Gesetz in der Praxis **nur begrenzt**[19] genutzt, und es wurden weiterhin geschlechtsspezifische Lohnunterschiede festgestellt. Kritiker bemängelten unter anderem die hohen Schwellenwerte für die Anwendung des Gesetzes und das fehlende Verbandsklagerecht.

---

17 *Rolfs/Lex*, NZA 2023, 1353, 1358.

18 BAG, Urteil vom 21.1.2021 – 8 AZR 488/19, BAGE 173, 331 = NZA 2021, 1011; BAG, Urteil vom 16.2.2023 – 8 AZR 450/21, NZA 2023, 958 Rn. 41 ff.

19 Eine Juris-Suche ergab acht BAG-Entscheidungen, in denen mittel- oder unmittelbar auf das Entgelttransparenzgesetz abgestellt wird.

III. Überblick über die jüngste Rechtsprechung

Die aktuelle Rechtsprechung zeigt deutlich, warum Arbeitgeber das Thema Entgelttransparenz ernst nehmen sollten. Die Rechtsprechung des BAG zur **Kausalitätsvermutung** ist vor allem durch den Zweck des EntgTranspG, Entgeltdiskriminierung wegen des Geschlechts zu verhindern, geprägt.[20] **41**

Grundlage dafür sind insbesondere §§ 3 Abs. 1, 7 EntgTranspG sowie Art. 157 Abs. 1 AEUV. Um zum Beispiel als Frau einen solchen Anspruch geltend zu machen, muss die betroffene Arbeitnehmerin zunächst darlegen und gegebenenfalls beweisen, dass sie bei **gleicher oder gleichwertiger Tätigkeit** im Vergleich zu männlichen Kollegen ein geringeres Entgelt erhält und damit benachteiligt wird. Dabei kommt ihr zugute, dass sie zur **Begründung** einer Benachteiligung „wegen des Geschlechts" lediglich sogenannte **Indizien glaubhaft** machen muss, die eine geschlechtsbezogene Benachteiligung überwiegend wahrscheinlich erscheinen lassen. Sobald dies gelingt, tritt nach § 22 AGG eine **Umkehr der Darlegungs- und Beweislast** ein: Der Arbeitgeber trägt dann die volle Beweislast dafür, dass die unterschiedliche Bezahlung ausschließlich auf **objektiven und geschlechtsneutralen Kriterien** beruht und das Geschlecht keinerlei Rolle spielte. Die Praxis zeigt, dass Arbeitgebern dieser Vollbeweis regelmäßig nur schwer gelingt. Für Unternehmen ist daher von **entscheidender Bedeutung**, welche konkreten Umstände von der Rechtsprechung als ausreichend gewichtige Indizien angesehen werden, um die Beweislastumkehr gemäß § 22 AGG auszulösen, und welche Strategien zur Widerlegung solcher Indizien erfolgversprechend sind. Klarheit zu diesen Fragen liefern insbesondere aktuelle Entscheidungen wie das Equal-Pay-Urteil des BAG vom 16. Februar 2023 (8 AZR 450/21), die die Anforderungen an die Indizwirkung und den Vollbeweis konkretisieren. **42**

IV. Verschärfungen bei Umsetzungsfrist der EntgTranspRL

Die EntgTranspRL stellt die Mitgliedstaaten vor die Aufgabe, die darin enthaltenen Bestimmungen bis zum 7. Juni 2026 in nationales **43**

20 Vgl. *Schuster/Mayr*, NZA 2025, 395, 401.

Recht umzusetzen. Für Deutschland bedeutet dies, dass bestehende Gesetze, insbesondere das Entgelttransparenzgesetz, überprüft und angepasst werden müssen, um den neuen Anforderungen gerecht zu werden. Da einige Regelungen der EntgTranspRL über die bestehenden nationalen Vorschriften hinausgehen, ist mit Änderungen in folgenden Bereichen zu rechnen:

44 Die in den Artikeln 9 und 10 der Richtlinie verankerten **proaktiven Instrumente** sorgen dafür, dass sämtliche relevanten Akteure – Arbeitgeber, Tarifparteien und Arbeitnehmervertretungen – künftig **gemeinsam** an der Verwirklichung der Entgeltgleichheit arbeiten. Wo bisher guter Wille allein nicht genügte, führt die EntgTranspRL verbindliche Verfahren ein: Vergütungssysteme sind systematisch auf mögliche – auch strukturelle – Benachteiligungen zu prüfen, und bei festgestellten Verstößen müssen konkrete Abhilfemaßnahmen eingeleitet werden.

45 Unterstützung erhalten die Betriebe dabei von staatlicher Seite. Die Befugnisse der **Antidiskriminierungsstelle** des Bundes – und perspektivisch auch der entsprechenden Landesstellen – werden erheblich ausgeweitet, um die neuen Aufgaben aus EntgTranspRL wahrnehmen zu können.[21] Parallel dazu werden die Mitwirkungs- und Kontrollrechte der Arbeitnehmervertretungen neu zugeschnitten und deutlich gestärkt, nicht zuletzt im Zusammenhang mit den künftig obligatorischen Entgeltberichten. Betriebs- und Personalräte übernehmen damit eine wesentlich aktivere und vielfältigere Rolle als bislang.

1. Gravierende Verschärfungen mit Blick auf den Auskunftsanspruch

46 Art. 7 der EntgTranspRL weicht in wesentlichen Punkten von den bisherigen §§ 10 ff. EntgTranspG ab und zwingt den deutschen Gesetzgeber zu erheblicher Nachjustierung: So wird der individuelle Auskunftsanspruch künftig **allen Beschäftigten** zustehen – **unabhängig von der Betriebsgröße**.

47 Die bislang im Entgelttransparenzgesetz verankerte Schwelle von mehr als 200 Beschäftigten (§ 12 Abs. 1 EntgTranspG) darf damit nicht bestehen bleiben. Ebenso **entfallen die bisherigen Begrenzungen zur Häufigkeit und zum inhaltlichen Zuschnitt** der Anfrage: Während

21 *Winter*, EuZA 2024, 140, 147.

§ 10 Abs. 2 nur alle zwei Jahre und höchstens zu zwei Entgeltbestandteilen einen erneuten Antrag zulässt, erlaubt die Richtlinie weder ein Zeitintervall noch eine Beschränkung auf einzelne Vergütungskomponenten. Künftig muss der Zugriff auf sämtliche fixen, variablen und ergänzenden Entgelte in einer einzigen Auskunft möglich sein.

Auch die formalen Hürden des deutschen Rechts verlieren an Relevanz. Zwar kann es aus Dokumentationsgründen sinnvoll bleiben, das Auskunftsverlangen schriftlich zu stellen und eine Vergleichstätigkeit zu benennen; die Textform des § 10 Abs. 2 EntgTranspG sowie das Erfordernis einer „zumutbaren" Tätigkeitsangabe (§ 10 Abs. 1 EntgTranspG) dürfen jedoch nicht länger als Aussschlusskriterium wirken. **48**

Darüber hinaus fallen die engen Vorgaben des § 12 Abs. 2 und 3 EntgTranspG – etwa Mindestgröße der Vergleichsgruppe oder diverse Vergleichsverbote – weg, weil die Richtlinie solche Einschränkungen nicht kennt; Vergleiche über verschiedenartige, aber gleichwertige Tätigkeiten werden ausdrücklich eröffnet. **49**

Weiterer Anpassungsbedarf besteht hinsichtlich der Bezugsgröße des Vergleichsentgelts. Nach Art. 7 Abs. 1 EntgTranspRL ist die durchschnittliche Entgelthöhe der jeweiligen Vergleichsgruppe offenzulegen, während das EntgTranspG bislang auf den **Median** abstellt (§ 11 Abs. 3). Aber Vorsicht: Wo der Median für die anfragende Person vorteilhafter wäre, greift das in Art. 27 Abs. 2 EntgTranspRL verankerte **Verschlechterungsverbot**: Die Umsetzung der Richtlinie darf keinesfalls zu einem niedrigeren Schutzniveau führen. **50**

2. Absenkung der Schwellenwerte für Berichtspflicht

Während das deutsche Entgelttransparenzgesetz derzeit nur für Unternehmen mit **über 500 Mitarbeitern Berichtspflichten** vorsieht, erfasst die **EU-Richtlinie** Unternehmen **bereits ab 100 Mitarbeitern**. Die Bundesregierung wird die Schwellenwerte anpassen müssen. Die Mitgliedstaaten *können* von Arbeitgebern mit **weniger als 100** Arbeitnehmern verlangen, Informationen über das Entgelt vorzulegen (Art. 9 Abs. 5 S. 2 EntgTranspRL). Von dieser Möglichkeit sollte der deutsche Gesetzgeber keinen Gebrauch machen, um kleinere Unternehmen zu entlasten. **51**

52 Künftig müssen Arbeitgeber mit **100 oder mehr Beschäftigten** (Art. 9 Abs. 1, Abs. 4, Abs. 5 EntgTranspRL) folgende Informationen zum Unternehmen zur Verfügung stellen:

- das geschlechtsspezifische Entgeltgefälle
- das geschlechtsspezifische Entgeltgefälle bei ergänzenden oder variablen Bestandteilen;
- das mittlere geschlechtsspezifische Entgeltgefälle;
- das mittlere geschlechtsspezifische Entgeltgefälle bei ergänzenden oder variablen Bestandteilen;
- der Anteil der Arbeitnehmerinnen und Arbeitnehmer, die ergänzende oder variable Bestandteile erhalten;
- der Anteil der Arbeitnehmerinnen und Arbeitnehmer in jedem Entgeltquartal;
- das geschlechtsspezifische Entgeltgefälle zwischen Arbeitnehmern bei Gruppen von Arbeitnehmern, nach dem normalen Grundlohn oder -gehalt sowie nach ergänzenden oder variablen Bestandteilen aufgeschlüsselt.

53 Diese Informationen sind öffentlich zugänglich zu machen – beispielsweise auf der Unternehmenswebsite – oder in vergleichbarer Weise zu veröffentlichen (Art. 9 Abs. 7 EntgTranspRL). Der erstellte Bericht ist mindestens **vier Jahre** aufzubewahren. Daraus lässt sich im **Umkehrschluss** und aus der Binnensystematik der Richtlinie ableiten, dass **Ansprüche aus der Richtlinie maximal vier Jahre** rückwirkend geltend gemacht werden können. Denn wenn Unternehmen die Daten für vier Jahre vorzuhalten haben, scheiden Auskunftsansprüche und Ansprüche auf Geltendmachung nach vier Jahren aus. Die Frist berechnet sich nach den allgemeinen Regelungen.

54 Wird ein **geschlechtsspezifisches Lohngefälle von mindestens fünf Prozent** festgestellt, das nicht durch objektive, geschlechtsneutrale Faktoren erklärt werden kann, ist das Unternehmen verpflichtet, gemeinsam mit Arbeitnehmervertreter*innen – Betriebsrat oder Gewerkschaft – eine **Entgeltbewertung** durchzuführen und Abhilfemaßnahmen zu vereinbaren (Art. 10 EntgTranspRL).

55 Damit lassen sich aus der EntgTranspRL **systematische Überprüfungen** der Entgeltstrukturen und Maßnahmen zur Korrektur von geschlechtsspezifischen Lohnunterschieden ableiten, sofern die Voraus-

setzungen aus Art. 10 Abs. 1 EntgTranspRL vorliegen. In Deutschland existieren (bis auf die Mitbestimmungstatbestände des BetrVG bzw. im Rahmen von Tarifverträgen) bisher keine verbindlichen Vorgaben zur Überprüfung und Korrektur der Entgeltstrukturen.

3. Striktere Sanktionen für Verstöße

Während Verstöße gegen das Entgelttransparenzgesetz in Deutschland **56** bislang kaum geahndet wurden, sieht die EU-Richtlinie **spürbare Bußgelder und Sanktionen** vor. Nach Art. 23 der Richtlinie sind für Verstöße wirksame, verhältnismäßige und abschreckende Sanktionen vorzusehen, darunter Geldbußen. Arbeitgebern, die gegen die neuen Vorschriften verstoßen, drohen zudem künftig nicht nur Geldstrafen, sondern auch der Ausschluss von öffentlichen Aufträgen.

4. Beweislastumkehr bei Lohnklagen

Eine **wesentliche Neuerung** der EU-Richtlinie ist die Einführung **57** einer Beweislastumkehr: In Streitfällen müssen Unternehmen künftig nachweisen, dass es **keine geschlechtsspezifische** Diskriminierung gegeben hat – nicht mehr der Arbeitnehmer. Dieses Prinzip wird erhebliche Auswirkungen auf das Arbeitsrecht in Deutschland haben und Arbeitgeber anhalten, ihre Gehaltsentscheidungen zu dokumentieren. Denn ohne nachvollziehbare Dokumentation wird der Nachweis prozessual nicht (mehr) gelingen können.

5. Stärkere Einbindung von Betriebsräten und Gewerkschaften

Die EU-Richtlinie sieht vor, dass **Arbeitnehmervertretungen stär-** **58** **ker** in die Überprüfung und Analyse von Gehaltsstrukturen eingebunden werden. In Deutschland haben Betriebsräte bei Entgeltfragen Mitbestimmungsrechte (§ 87 Abs. 1 Nr. 10 Betriebsverfassungsgesetz). Die Richtlinie stärkt ihre Position im Vergütungskontext. Vor dem Hintergrund, dass im Jahr 2023 (nur) noch 7 % der Betriebe einen Betriebsrat hatten, dürfte die EntgTranspRL eine **Trendwende** bringen. Denn **nur mit Betriebsrat** können sehr zügig flächendeckend Entgeltstrukturen eingeführt werden, ohne jeden einzelnen Arbeitsvertrag zu ändern. Das bedeutet, dass **kollektivrechtliche Vertretungsstruk-**

turen wieder an Attraktivität – weil es dann *einen* Verhandlungspartner und nicht 500 verschiedene gibt gewinnen werden.

59

Aktuelle Pflichten (Entgelttransparenzgesetz, EntgTranspG)	**Zukünftige Pflichten nach Umsetzung der EU-Richtlinie 2023/970 (bis spätestens 7. Juni 2026)**
Individueller Auskunftsanspruch (§§ 10–16 EntgTranspG) • Unternehmen ab 200 Beschäftigten • Anspruch alle 2 Jahre • Beschränkung des Vergleichs auf „bis zu zwei" Entgeltkomponenten • Beschränkung bzgl. Mindestgröße der Vergleichsgruppe	**NEU: Erweiterter Auskunftsanspruch** • Gilt für alle Beschäftigten, **unabhängig** von Unternehmensgröße – d. h. die bisherige Größenbegrenzung entfällt künftig! • Richtlinie kennt weder ein Zweijahres-Intervall noch eine Begrenzung der Entgeltbestandteile. • Arbeitgeber müssen innerhalb von zwei Monaten individuelle Vergütungsdaten und geschlechtsspezifische Entgeltdaten vergleichbarer Tätigkeiten mitteilen.
Betriebliche Prüfverfahren (§§ 17–20 EntgTranspG) • Unternehmen mit mehr als 500 Beschäftigten • Freiwillige regelmäßige Überprüfung der Entgeltstrukturen auf geschlechtsspezifische Benachteiligungen **Berichtspflicht (§§ 21–22 EntgTranspG)** • Unternehmen mit mehr als 500 Beschäftigten, die lageberichtspflichtig nach HGB sind. • Regelmäßiger Bericht zu Gleichstellung und Entgeltgleichheit	**Verpflichtende Berichte zu Entgelt-/Vergütungsstrukturen** • Unternehmen ab 250 Beschäftigten: jährlich • Unternehmen zwischen 150 und 249 Beschäftigten: alle drei Jahre • Unternehmen zwischen 100 und 149 Beschäftigten: alle drei Jahre, erstmals bis 2031 **NEU: Ggf. gemeinsame Entgeltbewertung** • Unternehmen mit geschlechtsspezifischem Entgeltgefälle ab 5 % • Unter bestimmten Voraussetzungen: Verpflichtende Entgeltbewertung gemeinsam mit der Arbeitnehmervertretung zur Ermittlung und Beseitigung der Ursachen.
–	**NEU: Transparenz bei Stellenausschreibungen** • Verpflichtende Angabe des Einstiegsgehalts oder einer Gehaltsspanne • Verbot der Abfrage des bisherigen Gehalts von Bewerbenden

D. Bedeutung für das HR-Personalmanagement

Die Umsetzung der EntgTranspRL wird nicht von heute auf morgen **60**
gelingen, da die Vorgaben der EntgTranspRL nicht ohne weiteres umzusetzen sind: Denn selbst der vorstehende Überblick verdeutlicht, was auf Unternehmen und HR-Personalmanagement zukommt: Gefordert werden Entgeltstrukturen, die objektiv, geschlechtsneutral und mit den Arbeitnehmervertretern vereinbarte Kriterien enthalten, sodass beurteilt werden kann, ob sich die Arbeitnehmer im Hinblick auf den Wert der Arbeit in einer vergleichbaren Situation befinden. Das bedeutet: Es müssen nicht nur solche Kriterien aufgestellt, sondern auch mit den Betriebsräten vereinbart werden. Diese Kriterien dürfen weder in unmittelbarem noch in mittelbarem Zusammenhang mit dem Geschlecht stehen und umfassen Kompetenzen, Belastungen, Verantwortung und Arbeitsbedingungen und gegebenenfalls etwaige weitere Faktoren, die für den konkreten Arbeitsplatz oder die konkrete Position relevant sind. Hierbei soll jede unmittelbare oder mittelbare Diskriminierung aufgrund des Geschlechts ausgeschlossen werden.

I. Überblick über die künftigen Aufgaben für HR-Abteilungen

Die Umsetzung der EU-Entgelttransparenzrichtlinie bringt eine Men- **61**
ge an neuen Aufgaben für das HR-Personalmanagement mit sich. Personalabteilungen spielen eine zentrale Rolle bei der Anpassung und Implementierung der neuen Anforderungen. Folgende Aspekte sind besonders relevant:

1. Überprüfung und Anpassung der Vergütungssysteme

HR-Manager müssen sicherstellen, dass die bestehenden Vergütungs- **62**
systeme auf objektiven, geschlechtsneutralen Kriterien basieren. Dies erfordert eine Analyse der aktuellen Entgeltstrukturen und gegebenenfalls deren Anpassung, um Diskriminierungen zu vermeiden. Es ist ratsam, standardisierte Bewertungsmethoden einzuführen, die Faktoren wie Kompetenz, Verantwortung und Arbeitsbedingungen berücksichtigen.

2. Implementierung von Transparenzmaßnahmen im Recruiting-Prozess

63 Bereits im Bewerbungsverfahren müssen HR-Abteilungen Transparenz gewährleisten, indem sie Informationen über das Einstiegsentgelt oder dessen Spanne sowie über einschlägige Tarifbestimmungen bereitstellen. Zudem sollten Bewerber nicht nach ihrer bisherigen Gehaltshistorie gefragt werden, um eine unvoreingenommene Gehaltsfestlegung zu ermöglichen. Dies erfordert eine Anpassung der Recruiting-Prozesse und die Schulung der Personalverantwortlichen. Bereits jetzt schreiben Unternehmen auf LinkedIn Positionen mit der (exakten) Gehaltsangabe aus.

3. Erstellung von Entgeltberichten

64 Unternehmen mit mehr als 100 Mitarbeitern müssen regelmäßige Entgeltberichte erstellen. Diese Berichte sollen nicht nur einen Überblick über die Gehaltsstrukturen im Unternehmen geben, sondern auch mögliche geschlechtsspezifische Unterschiede aufzeigen. Um den Verwaltungsaufwand zu minimieren, sollte das Personalmanagement frühzeitig geeignete Softwarelösungen und automatisierte Prozesse implementieren. Es empfiehlt sich, eine zentrale Anlaufstelle innerhalb des Unternehmens (zum Beispiel im HR-Team oder Auslagerung auf einen Dritten vergleichbar mit einem Datenschutzbeauftragten) einzurichten, die für die Zusammenstellung und Analyse der Berichte verantwortlich ist.

4. Vorbereitung auf die Beweislastumkehr

65 Eine der größten Knackpunkte für Unternehmen ist die Beweislastumkehr in Fällen von Lohndiskriminierung. Künftig muss der Arbeitgeber nachweisen, dass keine unfaire Ungleichbehandlung vorliegt. Das HR-Management sollte deshalb alle Entgeltentscheidungen dokumentieren und nachvollziehbar machen. Dazu gehört die Einführung klarer, geschlechtsneutraler Bewertungskriterien für Gehälter und Gehaltserhöhungen. Auch bestehende Gehaltsunterschiede müssen sorgfältig geprüft und – falls nötig – korrigiert werden.

5. Zusammenarbeit mit Betriebsräten und Arbeitnehmervertretungen

Laut Richtlinie müssen Arbeitnehmervertreter in die Überprüfung und Analyse von Entgeltstrukturen eingebunden werden. Personalabteilungen sollten daher frühzeitig den Dialog mit Betriebsräten suchen und gemeinsame Verfahren zur Analyse von Gehaltsstrukturen entwickeln. Eine enge Zusammenarbeit hilft, potenzielle Konflikte zu vermeiden und die Umsetzung der neuen Vorschriften effizient zu gestalten. **66**

6. Schulungen und Sensibilisierung der Führungskräfte

Viele Führungskräfte sind sich der Problematik geschlechtsspezifischer Lohnunterschiede nicht bewusst oder unterschätzen die Auswirkungen der neuen Richtlinie. Das Personalmanagement sollte daher gezielte Schulungsmaßnahmen für Führungskräfte und Personalverantwortliche anbieten. Dabei geht es nicht nur um die rechtlichen Anforderungen, sondern auch um praktische Handlungsempfehlungen zur fairen und transparenten Gehaltsgestaltung. **67**

II. Risiken bei Nicht-Umsetzung und Sanktionen

Unternehmen, welche die Anforderungen der EntgTranspRL nicht erfüllen, müssen mit erheblichen Konsequenzen rechnen. Die Sanktionen umfassen: **68**

1. Hohe Bußgelder

Unternehmen, die gegen die Vorschriften verstoßen, können mit Geldstrafen belegt werden. Diese können sich am Jahresumsatz des Unternehmens oder an der Summe der Gehaltszahlungen bemessen. **69**

2. Schadenersatzforderungen

Betroffene Arbeitnehmer können rückwirkend Lohnnachzahlungen einfordern. Die Verjährungsfrist beträgt mindestens drei Jahre, was für Unternehmen hohe finanzielle Risiken birgt. **70**

3. Ausschluss von öffentlichen Aufträgen

71 Unternehmen, die wiederholt gegen die Vorschriften verstoßen, können von der Vergabe öffentlicher Aufträge ausgeschlossen werden.

4. Reputationsverlust

72 Ein öffentlich bekannt gewordener Fall von Entgeltdiskriminierung kann dem Image eines Unternehmens schaden und sich negativ auf die Arbeitgebermarke auswirken.

73 Um diese Risiken zu vermeiden, ist eine proaktive Herangehensweise erforderlich. Unternehmen sollten frühzeitig Maßnahmen ergreifen, um die neuen Anforderungen zu erfüllen und mögliche Haftungsrisiken zu minimieren.

Die zentralen Handlungsfelder für Human Resources

- Überprüfung und Anpassung der Entgeltstrukturen sowie Entgeltbänder
- Einführung von Transparenzmaßnahmen im Bewerbungsprozess
- Erstellung und Veröffentlichung von Entgeltberichten
- Schulung von Führungskräften und Personalverantwortlichen
- Enge Zusammenarbeit mit Betriebsräten
- Risikomanagement zur Vermeidung von Klagen und Sanktionen

E. Fazit

74 Die Umsetzung der EntgTranspRL bringt für Unternehmen und ihre HR-Abteilungen sowohl große Herausforderungen als auch **klare Chancen** mit sich. Eine frühzeitige Vorbereitung ist entscheidend, um nicht unter Zeitdruck zu geraten.

75 Unternehmen sollten ihre **Vergütungsstrukturen rechtzeitig** überprüfen und anpassen, um den neuen Anforderungen bis 2026 gerecht zu werden.

Besonders wichtig ist es, die künftig erforderliche Dokumentation aller Entgeltentscheidungen **systematisch umzusetzen**, da mit der Richtlinie eine Beweislastumkehr einhergeht. Verstöße gegen die neuen Regelungen können zu erheblichen rechtlichen und finanziellen Risiken führen – von Bußgeldern über Schadenersatzforderungen bis hin zu Reputationsverlusten. Gleichzeitig bietet die transparente Gestaltung von Gehaltssystemen die Chance, das **eigene Employer Branding** zu stärken. Unternehmen, die fair und nachvollziehbar entlohnen, verbessern ihre Attraktivität auf dem Arbeitsmarkt deutlich. **76**

Im Mittelpunkt der notwendigen Maßnahmen stehen die **Überprüfung und Anpassung bestehender Gehaltsstrukturen**, die Vorbereitung auf neue Transparenz- und Berichtspflichten, eine lückenlose Dokumentation von Entgeltentscheidungen, die enge Zusammenarbeit mit Betriebsräten sowie die gezielte Sensibilisierung von Führungskräften für das Thema Entgeltgleichheit. Ergänzend ist rechtliche Beratung empfehlenswert, um die neuen Vorgaben sicher und korrekt umzusetzen sowie einen effizienten **Review-Prozess** zu etablieren. **77**

Unternehmen, die diese Schritte frühzeitig einleiten, handeln nicht nur gesetzeskonform, sondern sichern sich auch langfristig einen Wettbewerbsvorteil als faire und moderne Arbeitgeber. **78**

Kapitel 2
Vom Stakeholder-Management zur Rechtsdurchsetzung: Systematik der Entgelttransparenz-Richtlinie

A. Die Entgeltgleichheit nach der EntgTranspRL

I. Einführung

Die EntgTranspRL setzt neue Maßstäbe für die Verwirklichung des Grundsatzes der Entgeltgleichheit bei gleicher oder gleichwertiger Arbeit. Sie verfolgt einen deutlich weitergehenden Regelungsansatz als das bislang geltende deutsche Entgelttransparenzgesetz (EntgTranspG). Mit der Richtlinie werden nicht nur Transparenzpflichten für Arbeitgeber erheblich erweitert, sondern es werden erstmals unionsweit verbindliche Durchsetzungsmechanismen und Mindeststandards eingeführt, die in nationales Recht überführt werden müssen.[22] Damit markiert die EntgTranspRL einen paradigmatischen Wechsel hin zu einer proaktiven Verpflichtung der Arbeitgeber, **transparente Vergütungsstrukturen** nicht nur zu ermöglichen, sondern aktiv herstellen. 79

1. Zielsetzung und zentrale Regelungen der EntgTranspRL

Die EntgTranspRL stellt bereits zu Beginn ihr wesentliches Ziel klar: 80 Gemäß Art. 1 der EntgTranspRL sollen „*Mindestanforderungen zur Stärkung der Anwendung des Grundsatzes des gleichen Entgelts bei gleicher oder gleichwertiger Arbeit für Männer und Frauen nach Artikel 157 AEUV und des Diskriminierungsverbots nach Artikel 4 der Richtlinie 2006/54/EG [geschaffen werden], insbesondere durch Entgelttransparenz und verstärkte Durchsetzungsmechanismen (...)*“.

Damit werden zwei wesentliche Punkte zu Beginn klargestellt: Ers- 81 tens legt die EntgTranspRL Mindestanforderungen fest. Zweitens konkretisiert sie unionsgrundrechtlich geschützte Rechtspositionen

22 *Winter*, NZA 2024, 8, 9.

auf einfach gesetzlicher Ebene. Beide Aspekte sind im Arbeitsrecht keine Neuheit, wie ein kurzer Blick in die Vergangenheit zeigt. Insbesondere bei **europäischen Grundrechten** verfolgt der EuGH traditionell eine strenge Auslegung (wie zum Beispiel beim Urlaubsrecht), da es hierbei stets um die **Durchsetzung** und **Verwirklichung von Grundrechten** geht. Bevor tiefer in die Regelungen der EntgTranspRL eingestiegen wird, werfen wir einen Blick zurück auf den **Beginn der Rechtsprechung** in Deutschland und auf die Anfänge der BAG-Rechtsprechung.

2. Historischer Rückblick: Frühe Rechtsprechung des BAG

82 Schon eines der ersten Urteile des BAG[23] beschäftigte sich mit der Frage der **Entgeltgleichheit** und stellte bereits vor rund 70 Jahren folgende **Grundaussagen** auf, deren Aktualität ungebrochen ist:

- Die **Verfassungsgrundsätze**, dass Männer und Frauen **gleichberechtigt sind** (Art 3 Abs 2 GG) und dass niemand wegen seines Geschlechts benachteiligt werden darf (Art 3 Abs 3 GG), sind geltende, echte Rechtsnormen und **keine bloßen Programmsätze**.
- Diese Grundsätze umfassen auch den Grundsatz **der Lohngleichheit von Mann und Frau** bei gleicher Arbeit.
- Der **Lohngleichheitsgrundsatz** bindet als Grundrecht nicht nur die staatliche Gewalt, sondern auch die Tarifvertragsparteien.
- Eine Tarifklausel, die generell und schematisch weiblichen Arbeitskräften bei gleicher Arbeit nur einen bestimmten Hundertsatz der tariflichen Löhne als Mindestlohn zubilligt, verstößt gegen den Lohngleichheitsgrundsatz und ist nichtig.
- Der Grundsatz der Lohngleichheit schließt es aus, dass die Arbeit der Frau mit Rücksicht auf die zu ihren Gunsten erlassenen Schutznormen geringer entlohnt wird.
- Nur solche **Lohndifferenzierungen sind zulässig**, die auch bei **Männern vorgenommen** werden, wenn und soweit es sich um Arbeiten handelt, die in gleicher Weise für Männer und Frauen tariflich vorgesehen sind.

---

23 Leitsatz bei juris: BAG, Urteil vom 15. Januar 1955 – 1 AZR 305/54 , BAGE 1, 258, juris.

Außerdem stellte das BAG in dieser Entscheidung bereits fest, dass *„[e]s auch* ***nicht richtig*** *[ist], dass eine* ***Verletzung des Lohngleichheitsprinzips*** *im Tarifvertrag hingenommen werden könne, weil die Tarifparteien, insbesondere die Gewerkschaften* ***das so vereinbart hätten*** *und diese* ***schon wüssten, was richtig und angemessen sei****“*.[24] **83**

3. Aktuelle Bedeutung der historischen Argumente

Die dargestellten **Leitsätze** und **Auszüge** bezogen sich auf den Tarifvertrag und die Bindung der Tarifvertragsparteien an den Gleichheitssatz. Bemerkenswert ist, dass das Argument, das Gehalt sei mit einer Richtigkeitsgewähr „angemessen“ ausgehandelt worden, **das BAG bereits** im Jahr 1955 nicht **überzeugte**. Auch heute kann mit diesem Argument („Der Mann habe besser als die Frau verhandelt“) keinesfalls eine ungleiche Gehaltsstruktur gerechtfertigt werden, wie das BAG auch in **aktuellen Entscheidungen** bestätigt.[25] **84**

Sollten Ihnen diese Argumente bekannt vorkommen, bietet sich Ihnen hier ein gewichtiger Punkt, den Sie beim nächsten HR-Update mit Ihrem CEO diskutieren sollten. Denn hier steckt **juristische Sprengkraft**: Es verbergen sich erhebliche rechtliche Risiken, Haftungsgefahren (für die Vergangenheit und die Zukunft) und **vermeidbare Kosten** im Personalbereich. Darüber hinaus sollte ein für alle Mitarbeiter verständliches Vergütungssystem Teil einer modernen Unternehmenskultur sein. Andernfalls gefährden Arbeitgeber ihre Attraktivität gegenüber ihren Mitarbeitern und den Talents. **85**

4. Grundrechtsdimension der EntgTranspRL

Die EntgTranspRL nimmt Unternehmen ab 2026 in die Pflicht, sodass diese eine aktivere Rolle bei der Entgeltgleichheit einnehmen (müssen). Zu Beginn der Erwägungsgründe werden die zentralen **Rechtsquellen** u.a. Art. 157 Abs. 1 AEUV sowie Art. 21 und Art. 23 der Grundrechte Charta der Europäischen Union aufgeführt und die Gründe für eine Regelung dargelegt. In Erwägungsgrund 11[26] heißt es **86**

---

24 BAG, Urteil vom 15. Januar 1955 – 1 AZR 305/54, BAGE 1, 258, Rn. 41, juris.

25 BAG, Urteil vom 16. Februar 2023 – 8 AZR 450/21 , BAGE 180, 194–221, juris.

26 Die Erwägungsgründe sind im Anhang abgedruckt.

hierzu ausdrücklich, dass festgestellt wurde, dass **mangelnde Transparenz** der Entgeltsysteme, mangelnde Rechtssicherheit in Bezug auf den Begriff der gleichwertigen Arbeit und Verfahrenshindernisse die **Durchsetzung** der Entgeltgleichheit erschweren.[27] Insbesondere die **Informationsasymmetrie** wird in dem Erwägungsgrund 11 hervorgehoben. Auch hier setzt die EntgTranspRL unmittelbar an und regelt Informationspflichten für Unternehmen, die sofort in eine **HR-Strategie** einfließen sollten. Umfragen unter den Talenten haben ergeben, dass genau diese Faktoren ausschlaggebend dafür sind, ob sie dem Unternehmen treu bleiben oder sich beruflich neu orientieren.[28]

87 Die EntgTranspRL konkretisiert somit die grundrechtlichen Vorgaben aus Art. 21 und Art. 23 der Grundrechte Charta der Europäischen Union. Damit ist die **Grundrechtedimension** bei der Anwendung und Auslegung stets zu berücksichtigen. Da nicht alle Einzelfälle gesetzlich geregelt werden können, dienen die Grundrechte insbesondere als Maßstab für die Bewertung von Regelungslücken und sind wesentlicher Auslegungsmaßstab, wenn es um **Ausgestaltungs- und Anwendungsfragen** des Verzichts für die Vergangenheit oder Zukunft bzw. Umgehungskonstellationen geht.

5. Anforderungen an (zulässige) Vergütungssysteme VOR der Umsetzung EntgTranspRL

a) Rechtliche Grundlagen und unionsrechtlicher Rahmen

88 Die Anforderungen an diskriminierungsfreie Vergütungssysteme bestehen nicht erst mit dem Inkrafttreten der Entgelttransparenzrichtlinie. Bereits das geltende nationale Recht – namentlich das Entgelttransparenzgesetz – verpflichtet Arbeitgeber zur diskriminierungsfreien Ausgestaltung ihrer Entgeltstrukturen. Diese Verpflichtung ergibt sich unmittelbar aus Art. 157 AEUV sowie § 3 Abs. 1 EntgTranspG, der die

---

27 Instruktiv hierzu: Landesarbeitsgericht Baden-Württemberg, Urteil vom 1. Oktober 2024 – 2 Sa 14/24 , juris.

28 Vgl. hierzu: https://www.bund-verlag.de/aktuelles~Viele-Beschaeftigte-koennen-sich-Arbeitgeberwechsel-vorstellen~.html#:~:text=F%C3%BCr%20diejenigen%2C%20die%20offen%20f%C3%BCr%20einen%20Arbeitgeberwechsel%20sind%2C,sicherer%20Job%20sowie%20gutes%20F%C3%BChrungsverhalten%20%28je%2062%20Prozent%29, zuletzt abgerufen am 16.3.2025.

gleiche Entlohnung bei **gleicher** oder **gleichwertiger Arbeit** für Männer und Frauen garantiert.

Zentrales Kriterium ist dabei die **Gleichwertigkeit der Tätigkeit** – **89**
unabhängig von deren inhaltlicher Ausgestaltung. Entscheidend ist dabei nicht die Berufsbezeichnung oder die äußere Form der Tätigkeit, sondern deren **funktionaler Wert** innerhalb der betrieblichen Organisation. **Auch unterschiedlich ausgestaltete Tätigkeiten können gleichwertig im Sinne von Art. 157 AEUV sein und begründen dann einen unmittelbar durchsetzbaren Anspruch auf gleiches Entgelt.**[29]

b) Anforderungen an die Ausgestaltung objektiver Vergütungskriterien

aa) Maßstab: Objektivierbarkeit

§ 4 EntgTranspG konkretisiert die Anforderungen an zulässige Vergü- **90**
tungssysteme: Sie müssen auf **objektiven Kriterien** beruhen und dürfen keine unmittelbare oder mittelbare geschlechtsspezifische Benachteiligung enthalten. Insbesondere § 4 Abs. 4 Satz 2 Nr. 1 EntgTranspG, der besagt, dass „die Art der zu verrichtenden Tätigkeit objektiv" zu berücksichtigen ist, stellt klar, dass **subjektive Werturteile jeglicher Art unzulässig** sind. Zulässig bleiben hingegen Bewertungselemente wie etwa Leistungsbeurteilungen – allerdings nur unter der Voraussetzung, dass diese ihrerseits **objektivierbar, nachvollziehbar und diskriminierungsfrei** sind.[30]

---

29 Zum Begriff „gleichwertige Arbeit" vgl. Art. 3 I Buchst. g der Richtlinie; EuArbRK/Winter, 5. Aufl. 2024, RL (EU) 2023/970 Art. 3 Rn. 19 ff., Art. 4 Rn. 4 ff.

30 Das BAG führte in diesem Zusammenhang wie folgt aus: „*Vollständig fehlte nicht nur eine Umsetzung der näheren Festlegungen bzw. Bestimmungen in Art. 2 Abs. 1 Buchst. e zum Begriff „Entgelt", in Art. 4 Abs. 1 „in Bezug auf sämtliche Entgeltbestandteile und -bedingungen" und in Art. 4 Abs. 2 der Richtlinie betreffend die Vorgaben zu „System[en] beruflicher Einstufung". Vollständig fehlte zudem eine ausdrückliche Rechtsgrundlage, nach der gleiches Entgelt nicht nur für „gleiche", sondern auch für „gleichwertige" Arbeit verlangt werden kann. Das Entgeltgleichheitsgebot bei gleichwertiger Arbeit ermöglicht sowohl für das Grundentgelt den Vergleich sehr unterschiedlicher Tätigkeiten bezogen auf deren etwaige Gleichwertigkeit und einen etwaigen Anspruch auf gleiches Entgelt (vgl. etwa EuGH 30. März 2000 – C-236/98 – [JämO] zur Möglichkeit des Vergleichs der Tätigkeit von Hebammen und Krankenhausingenieuren; 27. Oktober 1993 – C-127/92 – [Enderby] zur Möglichkeit des Vergleichs*

bb) Erfordernis der vollständigen Abbildung der Tätigkeit

91 Ein weiterer zentraler Aspekt ist die Vollständigkeit der Bewertungsgrundlagen: Bereits vor einer nationalen Umsetzung der EntgTranspRL ist wichtig, dass die tatsächlich ausgeübte Tätigkeit vollständig in den Bewertungskriterien und realitätsnah abgebildet sein muss.[31] Werden bestimmte tätigkeitsbezogene Aspekte – etwa emotionale Belastung oder Kommunikationsanforderungen – nicht berücksichtigt, kann dies bereits eine mittelbare Diskriminierung darstellen.[32] Dies gilt insbesondere dann, wenn die betroffenen Tätigkeiten statistisch überwiegend von einem bestimmten Geschlecht ausgeübt werden.

cc) Verbot geschlechtsabhängiger Bewertungssysteme

92 Weiter dürfen bereits vor der nationalen Umsetzung der EntgTranspRL Vergütungssysteme **nicht zwischen Tätigkeiten unterscheiden**, nur weil diese typischerweise häufiger von Frauen oder Männern ausge-

---

der Tätigkeit einer Logopädin, eines klinischen Psychologen und eines leitenden Apothekers, als auch bezogen auf eine Entlohnung nach Stückzahl und damit für die Leistungsbewertung (vgl. etwa EuGH 31. Mai 1995 – C-400/93 – [Royal Copenhagen] zur Möglichkeit des Vergleichs bei unterschiedlicher Tätigkeit in der Porzellanherstellung). Ein solcher Rechtsanspruch, der dem deutschen Recht nicht vertraut war, ließ sich nicht mit der erforderlichen Klarheit allein aus der Gesamtschau von § 2 Abs. 1 Nr. 2 und § 8 Abs. 2 AGG erkennen.“, BAG, Urteil vom 25. Juni 2020 – 8 AZR 145/19 , BAGE 171, 195–230, Rn. 59, juris.

31 Das BAG stellte hierzu Folgendes fest: „*Eine mittelbare Entgeltbenachteiligung liegt vor, wenn dem Anschein nach neutrale Vorschriften, Kriterien oder Verfahren Beschäftigte wegen des Geschlechts gegenüber Beschäftigten des jeweils anderen Geschlechts in Bezug auf das Entgelt in besonderer Weise benachteiligen können, es sei denn, die betreffenden Vorschriften, Kriterien oder Verfahren sind durch ein rechtmäßiges Ziel sachlich gerechtfertigt und die Mittel sind zur Erreichung dieses Ziels angemessen und erforderlich, § 3 Abs. 3 EntgTranspG sowie Art. 2 Abs. 1 Buchst. b und Art. 4 der Richtlinie 2006/54/EG. Der Rechtsbegriff der gleichwertigen Arbeit ermöglicht es, nicht-gleiche Tätigkeiten daraufhin zu überprüfen, ob sie von gleichem Arbeitswert sind, wodurch die Feststellung struktureller und mittelbar diskriminierender Entgeltungsgleichheiten ermöglicht wird.*“, BAG, Urteil vom 21. Januar 2021 – 8 AZR 488/19 , BAGE 173, 331–357, Rn. 22, juris).

32 BAG, Urteil vom 21. Januar 2021 – 8 AZR 488/19 , BAGE 173, 331–357, Rn. 62, juris – in dieser Entscheidung führt das BAG wie folgt aus: „*Für unmittelbare Entgeltdiskriminierungen wegen des Geschlechts ist eine solche Ausnahme nicht vorgesehen, dementsprechend räumt das EntgTranspG dafür keine Rechtfertigungsmöglichkeit ein.*“

übt werden. Eine geschlechtsbezogene Differenzierung der Bewertungsmaßstäbe ist unzulässig.[33]

Objektiv neutrale Kriterien sind zulässig – jedoch nur, wenn sie in ihrer Anwendung **geschlechtsneutral** wirken und nicht zu einer Benachteiligung führen. Dies erfordert insbesondere eine diskriminierungsfreie **Gewichtung von** Bewertungskriterien. Eine einseitige Überbewertung physischer Anforderungen gegenüber kognitiven oder sozialen Kompetenzen ist ebenso unzulässig wie eine implizite Abwertung klassischer „Frauentätigkeiten". **93**

6. Praxiserprobte objektive Differenzierungskriterien in Vergütungssystemen

a) Eingeschränkter Katalog zulässiger Kriterien

Nach der Rechtsprechung des Bundesarbeitsgerichts (BAG)[34] ist der Katalog tauglicher Differenzierungsfaktoren in Vergütungssystemen bereits deutlich eingeschränkt worden. **94**

Maßgeblich ist, dass die Kriterien **objektiv und diskriminierungsfrei** ausgestaltet sind. Unzulässig sind insbesondere solche Faktoren, die sich auf die Vertragsfreiheit, auf ein vermeintlich besseres Verhandlungsgeschick oder auf die Entgelthöhe vorheriger Stelleninhaber stützen. Solche Argumente vermögen eine unterschiedliche Vergütung zwischen Männern und Frauen **nicht** zu rechtfertigen und verstoßen gegen Art. 157 AEUV sowie § 3 EntgTranspG. **95**

---

33 BAG, Urteil vom 21. Januar 2021 – 8 AZR 488/19 , BAGE 173, 331–357, Rn. 62, juris.

34 BAG, Urteil vom 16. Februar 2023 – 8 AZR 450/21 , BAGE 180, 194–221, juris; BAG, Urteil vom 21. Januar 2021 – 8 AZR 488/19 , BAGE 173, 331–357, Rn. 62, juris; vgl. hierzu auch die Ausführungen in der BT-Drs. 18/11133 S. 48 ff., in der es auszugsweise wie folgt heißt: „*Als sachlich gerechtfertigte Gründe für ein unterschiedliches Entgelt, die zwar unabhängig vom Geschlecht der Beschäftigten angewandt werden, im Ergebnis Frauen jedoch stärker als Männer treffen, nennt Satz 2 exemplarisch arbeitsmarkt-, leistungs- und arbeitsergebnisbezogene Kriterien. Diese sind in der Rechtsprechung des EuGH dem Grundsatz nach anerkannt, erforderlich ist jedoch stets eine Einzelfallprüfung. Insbesondere kann ein objektiver Mangel an Bewerberinnen und Bewerbern für eine Tätigkeit und die Notwendigkeit, ihnen durch ein höheres Gehalt einen Anreiz zu bieten, einen sachlich gerechtfertigten wirtschaftlichen Grund für den Unterschied* im Entgelt zwischen zwei gleichwertigen Tätigkeiten darstellen (vgl. EuGH, Urteil vom 27.10.1993, Rs. C127/92, Slg. 1993 I-5566 Rn. 24 ff., Enderby)."

b) Voraussetzungen für leistungs- und qualifikationsbezogene Differenzierungen

96 **Höhere Leistungen** können grundsätzlich eine unterschiedliche Vergütung rechtfertigen – jedoch nur, wenn diese Leistungen objektiv dokumentiert und nachvollziehbar belegt sind. Dies wird in der Regel nur innerhalb eines bestehenden Arbeitsverhältnisses möglich sein. Ob frühere Leistungsnachweise oder Zeugnisse von Vorarbeitgebern tauglich sind, ist zweifelhaft, da sie regelmäßig weder objektiviert noch frei von wohlwollender Verfälschung sind.[35]

97 Auch **bessere Qualifikationen** oder **besondere fachliche Eignungen** können eine Differenzierung rechtfertigen, sofern sie sich konkret auf die auszuübende Tätigkeit auswirken und objektiv belegbar sind.[36] Gleiches gilt für **Personalgewinnungsschwierigkeiten** – allerdings nur dann, wenn ein konkreter und dokumentierter Nachweis[37] erbracht wird, dass ein höheres Entgelt zur Besetzung der Stelle objektiv erforderlich war. Die pauschale Behauptung eines angespannten Arbeitsmarkts reicht hierfür nicht aus.[38]

c) Berufserfahrung als legitimes Differenzierungskriterium

98 Nach § 3 Abs. 3 Satz 2 EntgTranspG können **arbeitsmarkt-, leistungs- und arbeitsergebnisbezogene Kriterien** eine unterschiedliche Vergütung rechtfertigen. Das BAG hat zudem klargestellt, dass auch eine **längere einschlägige Berufserfahrung** bei einem anderen Arbeitgeber eine höhere Vergütung rechtfertigen kann – jedoch nur dann, wenn diese Berufserfahrung tatsächlich zu einer höheren fachlichen Befähigung führt.[39] Dabei betont das BAG ausdrücklich, dass

---

35 *Heimann/Weinzierl*, BB 2024, 884, 886.

36 BAG, 16.2.2023 – 8 AZR 450/21, BB 2023, 2103, EuGH, 17.10.1989 – 109/88, juris – Danfoss; *Bauer/Krieger/Günther*, in: AGG EntgTranspG, 5. Aufl. 2018, § 3 EntgTranspG, Rn. 34.

37 EuGH, 27.10.1993 – C-127/92 („Enderby"), juris.

38 BAG, 16.2.2023 – 8 AZR 450/21, BB 2023, 2103, NJW 2023, 279; *Vogel/Teske*, ESGZ 9.2023, 61; *Heimann/Weinzierl*, BB 2024, 884, 886.

39 BAG, 16.2.2023 – 8 AZR 450/21, BB 2023, 2103; BAG, 21.1.2021 – 8 AZR 488/19, BB 2021, 1721; vgl. Hierzu auch: BT-Drs. 18/11133 S. 50. Hier heißt es ausdrücklich: *„Bei einer unterschiedlichen Entgeltzahlung aufgrund von Kriterien wie Dienstalter (Anciennität), Leistung oder Arbeitsergebnis muss ebenfalls kein Verstoß gegen das Entgeltgleichheitsgebot vorliegen, soweit es sich*

mit zunehmender Dauer der **Berufserfahrung** deren Aussagekraft abnimmt. Ab einem bestimmten Punkt ist ein „Mehr“ an Berufserfahrung nicht mehr gleichbedeutend mit einer höheren Arbeitsqualität und darf dann nicht länger zu einem höheren Entgelt führen.[40]

Diese Rechtsprechung macht deutlich: Es geht nicht um eine bevorzugte Berücksichtigung der Seniorität an sich – wie etwa im Beamtenrecht[41] –, sondern um die begründete Erwartung einer höheren Leistungsfähigkeit aufgrund belegbarer beruflicher Erfahrung, die sich dann in der Werthaltigkeit der Arbeit selbst niederschlägt.[42] **99**

d) Konsequenzen für die Praxis und Handlungsempfehlungen

Für Arbeitgeber – insbesondere in betriebsratslosen Betrieben – hat diese Entwicklung erhebliche Konsequenzen. Viele Unternehmen treffen ihre Vergütungsentscheidungen bislang auf Grundlage **individueller Verhandlungen** oder im Rahmen außer- bzw. übertariflicher Ermessensentscheidungen. Diese Praxis ist künftig **riskanter**, da sie im Streitfall **kaum vor Gericht** verteidigt werden kann, wenn keine objektiven Kriterien zugrunde liegen. Eine Klage wegen Entgeltungleichheit nach Art. 157 AEUV oder § 3 EntgTranspG kann dann mit hoher Wahrscheinlichkeit für Arbeitnehmer erfolgreich sein, da Arbeitgeber eine Ungleichbehandlung nicht widerlegen können werden. **100**

Daher **empfiehlt** es sich für Unternehmen, **bereits jetzt** eine diskriminierungsfreie und objektive Vergütungsordnung zu schaffen, die auf klar definierten, sachlich nachvollziehbaren Kriterien basiert und **101**

---

bei diesen Kriterien um objektive auf die Arbeit bezogene Kriterien handelt, die nichts mit einer Diskriminierung auf Grund des Geschlechts zu tun haben. Insbesondere hat der EuGH anerkannt, dass es ein legitimes Ziel der Entgeltpolitik darstellen kann, die Berufserfahrung zu honorieren. Soweit die Berufserfahrung Beschäftigte befähigt, ihre Arbeit besser zu verrichten, kann die Verwendung von Erfahrungsstufen zulässig sein. Denn das Dienstalter geht regelmäßig mit der Berufserfahrung einher (EuGH, Urteil vom 3.10.2006, C-17/05, juris Rn. 33ff., Cadman). Die Gründe, die zu einem unterschiedlichen Entgelt führen, müssen jedenfalls zu den Bedürfnissen und Zielen des Arbeitgebers in Beziehung gesetzt werden (vgl. EuGH, Urteil vom 17.10.1989, Rs. 109/88, Slg. 1989 S. 3220 Rn. 22–24, Danfoss)“.

40 BAG, 21.1.2021 – 8 AZR 488/19, BB 2021, 1721.

41 *Heimann/Weinzierl*, BB 2024, 884, 886.

42 BT-Drs. 18/11133 S. 50 mit Verweis auf die EuGH-Rechtsprechung *(EuGH, Urteil vom 3.10.2006, C-17/05, juris Rn. 33ff., Cadman).*

keine geschlechtsbezogenen Bezüge aufweist. Ein zusätzlicher Vorteil ergibt sich im Hinblick auf § 87 Abs. 1 Nr. 10 BetrVG: Wird ein solches Vergütungssystem in einem betriebsratsfreien Unternehmen eingeführt, entfällt bei späterer Wahl eines Betriebsrats zunächst dessen **Initiativrecht** zur Mitbestimmung, solange das bestehende System **nicht verändert** wird.

102 Damit gilt: Arbeitgeber sollten bereits heute ihre Vergütungssysteme entsprechend auszurichten – nicht zuletzt, um prozessuale Risiken und strukturelle Nachteile im Recruiting zu vermeiden.

II. Der Rechtsanspruch – gleiches Entgelt bei gleicher oder gleichwertiger Arbeit

1. Grundsatz der Gleichbehandlung

103 Nach dem arbeitsrechtlichen Gleichbehandlungsgrundsatz ist der Arbeitgeber verpflichtet, Arbeitnehmer, die sich in gleicher bzw. gleichwertiger Lage befinden, gleich zu behandeln.[43] Eine abweichende Behandlung ist nur dann zulässig, wenn hierfür ein sachlicher und objektiv nachvollziehbarer Grund vorliegt. Dieser Grund darf nicht auf das Geschlecht bezogen sein und muss den Anforderungen an eine diskriminierungsfreie Differenzierung standhalten, wie sie sowohl das nationale als auch das europäische Recht fordern.

2. Begriff „gleichwertige Arbeit“

104 Ein zentrales Element der EntgTranspRL ist der Begriff der „gleichwertigen Arbeit“. Gemeint ist damit, dass **auch unterschiedlich geprägte Tätigkeiten** – insbesondere solche, die traditionell geschlechtsspezifisch dominiert sind (z. B. Erzieher:innen versus Techniker:innen) – hinsichtlich ihres Werts verglichen werden können.[44] In seiner Entscheidung vom 3. Juni 2021 (C-624/19 – Tesco Stores) hat der EuGH ausdrücklich bestätigt, dass die Gleichbehandlungspflicht gleichermaßen für gleiche wie für gleichwertige Arbeit gilt. Maßgeblich ist dabei nicht der Tätigkeitsinhalt an sich, sondern die

---

43 St. Rspr. BAG, 3.9.2014 – 5 AZR 6/13, juris; BAG, 21.9.2011 – 5 AZR 520/10, juris; BAG, 17.3.2010 – 5 AZR 168/09, juris.

44 Vgl. hierzu Erwägungsgrund 15, 28 und insbesondere 31 der EntgTranspRL.

Bewertung nach einheitlichen, diskriminierungsfreien Kriterien. Zur Feststellung der Gleichwertigkeit eignen sich insbesondere analytische Verfahren der Arbeitsbewertung.

Wird Gleichwertigkeit festgestellt, besteht gemäß Art. 157 AEUV **105** sowie §§ 3 Abs. 1 und 7 EntgTranspG ein gerichtlich durchsetzbarer Anspruch auf gleiches Entgelt. Eine Angleichung „nach unten“ ist rechtlich in der Regel ausgeschlossen – jede Feststellung einer Benachteiligung führt zwingend zu einer Aufwertung der schlechter vergüteten Tätigkeit.[45]

3. Update der Begriffsbestimmung durch die EntgTranspRL

Die Entgelttransparenzrichtlinie bringt eine unionsweit verbindliche **106** Schärfung des Begriffs „gleichwertige Arbeit“ mit sich.

Art. 3 Abs. 1 lit. g) EntgTranspRL definiert den Begriff als Arbeit, die **107** gemäß nicht diskriminierenden und objektiven geschlechtsneutralen Kriterien nach Maßgabe von Art. 4 Abs. 4 der Richtlinie als gleichwertig gilt.[46] Nach Art. 4 Abs. 4 der Richtlinie ist maßgeblich, dass die Arbeit nach objektiven Kriterien von vergleichbarem Wert ist. Die Richtlinie benennt hierfür ausdrücklich vier zentrale Bewertungskategorien:

- Kompetenzen (= Qualifikation und berufliche Anforderungen),
- Belastung,
- Verantwortlichkeit,
- Arbeitsbedingungen.

Ggf. können weitere Faktoren berücksichtigt werden, die für den kon- **108** kreten Arbeitsplatz oder die konkrete Position relevant sind. Diese Kategorien müssen in jedem Entgeltsystem diskriminierungsfrei und geschlechtsneutral angewendet werden.

Die Richtlinie verpflichtet die Mitgliedstaaten zudem zur Einführung **109** transparenter Verfahren zur Arbeitsbewertung[47]. Das bedeutet für Unternehmen: Eine bloß summarische Tätigkeitsbeschreibung genügt

---

45 Vgl. hierzu den Wortlaut von Art. 16 Abs. 3 EntgTranspRL sowie zuletzt: LAG Baden-Württemberg, Urteil vom 1. Oktober 2024 – 2 Sa 14/24 , juris.

46 Die Richtlinie ist abgedruckt im Anhang, S. 171 ff.

47 Die Richtlinie und die Erwägungsgründe stellen immer wieder auf die *Arbeitsbewertung* ab. Insbesondere in Erwägungsgrund 26, 31 und 45 sowie in Art. 4

nicht mehr. Es sind nachvollziehbare, dokumentierte Bewertungsprozesse erforderlich, die eine objektive Feststellung der Gleichwertigkeit ermöglichen.

110 Neu ist auch die explizite Verpflichtung zur Überprüfung von Entgeltstrukturen im Hinblick auf diese Gleichwertigkeitskriterien – unabhängig davon, ob zuvor eine konkrete Beschwerde eingereicht wurde. Außerdem sieht Erwägungsgrund 51 vor, dass die Mitgliedstaaten oder die Gerichte im Rahmen der Sanktionen vorsehen können, dass strukturelle oder organisatorische Maßnahmen zu ergreifen sind, damit Unternehmen ihren Pflichten im Bereich des gleichen Entgelts nachkommen. Zu diesen Maßnahmen kann zum Beispiel die Pflicht gehören, das Verfahren zur Entgeltfestlegung auf der Grundlage einer geschlechtsneutralen Bewertung und Einstufung zu überprüfen; einen Aktionsplan zu erstellen, um die festgestellten Diskrepanzen zu beseitigen und ungerechtfertigte Entgeltgefälle abzubauen; die Arbeitnehmer über ihr Recht auf gleiches Entgelt zu informieren und dafür zu sensibilisieren sowie Schulungen einzuführen. Arbeitgeber sind somit verpflichtet, diskriminierungsfreie Strukturen nicht nur zu gewährleisten, sondern aktiv sicherzustellen und regelmäßig zu evaluieren.

111 Ebenfalls neu ist, dass auch die **Entgeltentwicklung** geregelt wird. In Erwägungsgrund 35 heißt es hierzu, dass die Entgeltentwicklung sich auf den Prozess des Übergangs eines Arbeitnehmers zu einer höheren Entgelthöhe bezieht. Kriterien für die Entgeltentwicklung können unter anderem **individuelle Leistung, Kompetenzentwicklung** und **Dienstalter** sein.

112 Damit entwickelt die EntgTranspRL die bisher geltenden Maßstäbe weiter und überführt sie in ein kohärentes und verbindliches System, das künftig alle Mitgliedstaaten einheitlich umzusetzen haben.

113 Die rechtliche Prüfung einer möglichen Entgeltbenachteiligung erfolgt in mehreren Schritten, die sich sowohl aus der unionsrechtlichen Rechtsprechung (insb. EuGH) als auch aus den Vorgaben des EntgTranspG und der EntgTranspRL ergeben.

Abs. 2 und Abs. 3 der Richtlinie wird auf die Arbeitsbewertung hingewiesen. *Roetteken*, GiP 4/2021, 55–64 (57).

Erster Schritt: Vergleichbarkeit der Tätigkeiten: Zunächst ist festzustellen, ob es sich bei den zu vergleichenden Tätigkeiten um gleiche oder gleichwertige Arbeit handelt. Dabei kommt es nicht auf die formale Bezeichnung oder die organisatorische Einordnung, sondern auf die tatsächlichen Arbeitsinhalte, Verantwortlichkeiten und Anforderungen an. Der Maßstab richtet sich nach den vier Wertigkeitskriterien der Richtlinie: Kompetenzen, Belastungen, Verantwortung und Arbeitsbedingungen (Art. 4 Abs. 4 EntgTranspRL). **114**

Zweiter Schritt: Feststellung eines Entgeltunterschieds: Liegt ein Entgeltunterschied vor – gleich ob im Grundgehalt oder bei variablen Vergütungsbestandteilen wie Boni, Zulagen, Sachleistungen oder betrieblicher Altersversorgung –, wird vermutet, dass eine mittelbare Diskriminierung vorliegt, sofern die betroffene Tätigkeit überwiegend von einem bestimmten Geschlecht ausgeübt wird (Art. 18 Abs. 1 EntgTranspRL).

Dritter Schritt: Widerlegung der Diskriminierungsvermutung: Der Arbeitgeber trägt die Beweislast dafür, dass die unterschiedliche Entlohnung ausschließlich auf objektiven, geschlechtsneutralen und sachlich gerechtfertigten Kriterien beruht (Art. 18 Abs. 2 EntgTranspRL). Dabei ist ein strenger Prüfungsmaßstab anzulegen. Der bloße Hinweis auf Marktmechanismen, Einstellungsverhandlungen oder frühere Vergütungen genügt nicht. Die herangezogenen Kriterien müssen konkret benannt, dokumentiert und in sich konsistent angewendet worden sein.

Vierter Schritt: Konsequenzen bei fehlender Rechtfertigung: Kann der Arbeitgeber keine tragfähige Rechtfertigung vorbringen, entsteht ein unmittelbarer Anspruch auf Anpassung der Vergütung nach oben. Eine rückwirkende Korrektur sowie ggf. Schadensersatz- oder Entschädigungsansprüche nach § 15 AGG bzw. unionsrechtlichen Vorschriften kommen ergänzend in Betracht (Art. 16 Abs. 1 EntgTranspRL „*vollständige Entschädigung*"). In Art. 16 Abs. 3 EntgTranspRL sind die Rechtsfolgen u. a. die **vollständige Nachzahlung entgangener Entgelte** und damit verbundener Boni oder Sachleistungen (inklusive Zinsen), niedergelegt.

115 Diese gestufte Prüfungsstruktur dient der **effektiven Durchsetzung** des Rechts auf Entgeltgleichheit und verpflichtet Arbeitgeber zu einer präzisen, rechtssicheren und geschlechterneutralen Ausgestaltung ihrer Vergütungspraxis.

III. Verstärkte Durchsetzungsmechanismen und prozessuale Besonderheiten

1. Beweislastumkehr und Prozessökonomie

116 Die Entgelttransparenzrichtlinie stärkt die individuelle Rechtsdurchsetzung maßgeblich durch eine klar normierte **Beweislastregelung** zugunsten der Arbeitnehmer und verschiebt damit auch die Prozessrisiken signifikant. Bereits nach geltendem Recht (vgl. § 22 AGG) genügte es, dass die klagende Partei Indizien darlegt, die eine geschlechtsbezogene Entgeltbenachteiligung vermuten lassen.[48] Das BAG entschied in ständiger Rechtsprechung hinsichtlich des Beweismaßes, dass nach § 22 AGG für den Rechtsschutz bei Diskriminierungen im Hinblick auf den **Kausalzusammenhang** eine Erleichterung der Darlegungslast in dem Sinne vorsieht, sodass es zu einer Absenkung des Beweismaßes und zu Beweislastumkehr kommt. Wenn im Streitfall die klagende Partei Indizien beweist, die eine Benachteiligung wegen eines in § 1 AGG genannten Grundes vermuten lassen, trägt die andere Partei die Beweislast dafür, dass kein Verstoß gegen die Bestimmungen zum Schutz vor Benachteiligung vorgelegen hat.[49] Art. 18 der EntgTranspRL schreibt jetzt **diese Beweislastumkehr** unionsweit verbindlich fest: Sobald solche Indizien dargelegt sind, trägt der Arbeitgeber die volle Darlegungs- und Beweislast dafür, dass **keine Diskriminierung** vorliegt.[50] In der Praxis ist die Widerlegung dieser Beweislastumkehr schwierig. Denn es müssen (i) Tatsachen vorgetragen werden, die (ii) eine Diskriminierung ausschließen. Vor dem Hintergrund der **Motivbündel-Rechtsprechung** des Bundesarbeitsgerichts, die wohl auch in diesem Zusammenhang anwendbar ist, wird

48 ArbuR 2022, 181.

49 LAG Baden-Württemberg, Urteil vom 1. Oktober 2024 – 2 Sa 14/24, Rn. 233, juris.

50 Weitere Ausführungen hierzu in dem Kapitel „Vergütungsansprüche und Haftungsrisiken“.

eine Rechtfertigung bereits dann prozessual herausfordernd, wenn Arbeitgeber keinerlei Maßnahmen zur Umsetzung der EntgTranspRL vorgenommen haben. Hier hilft ein Blick auf die **AGG-Rechtsprechung**: Es ist stets zu empfehlen, die Basics aus dem AGG umzusetzen. Konkret bedeutet das, dass eine AGG-Beschwerdestelle eingerichtet sein sollte und auch die „Betriebsbeauftragten" (Inklusionsbeauftragter des Arbeitgebers gem. § 181 SGB IV) in diesem Kontext benannt sein sollten. Dieses Wissen sollte auf die EntgTranspRL übertragen werden, sodass **Mindestmaßnahmen** wie zum Beispiel (i) das Einführen von Gehaltsbändern, (ii) konkrete und über alle Hierarchieebenen hinweg geclusterte Jobbezeichnungen aufgesetzt und (iii) aktuelle (abgrenzbare) Jobbeschreibungen vorliegen, die sich an den vier Merkmalen der EntgTranspRL orientieren (Kompetenzen, Belastungen, Verantwortung und Arbeitsbedingungen). Sofern diese Mindestmaßnahmen nicht bestehen, wird eine Verteidigung gegen Klagen, die auf der EntgTranspRL beruhen, nahezu ausgeschlossen sein.

Das bestätigt, dass diese Regelungen zu einer signifikanten Erleich- **117**
terung der prozessualen **Durchsetzbarkeit** auf Arbeitnehmerseite führen werden. Gerade angesichts bestehender **Informationsasymmetrien** in Bezug auf Gehaltsbestandteile, variable Vergütung[51] oder interne Bewertungsprozesse wird der effektive Rechtsschutz damit gestärkt. Die Praxis zeigt, dass bereits geringe Anhaltspunkte – etwa statistische Unterschiede in den Entgeltstrukturen – ausreichen können, um die Beweislast auf die Arbeitgeberseite zu verlagern.

2. Einführung kollektiver Rechtsverfolgung

Ein Novum der EntgTranspRL ist die ausdrückliche Möglichkeit **kol- 118**
lektiver Rechtsdurchsetzung. Art. 14 der Richtlinie sieht vor, dass Gleichbehandlungsstellen, Gewerkschaften oder andere *qualifizierte Einrichtungen* berechtigt sind, betroffene Personen zu unterstützen oder in deren Namen Verfahren zu führen. Damit wird auch solchen Betroffenen, wie in Erwägungsgrund 48 niedergelegt, Zugang zum Recht verschafft, die individuelle Klageverfahren aus Angst vor Re-

51 Wozu nach aktueller Rechtsprechung des BAG auch Kryptowährung zählen, BAG, Urteil vom 16. April 2025 – 10 AZR 80/24.

pressalien, aus Mangel an finanziellen Mitteln oder aus Beweisnotlage scheuen.

119 Diese Regelung eröffnet den Raum für strategische Klageführung – insbesondere durch Gewerkschaften oder NGOs – zur Durchsetzung struktureller Verbesserungen und zur Schaffung gerichtlicher Präzedenzfälle. Die Möglichkeit der kollektiven Interessenvertretung wirkt zudem verfahrensbeschleunigend und sorgt für eine Professionalisierung der Auseinandersetzung. Kritisch zu sehen ist diese Art der Rechtsdurchsetzung, da die Richtlinie und die Erwägungsgründe eine (wie es in Erwägungsgrund 48 ausdrücklich heißt) „*systematische Diskriminierung*" voraussetzen.

3. Sanktionen und Rechtsfolgen bei Verstößen

120 Die Richtlinie verpflichtet die Mitgliedstaaten zur Schaffung wirksamer, verhältnismäßiger und abschreckender Sanktionen (Art. 23 EntgTranspRL). Neben der Verpflichtung zur Nachzahlung der Differenzvergütung bestehen Ansprüche auf Entschädigung und Schadensersatz. Diese Ansprüche können sich parallel aus § 15 AGG oder direkt aus der Richtlinie in Verbindung mit dem nationalen Umsetzungsgesetz ergeben.

121 Hinzu kommen potenzielle strukturelle Auflagen: Bei systematischen Verstößen gegen das Entgeltgleichheitsgebot können die nationalen Durchsetzungsstellen Unternehmen verpflichten, konkrete Abhilfemaßnahmen zu ergreifen. Dies kann insbesondere dann relevant werden, wenn sich aus Transparenzberichten oder Prüfungen systemische Benachteiligungen ergeben.

4. Neue Rolle der Gleichstellungsstellen und Aufsichtsbehörden

122 Die EntgTranspRL stärkt die Rolle staatlicher Gleichstellungsstellen und zuständiger Arbeitsaufsichtsbehörden erheblich. Diese erhalten nicht nur Prüf- und Kontrollbefugnisse, sondern auch das Recht, betroffene Personen aktiv zu unterstützen (Art. 28 EntgTranspRL).

123 Die Behörden können künftig – unabhängig von einem individuellen Klageverfahren – systemische Benachteiligungen untersuchen und auf Grundlage ihrer Erkenntnisse Maßnahmen gegenüber Arbeitgebern anordnen. Damit etabliert die Richtlinie ein duales Kontrollsystem: einerseits durch gerichtliche Verfahren, andererseits durch behördliche Überwachung.

Diese neue institutionelle Einbindung erhöht den öffentlichen Druck auf Unternehmen, rechtskonforme und diskriminierungsfreie Vergütungsstrukturen sicherzustellen – **nicht nur reaktiv**, sondern **präventiv** im Sinne einer modernen Corporate Governance. **124**

B. Stakeholder-Management im Kontext der EntgTranspRL

Die Umsetzung der EntgTranspRL ist kein *ausschließlicher* juristischer Vorgang, sondern berührt zentrale Fragen der Unternehmensführung, Personalpolitik und internen Kommunikation. Ein systematisches Stakeholder-Management wird damit zu einem wesentlichen strategischen Instrument, um die neuen rechtlichen Anforderungen rechtssicher, effizient und konfliktarm zu implementieren. **125**

I. Bedeutung des Stakeholder-Managements

Die Umsetzung der EntgTranspRL ist nicht bloß ein weiteres gesetzliches Compliance-Projekt – sie ist ein **tiefgreifender Eingriff** in zentrale Unternehmensprozesse, der weitreichende strategische, personelle und kulturelle Wirkungen entfaltet. Sie verlangt eine klare Haltung, frühzeitige Abstimmung und eine **konsistente Kommunikation**. Ein proaktives Stakeholder-Management ist deshalb nicht nur ratsam, sondern essenziell, um die verschiedenen Akteure rechtzeitig einzubinden, Erwartungen zu steuern und rechtliche wie kulturelle Transformationsprozesse erfolgreich zu begleiten. Denn bisher konnten u. a. Teamvorgesetzte „ihre eigene Vergütungswelt“ bauen und für „ihre“ Mitarbeiter das Beste rausholen (wenn sie erkannt haben, dass sie sehr gute Mitarbeiter haben). Das wird sich ändern. **126**

Zugleich ermöglicht es die **frühzeitige Identifikation** potenzieller Reibungspunkte, schafft Transparenz in der internen und externen Kommunikation und trägt zur Prävention von Rechtsverstößen, Repu- **127** tationsschäden und personellen Spannungen bei. Ein gutes Stakeholder-Management ist somit auch ein Beitrag zu nachhaltiger Corporate Governance und Unternehmensstrategie.

128 Gerade deshalb ist es empfehlenswert, von Anfang an eine strategische und fachlich fundierte Beratung einzubinden, die juristische, betriebsorganisatorische und kommunikative Aspekte gleichermaßen berücksichtigt. Ein sauber aufgesetzter Prozess, der ausreichend Ressourcen und Aufmerksamkeit bereits zu Beginn bündelt, zahlt sich am Ende mehrfach aus – sei es durch geringere Haftungsrisiken, höhere interne Akzeptanz oder eine beschleunigte Umsetzung im Einklang mit den gesetzlichen Anforderungen.

II. Wer sind die relevanten Stakeholder (Stakeholder-Management):

129 Ein klares Verständnis dieser Stakeholder und ihrer jeweiligen Interessen ist für eine erfolgreiche Implementierung entscheidend. Wer sind die Stakeholer?

1. Unternehmen

130 Zentrale Stakeholder sind zunächst die **Unternehmen** selbst. Sie stehen im Mittelpunkt der Implementierungspflicht und müssen sicherstellen, dass sämtliche Vorgaben der EntgTranspRL erfüllt werden. Dies bedeutet in der Praxis nicht nur die Schaffung einer transparenten Entgeltstruktur, sondern auch die umfassende Überprüfung verschiedenster Vergütungsbestandteile. Hierzu zählen neben dem Grundgehalt unter anderem **virtuelle Beteiligungen**, **Aktienzuteilungen**, **betriebliche Altersvorsorge** sowie **Dienstwägen**.

131 Insbesondere die Einbeziehung von **Fremdgeschäftsführern** in den Anwendungsbereich stellt Unternehmen vor neue Herausforderungen. Da diese – je nach Ausgestaltung des Beschäftigungsverhältnisses – zunehmend unter die **arbeitnehmerähnlichen Schutzvorschriften** des europäischen Rechts fallen, müssen auch deren Vergütungen sorgfältig überprüft und angepasst werden.

2. Mitarbeitende/betroffene Beschäftigtengruppen

Eine weitere zentrale Stakeholdergruppe sind die **Mitarbeitenden**. 132
Sie profitieren von der Richtlinie insbesondere durch einen verstärkten Informationsanspruch. Dieser Anspruch ist wesentlich für die Erreichung der Richtlinienziele, nämlich der Schaffung einer gerechten, transparenten und diskriminierungsfreien Entgeltgestaltung. Mitarbeitende können künftig präziser und umfassender **Einblick in Entgeltstrukturen** verlangen, um mögliche Benachteiligungen aufzudecken und zu beseitigen.

3. Arbeitnehmervertretungen

Auch **Arbeitnehmervertretungen**, wie **Betriebsräte** und **Personal-** 133
vertretungen, spielen eine bedeutende Rolle. Nach § 87 Abs. 1 Nr. 10 BetrVG steht dem Betriebsrat beispielsweise ein zwingendes Mitbestimmungsrecht bei der Einführung und Ausgestaltung betrieblicher Entgeltsysteme zu. Der Betriebsrat ist damit ein zentraler Akteur bei der Umstellung auf ein transparentes und diskriminierungsfreies Vergütungssystem.

Zusätzlich übernehmen Betriebsräte eine **Überwachungsfunktion**[52], 134
indem sie sicherstellen, dass Unternehmen ihren Transparenz- und Gleichstellungspflichten nachkommen und angemessene Maßnahmen gegen etwaige Entgeltdiskriminierung einleiten.

4. Gewerkschaften/Tarifparteien

Auch die Gewerkschaften und Tarifparteien nehmen insbesondere im 135
Bereich **tariflicher Entgeltregelungen** eine Schlüsselrolle ein. Darüber hinaus können sie künftig auch kollektive Rechtsverfolgung nach Art. 14 EntgTranspRL betreiben und zur strategischen Durchsetzung des Rechts auf Entgeltgleichheit beitragen.

---

52 Die Frage ob und wie (oft) Betriebsräte unter Entgelttransparenz- und datenschutzrechtlichen Aspekten Einsicht in Bruttolohnlisten nehmen dürfen, war auch Gegenstand von verschiedenen BAG-Entscheidungen, vgl. dazu: BAG, Beschluss vom 7. Mai 2019 – 1 ABR 53/17 , BAGE 166, 309–322, juris; BAG, Beschluss vom 28. Juli 2020 – 1 ABR 6/19 –, BAGE 171, 368–377, juris; BAG, Beschluss vom 29. September 2020 – 1 ABR 32/19 , BAGE 172, 304–312, juris; BAG, Beschluss vom 23. März 2021 – 1 ABR 7/20 , BAGE 174, 256–268, juris.

5. Behörden/Verbände

136 Neben den vorgenannten Kernakteuren zählen auch **Behörden und Verbände** zu den relevanten Stakeholdern. Ihre Aufgaben liegen primär in der Überwachung und Beratung bei der Umsetzung der EntgTranspRL.

6. Antidiskriminierungsstellen/Gleichstellungsbeauftragte

137 Diese Akteure haben **unterstützende** und **beratende Funktionen**, insbesondere für betroffene Mitarbeitende. Sie können zudem Hinweise auf strukturelle Probleme in der Vergütungspraxis liefern und die interne Unternehmenspraxis spiegeln.

7. Aufsichtsbehörden/Gleichbehandlungsstellen gem. Art. 28 EntgTranspRL

138 Mit der Richtlinie erhalten **staatliche Gleichbehandlungsstellen** neue Prüf- und Anordnungsbefugnisse. Sie treten verstärkt als Kontrollinstanzen auf und begleiten die Umsetzung aus aufsichtsrechtlicher Perspektive.

8. Bewerberinnen und Bewerber

139 Schließlich sind **Bewerberinnen und Bewerber** als Stakeholder zu berücksichtigen, zumindest in Teilen, insbesondere gemäß Art. 5 der EntgTranspRL. Auch sie profitieren von gesteigerter Transparenz und haben Anspruch auf Informationen zu Gehaltsstrukturen, die ihnen eine faire Beurteilung ihrer Entgeltperspektiven ermöglichen.

140 Die Berücksichtigung all dieser Stakeholder und ihrer jeweiligen Interessenlagen ist nicht nur rechtlich geboten, sondern auch aus **praktischer Perspektive** essenziell für eine erfolgreiche, konfliktarme und rechtskonforme Umsetzung der Entgelttransparenzrichtlinie.

Stakeholder	Primäre Interessen	Rechtspositionen nach der EntgTranspRL
Unternehmen	Rechts- & Kostensicherheit, Reputationsschutz	Auskunft; jährl. Information; Reportingpflichten; Risiko Nachzahlung/Bußgeld/Schadensersatz
Beschäftigte/Bewerber	Gleiches Entgelt, Karrierechancen	Informationsrechte, Klage- & Beweislasterleichterung
Betriebsrat/Gewerkschaft	Mitbestimmung, Tarifautonomie	Kollektive Durchsetzung, Mitwirkung an *joint pay assessment*
Behörden/Gleichbehandlungsstellen	Datenanalyse, Einhaltung überwachen	Entgegennahme & Veröffentlichung von Reports

141

III. Stakeholder-Management

Die effektive Umsetzung der EntgTranspRL erfordert einen gezielten Abstimmungsprozess innerhalb der Unternehmen. 142

1. Interaktionen und Interessenkonflikte

Zwischen den einzelnen Stakeholdergruppen bestehen unterschiedliche Interessenlagen, die aktiv moderiert werden müssen. Informationsansprüche von Mitarbeitenden oder Bewerber:innen können mit Geheimhaltungsinteressen des Unternehmens kollidieren. Eine erfolgreiche Umsetzung wird davon abhängen, Awareness für die Bedeutung der EntgTranspRL zu verschaffen und eine interessengerechte Strategie (mit realistischem Zeitplan) aufzusetzen. 143

Insbesondere die Rolle staatlicher Überwachungsstellen ist in vielen Unternehmen ungewohnt. Außerdem ist nicht auszuschließen, dass Arbeitnehmervertreter die zur Verfügung stehenden Rechte – ähnlich wie den datenschutzrechtlichen Auskunftsanspruch nach Art. 15 DSGVO – in ihr Standardrepertoire aufnehmen.[53] Auch innerbetrieb- 144

53 Weitere Ausführungen hierzu in dem Kapitel „Rechtsmissbrauch und Entgelttransparenz“ ab Rn. 206.

liche Gerechtigkeitsdiskurse, etwa bei der Anpassung von Entgelten, bergen Konfliktpotenzial.

145 Zielgerichtete Kommunikation, Transparenz und ein strukturiertes Erwartungsmanagement sind hier entscheidend, um Akzeptanz zu schaffen und Eskalationen zu vermeiden.

2. Gestaltung einer wirksamen Stakeholder-Strategie

146 Ein effektives Stakeholder-Management sollte die folgenden Elemente enthalten:

- **Frühzeitige Einbindung aller relevanten Akteure**, insbesondere von Geschäftsführung, HR, Rechtsabteilung und Betriebsrat;[54]
- **Dokumentierte Bewertungs- und Entscheidungsprozesse**, um spätere Nachweispflichten zu erfüllen;
- **Regelmäßige interne Schulungen und Sensibilisierungen**, um die Systematik der Richtlinie und ihre Ziele verständlich zu machen;
- **Einrichtung eines interdisziplinären Gleichbehandlungsausschusses**, der etwaige Konfliktlagen frühzeitig identifiziert;
- **Entwicklung eines internen Kommunikationskonzepts**, das über Rechte, Verfahren und Ansprechpartner informiert und gleichzeitig Vertrauen schafft.

3. Exkurs: Stakeholder-Management im internationalen Konzernkontext

147 Internationale Unternehmensgruppen stehen vor besonderen Herausforderungen. Unterschiedliche nationale Bewertungsmodelle, Tariflandschaften und arbeitsrechtliche Rahmenbedingungen erfordern eine enge Abstimmung zwischen Muttergesellschaft und Landesgesellschaften. Die Koordination zentraler HR-Vorgaben mit lokalen Anforderungen – etwa bei der Entgeltberichterstattung – muss klar geregelt und mit den jeweiligen Stakeholdern abgestimmt werden.

148 Gerade im internationalen Kontext ist Stakeholder-Management nicht nur ein rechtliches, sondern auch ein kulturelles Projekt: Die Akzeptanz für Entgelttransparenz und Gleichstellung hängt maßgeblich von

---

54 Das genaue Timing hängt von den genauen Umständen des Einzelfalls ab.

lokaler Kommunikation, interkultureller Sensibilität und konsistenter Konzernstrategie ab.

C. False Friends

Auf den ersten Blick erscheint der **Anwendungsbereich** der EntgTranspRL klar umrissen – öffentliche und private Arbeitgeber, klassische Arbeitsverhältnisse, bekannte rechtliche Begriffe. Doch bei näherem Hinsehen offenbart sich eine Reihe von **überraschenden Einordnungen** und Konsequenzen: Die Richtlinie erfasst Konstellationen, die bislang entweder nicht im Fokus standen oder rechtlich (noch) nicht eindeutig verortet waren. Dies betrifft nicht nur moderne Beschäftigungsformen wie Plattformarbeit, sondern auch Personengruppen wie **Fremdgeschäftsführer** oder tarifvertraglich eingebundene Beschäftigte. **149**

False Friends bezeichnet im Folgenden solche Begriffe, Annahmen oder prozessualen Abläufe, die auf den ersten Blick **Rechtssicherheit** versprechen, tatsächlich aber entweder den sachlichen Anwendungsbereich der EntgTranspRL verkürzen bzw. erweitern oder Stakeholder-Rollen fehlleiten. **150**

I. Wer (unerwartet) dazugehört

Die EntgTranspRL besteht insgesamt aus vier Kapiteln. In Kapitel eins werden die allgemeinen Bestimmungen niedergelegt. Kapitel zwei ist mit der Überschrift „Entgelttransparenz" überschrieben und enthält die Kernregelungen zu Informationen und Auskunftspflichten. Das dritte Kapitel regelt die Rechtsmittel sowie die Rechtsdurchsetzung. Zuletzt werden in Kapitel vier horizontale Bestimmungen (z. B. das Schutzniveau, sodass Mitgliedstaaten auch günstigere Regeln erlassen dürfen) implementiert. **151**

1. Persönlicher Anwendungsbereich

Art. 2 der EntgTranspRL regelt den Anwendungsbereich. Sie gilt für **Arbeitgeber** in öffentlichen und privaten Sektoren. Die EntgTranspRL **152** gilt für ***alle*** **Arbeitnehmer**, die nach nationalem Recht einen Arbeitsvertrag haben oder in einem Beschäftigungsverhältnis stehen.

153 Somit gelten Teilzeitbeschäftigte, befristet Beschäftigte und Leiharbeitnehmer als Arbeitnehmer sowie *Arbeitnehmer* in Führungspositionen, die nach den geltenden Rechtsvorschriften einen *Arbeitsvertrag* haben und/oder in einem **Beschäftigungsverhältnis stehen**, wobei die Rechtsprechung des Gerichtshofs zu berücksichtigen ist.[55] Auch Hausangestellte, Arbeitnehmer, die auf Abruf, intermittierend, auf der Grundlage von Gutscheinen und auf Online-Plattformen beschäftigt sind, Arbeitnehmer in geschützten Beschäftigungsverhältnissen sowie Praktikanten und Auszubildende gelten als Arbeitnehmer. Zudem gilt die EntgTranspRL zum Teil (insbesondere Art. 5) auch für Bewerber.

154 Damit legt die EntgTranspRL einen **besonders weiten personalen Geltungsbereich** zugrunde, der sowohl moderne Beschäftigungsformen als auch klassische Arbeitsverhältnisse umfasst.

2. Geschäftsführer

155 Im nationalen Recht dürfte sich schnell die Frage stellen, ob die EntgTranspRL auch für **Fremdgeschäftsführer** gilt. Diese Frage wird zu bejahen sein, denn es kommt maßgeblich darauf an, ob der Beschäftigte **abhängig** beschäftigt nach Weisungen handelt. Die rechtliche Grenze zwischen Fremdgeschäftsführer und Arbeitnehmer wird dabei immer undurchlässiger.[56] Bereits jetzt ist anerkannt, dass Rechtsnormen immer dann auch für **Fremdgeschäftsführer** gelten, wenn diese ihren Ursprung im europäischen Recht haben.[57]

---

55 Urteil des Gerichtshofs vom 3. Juli 1986, Lawrie-Blum, 66/85, ECLI:EU:C:1986:284; Urteil des Gerichtshofs vom 14. Oktober 2010, Union Syndicale Solidaires Isère, C-428/09, ECLI:EU:C:2010:612; Urteil des Gerichtshofs vom 4. Dezember 2014, FNV Kunsten Informatie en Media, C-413/13, ECLI:EU:C:2014:2411; Urteil des Gerichtshofs vom 9. Juli 2015, Balkaya, C-229/14, ECLI:EU:C:2015:455; Urteil des Gerichtshofs vom 17. November 2016, Betriebsrat der Ruhrlandklinik, C-216/15, ECLI:EU:C:2016:883; Urteil des Gerichtshofs vom 16. Juli 2020, Governo della Repubblica italiana (Status der italienischen Friedensrichter), C-658/18, ECLI:EU:C:2020:572.

56 *Felisiak/Sorber*: Die rechtliche Grenze verschwimmt: Fremdgeschäftsführer im Spiegel des Arbeitnehmerstatus; in: ArbRAktuell 2024, 85 ff.

57 *Felisiak/Sorber*: Die rechtliche Grenze verschwimmt: Fremdgeschäftsführer im Spiegel des Arbeitnehmerstatus; in: ArbRAktuell 2024, 85 (86).

Der BGH urteilte, dass das **AGG** auch auf Fremdgeschäftsführer anwendbar ist.[58] Auch hinsichtlich des Urlaubsrechts können Fremdgeschäftsführer als Arbeitnehmer gelten.[59] Hintergrund sind stets Schutzrechte, die auch wieder **grundrechtlich determiniert** sind. Das ist auch im Fall des Entgelts erfüllt, sodass Fremdgeschäftsführer in den Anwendungsbereich der Richtlinie fallen. Die Auswirkungen in der Praxis sind erheblich. Denn damit sind auch **zwischen Fremdgeschäftsführern** (in Unternehmen- und Konzernstrukturen) die Vorgaben zu beachten und sämtliche Entgeltbestandteile auf den Prüfstand zu stellen. Das bedeutet, dass auch **klassische Instrumente** der Geschäftsführervergütung wie zum Beispiel **virtuelle Beteiligungen**, **Aktienzuteilungen**, die **betriebliche Altersvorsorge** oder auch **Dienstwägen** (oder andere Mobilitätsangebote) betroffen sind. 156

Da die EntgTranspRL ebenfalls eine Schutzrichtung verfolgt, die grundrechtlich unterlegt ist – insbesondere in Art. 23 GRCh (Gleichheit von Männern und Frauen) – sind Fremdgeschäftsführer in den Anwendungsbereich einzubeziehen. Dies hat erhebliche praktische Konsequenzen: Auch für diese Personengruppe müssen transparente und diskriminierungsfreie Vergütungssysteme vorgehalten werden. Dazu gehören insbesondere die **Bewertung und Offenlegung von variablen Entgeltbestandteilen** wie Aktienoptionen, virtuellen Beteiligungen, Altersvorsorgeansprüchen oder Sachleistungen. 157

Wechselwirkung zum Stakeholder-Management

Stakeholder	Primäre Interessen	Rechtspositionen nach der EntgTranspRL
Unternehmen	Risikovermeidung und Wirtschaftlichkeit	Haftungsrisiken und Reputation bei Nichteinhaltung
Geschäftsführer	Teil der Geschäftsführung und Eigeninteressen bei der Vergütung	Verantwortlich für die Umsetzung der Vorgaben und Implementierung der Prozesse vs. Eigeninteressen

58 BGH, Urteil vom 26. März 2019 – II ZR 244/17, BGHZ 221, 325–341, juris.
59 BAG, Urteil vom 25. Juli 2023 – 9 AZR 43/22, BAGE 181, 359–368, juris.

158 Diese Wechselwirkungen zeigen, dass es bereits auf der Ebene der Unternehmensführung zu unterschiedlich gelagerten Interessen kommen kann. Diese Interessen sind durch die **Gesellschafter** zu steuern und zu kontrollieren. In der Geschäftsordnung könnten beispielsweise Vorgaben eingearbeitet werden, damit Interessenkonflikte ausgeschlossen werden. Zudem sind auch **organisatorische Maßnahmen** – wie zum Beispiel ein **Vier-Augen-Prinzip** – denkbar. Die Gesellschafter können auch über Zielvorgaben bestimmte Steuerungen vorgeben, sodass bestimmte Ziele zu erreichen und die Zielerreichung an Bonuszahlungen geknüpft sind.

II. Tarifbindung – ein gefährlicher False Friend

159 Ein weit verbreiteter **Irrtum** lautet: Wer tarifgebunden ist, ist mit Blick auf die EntgTranspRL auf der **sicheren Seite**. Doch das Gegenteil ist der Fall. **Auch tarifvertragliche Vergütungssysteme müssen im Lichte der EntgTranspRL auf ihre Gleichwertigkeit und Diskriminierungsfreiheit hin überprüft werden.** Die Richtlinie erfasst ausdrücklich alle Vergütungseinstufungen, unabhängig davon, ob sie auf betrieblichen oder tariflichen Regelungen beruhen. Damit wird klargestellt, dass auch tarifautonome Regelwerke unionsrechtlicher Kontrolle unterliegen, sofern sie geeignet sind, eine mittelbare oder unmittelbare Diskriminierung aufgrund des Geschlechts zu verursachen.

160 Besonders **kritisch** sind **tarifliche Automatismen** zu beurteilen, etwa Regelungen, wonach eine Höhergruppierung allein aufgrund der **Dauer der Betriebszugehörigkeit** erfolgt. Derartige Mechanismen, die eine Entgeltsteigerung unabhängig von Leistung oder objektiv nachvollziehbaren Kriterien vorsehen, können mit der Richtlinie unvereinbar sein – insbesondere dann, wenn sie sich in der Praxis geschlechtsbezogen auswirken oder nicht durch ein neutrales, diskriminierungsfreies Bewertungssystem legitimiert sind. Hier ist insbesondere der Erwägungsgrund 35 einschlägig:

161 Die **Entgeltentwicklung** bezieht sich auf den Prozess des Übergangs eines Arbeitnehmers zu einer **höheren Entgelthöhe**. Hierfür benennt der Erwägungsgrund 35 Kriterien, die im Rahmen der Entgeltentwicklung denkbar sind. Angeführt werden unter anderem die **individuelle**

Leistung, Kompetenzentwicklung und **Dienstalter**. Die Richtlinie erkennt in diesem Zusammenhang die Komplexität und fordert, dass die Mitgliedstaaten **gebrauchsfertige Vorlagen** bereitstellen könnten, um Kleinstunternehmen und kleine Unternehmen bei der Erfüllung dieser Verpflichtung zu unterstützen. Konkret sollen die Mitgliedstaaten kleinere Unternehmen von der Verpflichtung im Zusammenhang mit der Entgeltentwicklung befreien können, indem sie ihnen beispielsweise gestatten, die entsprechenden Kriterien **auf Antrag der Arbeitnehmer** zur Verfügung zu stellen. Hier sollte der deutsche Gesetzgeber Ausnahmetatbestände regeln, um auch die Machbarkeit – gerade vor dem Hintergrund der Entbürokratisierung – abbilden zu können.

Die verbreitete Annahme, tarifvertragliche Regelungen seien einer gerichtlichen Überprüfung entzogen, ist damit **ein klassischer „False Friend“**. Im Gegenteil: Die EntgTranspRL macht deutlich, dass auch diese Strukturen – wie bereits in der BAG-Rechtsprechung von 1955[60] – auf den Prüfstand gehören. Auch diese müssen im Lichte der EntgTranspRL auf ihre Gleichwertigkeit und Diskriminierungsfreiheit hin überprüft werden. 162

1. Langjährige unionsrechtliche Überprüfbarkeit tariflicher Regelungen

Die unionsrechtliche Überprüfbarkeit tariflicher Regelungen ist seit langem anerkannt. Bereits in der Entscheidung *Defrenne II*[61] stellte der EuGH klar, dass auch **tarifvertragliche Normen** der Kontrolle auf Entgeltgleichheit unterliegen. Diese Rechtsprechung wurde in zahlreichen Entscheidungen fortgeführt, etwa in *Nimz*[62] und in *Hennigs und Mai*[63] in denen die altersabhängige Vergütung nach früheren Tarifverträgen als diskriminierend eingestuft wurde. 163

Der EuGH hat darüber hinaus in *Hennigs und Mai*[64] betont, dass **der Rechtsanspruch auf Angleichung nach oben** auch dann gilt, wenn die Diskriminierung durch einen **Tarifvertrag verursacht** wird. 164

---

60 BAG, Urteil vom 15. Januar 1955 – 1 AZR 305/54, BAGE 1, 258, juris.
61 EuGH, Urt. v. 8.4.1976 – C-43/75, Slg. 1976, 455.
62 EuGH, Urt. v. 7.2.1991 – C-184/89, Slg. 1991 I, 297.
63 EuGH, Urt. v. 8.9.2011 – C-297/10 und C-298/10.
64 EuGH, Urt. v. 8.9.2011 – C-297/10 und C-298/10.

Art. 28 GRCh, der das Recht auf Tarifautonomie schützt, steht dieser Überprüfbarkeit nicht entgegen. Vielmehr sei die unionsrechtliche Kontrolle tarifvertraglicher Regelungen mit dem Grundrecht auf Kollektivverhandlungen vereinbar.

165 Auch das Bundesarbeitsgericht folgt dieser Linie seit Jahren konsequent. Es hat in der Umsetzung der EuGH-Entscheidung in den Verfahren *Hennigs und Mai* mit Urteilen vom 10. November 2011 (6 AZR 148/09 und 6 AZR 481/09) die Klagen der betroffenen Arbeitnehmer:innen auf Entgeltnachzahlung wegen diskriminierender Altersklauseln in Tarifverträgen ausdrücklich als begründet anerkannt.

2. Keine Ausnahme für Tarifverträge – unionsrechtlich unzulässig

166 Die EntgTranspRL stärkt diese Linie ausdrücklich. Sie verlangt eine Überprüfung und gegebenenfalls Korrektur auch solcher tariflicher Entgeltregelungen, die strukturell zu einer geschlechtsbezogenen Benachteiligung führen – unabhängig von ihrer formellen Legitimation im Tarifrecht. Hier sollte der Deutsche Gesetzgeber **Übergangsregelungen** in Betracht ziehen, um den Unternehmen eine Überprüfung und ggf. eine Angleichung zu ermöglichen.

167 Von besonderer Bedeutung ist hierbei, dass die Richtlinie in Art. 1 nicht nur auf Transparenz, sondern auch auf **verstärkte Durchsetzungsmechanismen** abzielt. Sie enthält keine Ausnahmebestimmung für Tarifverträge. Nach den allgemeinen Grundsätzen des Unionsrechts gilt: Fehlt eine explizite Ausnahmeregelung, ist die Norm ausnahmslos anwendbar. Damit ist klar: Die Regelungen der EntgTranspRL zur Transparenz und gerichtlichen Überprüfbarkeit gelten auch für tarifvertragliche Vergütungssysteme.

3. Zur Diskussion im nationalen Umsetzungsprozess

168 Obwohl diese dogmatische Klarheit besteht, wird in Deutschland vertreten, dass ein nationales Umsetzungsgesetz Tarifverträge von der Überprüfbarkeit ausnehmen könne. Diese Auffassung verkennt jedoch die **systematische Stellung** der EntgTranspRL innerhalb des Unionsrechts. Die Richtlinie setzt in Art. 1 ausdrücklich auf **Mindestanforderungen** zur Stärkung der Anwendung von Art. 157 AEUV sowie

des Diskriminierungsverbots gemäß Art. 4 der RL 2006/54/EG – und zwar durch Entgelttransparenz **und** verstärkte Durchsetzungsmechanismen.

Bereits dieser Regelungsansatz impliziert, dass alle Formen der Vergütungsregelung – auch tarifvertragliche – dem unionsrechtlichen Maßstab zu genügen haben. **169**

Wie bereits erwähnt: Wenn eine Regelung keine Ausnahme vorsieht, ist sie ausnahmslos anzuwenden. Eine Ausnahme für Tarifverträge enthält die Richtlinie nicht. Folglich sind sie – ebenso wie betriebliche Systeme – uneingeschränkt von den Vorgaben zur Transparenz und zur gerichtlichen Überprüfbarkeit erfasst. **170**

Eine anderslautende Umsetzung im nationalen Recht, die tarifliche Regelungen von der Anwendung der EntgTranspRL ausnehmen würde, wäre daher mit dem Unionsrecht nicht vereinbar. Eine solche Ausnahme widerspräche dem Telos der Richtlinie, der ständigen EuGH-Rechtsprechung und der Systematik der Grundrechtecharta. Eine zeitliche Übergangsvorschrift dürfte allerdings vertretbar sein. **171**

Außerdem ist davon auszugehen, dass die Gewerkschaften ihre eigenen Entgeltgruppen evaluieren werden und Arbeitgeber bzw. Arbeitgeber-Verbände mit diesem Thema künftig konfrontiert werden. **172**

Wechselwirkung zum Stakeholder-Management

Stakeholder	**Primäre Interessen**	**Rechtspositionen nach der EntgTranspRL**
Gewerkschaften	Durchsetzung transparenter Entgeltsystematiken	Mitumsetzung und kollektivrechtliche Durchsetzung
Arbeitgeberverbände	Abfedern von wirtschaftlichen Nachteilen/Überforderung der Unternehmen	Umsetzungspflicht als Vertreter der Unternehmen gegenüber den Gewerkschaften

III. Variable Vergütung, Leistungsbeurteilung und virtuelle Beteiligungen– versteckte False Friends

1. Variable Vergütungsbestandteile – kein rechtsfreier Raum

173 Ein weiterer häufiger **Irrtum in der Praxis** lautet: Die EntgTranspRL betreffe nur das Grundgehalt. Diese Annahme verkennt jedoch den umfassenden Anwendungsbereich der Richtlinie. Nach ihrem Wortlaut und ihrem Schutzzweck sind **sämtliche Bestandteile des Entgelts** erfasst – unabhängig davon, ob sie fix oder variabel, freiwillig oder kollektiv geregelt sind.

174 Dazu zählen insbesondere Boni, Zielprämien, Erfolgsbeteiligungen, variable Entgeltkomponenten sowie geldwerte Vorteile wie Dienstwagen, Essenszuschüsse, **Aktienoptionen oder virtuelle Beteiligungen**. Die Frage ist, ob auch **echte Unternehmensanteile** (z. B. in Form von GmbH-Anteilen) unter den Anwendungsbereich fallen. Sofern es sich nach den Umständen um eine **Vergütungskomponente** handelt, wird man diese Frage zu bejahen haben. Das bedeutet im Umkehrschluss: Diese Programme sind so auszugestalten, dass es sich **nicht um Vergütungsbestandsteile** handelt. Dies ist bereits in den Vertragswerken (SPA) anzulegen. Zudem sollte der Zweck so bestimmt sein, dass kein Bezug zum Entgelt hergestellt werden kann. Die Einzelheiten sollten in diesen Konstellationen stets geprüft werden, um Haftungsrisiken von Anfang an minimieren zu können.

175 Auch diese Vergütungskomponenten müssen diskriminierungsfrei gestaltet, nachvollziehbar dokumentiert und im Rahmen der Gleichwertigkeitsprüfung offengelegt werden. Das bedeutet konkret, dass **nicht** mehr nach Belieben eine Zuteilung der Anteile erfolgen darf. Regelmäßig heißt es in den Programmbedingungen bisher: „*Die Auswahl der Begünstigten erfolgt nach freiem Ermessen der Geschäftsführung der Gesellschaft.*“ Auf eine solche intransparente Zuteilung sollte ab jetzt verzichtet werden. Um hier den Unternehmen weiterhin einen Handlungsspielraum zu ermöglichen, sind zwei Wege denkbar. Erstens könnten bestimmte Beiräte oder Boards gebildet werden und Voraussetzung dafür, dass eine Zuteilung erfolgt, ist die Kopplung an die bestimmte Funktion im Beirat oder dem Board. Zweitens sollte es einen Verteilungsschlüssel geben, mit dem nachvollziehbar ist, wer aus welchem Grund wie viele Anteile zugeordnet bekommt. Auch

hier kann über die Hilfskonstruktion eines Beirates oder eines Boards eine Struktur geschaffen werden, sodass eine Zuteilung erfolgen kann. Aber auch hier gilt, dass dann die jeweiligen Positionen und Funktionen in einem Zusammenhang stehen müssen, sodass die Zuteilungsvorgaben mit Art. 4 Abs. 4 EntgTranspRL, also Kompetenzen, Belastungen, Verantwortung und Arbeitsbedingungen in Einklang stehen müssen.

Die Annahme, variable Entgelte unterlägen der freien Disposition des **176**
Arbeitgebers und seien deshalb dem Anwendungsbereich der Richtlinie entzogen, ist somit ein **gefährlicher „False Friend**“. Künftig wird es notwendig sein, auch die variablen Vergütungsbestandteile an den hohen Anforderungen der EntgTranspRL zu messen.

In diesem Zusammenhang spielt auch die Verwendung von **Leistungs-** **177**
beurteilungen zur Legitimation unterschiedlicher Vergütungen eine Rolle. Zwar erkennt die EntgTranspRL leistungsgerechte Differenzierungen grundsätzlich an – jedoch nur dann, wenn diese auf **objektivierbaren**, geschlechtsneutralen und konsistent angewandten Kriterien beruhen. Das heißt konkret, dass klare und „nachrechenbare“ Zielvorgaben verwendet werden sollten (Umsatzschwellen, Unternehmensergebnisse und Kennzahlen wie EBIT oder EBIDA sowie Ergebnisse nach Jahresabschlüssen oder auch individuell messbare Kennzahlen wie zum Beispiel Umsatzschwellen, Auftragszahlen usw.).

Subjektive Einschätzungen, informelle Bewertungsgespräche oder **178**
uneinheitliche Beurteilungsverfahren genügen diesen Anforderungen nicht.[65] Auch auf frühere Arbeitszeugnisse gestützte Differenzierungen sind rechtlich angreifbar, da deren Aussagekraft in der Regel nicht dem geforderten Grad an Objektivität entspricht.

Leistungsbeurteilungen stellen daher einen weiteren „False Friend“ **179**
dar – sie wirken scheinbar legitimierend, genügen aber oft nicht den strengen Vorgaben der Richtlinie.

---

65 *Bauer/Krieger/Günther*, in: AGG EntgTranspG, 5. Aufl. 2018, § 4 EntgTranspG, Rn. 39; *Heimann/Weinzierl*, BB 2024, 884, 885.

2. Virtuelle Beteiligungen – kein rechtsfreier Raum für Führungskräfte

180 Besondere Beachtung verdienen dabei Vergütungsformen wie **virtuelle Beteiligungen** oder phantom shares, die häufig im Bereich der Führungskräftevergütung und bei Fremdgeschäftsführern zum Einsatz kommen.

181 Diese unterliegen nach der Richtlinie **denselben Anforderungen** an Transparenz und Gleichbehandlung wie herkömmliche Gehaltsbestandteile. Auch sie müssen – sofern sie gewährt werden – in die Gesamtentgeltbetrachtung einbezogen und im Falle bestehender Ungleichbehandlung überprüft werden.

IV. Umsetzungspflicht und unmittelbare Wirkung – ein weiterer False Friend

182 Ein weiteres verbreitetes Missverständnis: Solange der Gesetzgeber die Entgelttransparenzrichtlinie nicht in nationales Recht umgesetzt hat, bestehe für Unternehmen **keine Handlungsnotwendigkeit**. Diese Annahme ist unzutreffend. Ist die Umsetzungsfrist abgelaufen und die Richtlinie nicht in nationales Recht umgesetzt, kann sie dennoch unmittelbare Wirkung entfalten.

183 Denn: Die EntgTranspRL ist nicht nur ein **bloßes Sekundärrechtsinstrument** mit Aufforderungscharakter. In dem Maße, in dem sie auf primärrechtlich geschützte Rechte Bezug nimmt – insbesondere Art. 157 AEUV, Art. 21 und 23 GRCh (Gleichheit, Diskriminierungsverbot) sowie Art. 47 GRCh (Recht auf effektiven Rechtsbehelf) – kommt ihr unmittelbare Wirkung zu. Diese kann auch im Verhältnis zwischen Privaten durchgesetzt werden.

184 Der EuGH hat dies in seiner **ständigen Rechtsprechung** bestätigt: In *Defrenne*[66] wurde Art. 157 AEUV als **unmittelbar wirksames Recht** anerkannt. In *Kücükdeveci*[67] stellte der EuGH klar, dass nationale Gerichte sogar entgegenstehendes Recht unangewendet lassen müssen, wenn sich daraus ein Verstoß gegen das primärrechtliche Diskriminie-

66 EuGH, Urteil vom 8.4.1976 – C-43/75 = BeckRS 2004, 71181 Rn. 38 f.
67 EuGH, Urteil vom 19.1.2010 – C-555/07 = BeckRS 2010, 90051.

rungsverbot ergibt. Diese Rechtsprechung wurde durch Entscheidungen wie *Egenberger*[68] und *Cresco Investigation*[69] fortentwickelt.

185 Auch wenn also eine formale Umsetzung in nationales Recht aussteht, können sich betroffene Arbeitnehmer:innen auf die EntgTranspRL berufen, sofern diese als Ausdruck oder Konkretisierung primärrechtlicher Vorgaben anzusehen ist. Dies gilt insbesondere dort, wo es um strukturelle Diskriminierungen, unzureichende Transparenz oder fehlende Durchsetzungsmöglichkeiten geht.

186 Die Zeit bis Juni 2026 sollte daher für die Umsetzung genutzt werden, auch wenn Deutschland noch kein Umsetzungsgesetz im Entwurf auf den Weg gebracht hat und sehr wahrscheinlich auch nicht rechtzeitig auf den Weg bringen wird, um Risiken durch unionsrechtswidrige Entgeltstrukturen frühzeitig zu vermeiden. Wer jetzt handelt, minimiert spätere Rechts- und Reputationsgefahren erheblich.

V. Weitere trügerische Annahmen – das große Finale der False Friends

1. Datenschutz – kein Schutzschild gegen Transparenzpflichten

187 Ein weiteres Missverständnis betrifft den Datenschutz: Immer wieder wird argumentiert, dass das Gehalt zu den „**besonders**“ **geschützten personenbezogenen** Daten zähle und deshalb eine Offenlegung – etwa im Rahmen der Informationspflichten nach Art. 7 EntgTranspRL – unzulässig sei. Dieses Argument ist jedoch unionsrechtlich nicht haltbar.

188 Arbeitgeber können sich nicht auf Vertraulichkeitsvereinbarungen oder Datenschutz berufen, um ihrer Auskunftspflicht zu entgehen. Die Informationsrechte der Beschäftigten sowie die Pflicht zur transparenten Entgeltstruktur gehen datenschutzrechtlichen Interessen insoweit vor. Datenschutz wird also nicht ausgehebelt – aber unterliegt in diesem Kontext der unionsrechtlich geschützten Transparenzpflicht. Die rechtlichen Grundlagen zum Datenschutz regelt die Richtlinie in Art. 12. Im ersten Absatz erfolgt ein Verweis darauf, dass die Daten, die im Rahmen von Maßnahmen nach den Artikeln 7, 9 und 10 EntgTranspRL übermittelt werden, nach den Vorgaben der Datenschutzgrundverordnung

68 EuGH, Urteil vom 17.4.2018, C-414/16, Celex-Nr. 62016CJ0414.
69 EuGH, Urteil vom 22. Januar 2019 – C-193/17, juris.

(DSGVO) zu verarbeiten sind. Das ist eine klassische Verweisung. In Absatz zwei legt die Richtlinie fest, dass die Datenverarbeitung zur Anwendung des Grundsatzes des gleichen Entgelts nach den Art. 7, 9 und 10 EntgTranspRL allein dieser Zweckbindung unterliegt. Auch das ist nur eine Ausprägung der allgemeinen Grundsätze aus Art. 5 Abs. 1 DSGVO. Interessant ist Art. 12 Abs. 3 EntgTranspRL. Es handelt sich um eine „Kann-Bestimmung", nach der die Mitgliedstaaten beschließen können, dass in Fällen, in denen die Offenlegung von Informationen nach den Artikeln 7, 9 und 10 EntgTranspRL zur **unmittelbaren oder mittelbaren Offenlegung** des Entgelts eines **bestimmbaren Arbeitnehmers** führen würde, **nur die Arbeitnehmervertreter**, die **Arbeitsaufsichtsbehörde** oder die **Gleichbehandlungsstelle** Zugang zu den betreffenden Informationen haben. Diese Regelung zeigt, wie transparent mit Gehaltsdaten dann umgegangen wird. Jetzt wird deutlich, warum in Absatz 3 ein Verweis auf die DSGVO erfolgt. Es bedarf hier besonderer **technischer und organisatorischer Maßnahmen**, um diese personenbezogenen Daten zu schützen.

189 Exemplarisch sind folgende Maßnahmen denkbar:

- Zugriffsbeschränkung durch Rollen- und Berechtigungskonzepte
  Nur berechtigte Personen (z. B. Arbeitnehmervertretung, Aufsichtsbehörde, Gleichbehandlungsstelle) erhalten Zugriff auf sensible Entgeltinformationen. Zugriffe werden systemseitig kontrolliert und protokolliert.
  Jede Einsichtnahme oder Bearbeitung der Entgeltdaten wird protokolliert, um eine Nachverfolgbarkeit sicherzustellen (Audit-Trail).
- Pseudonymisierung/Anonymisierung
  Soweit möglich, erfolgt die Verarbeitung und Bereitstellung von Entgeltdaten in pseudonymisierter oder anonymisierter Form, um die Identifizierbarkeit einzelner Arbeitnehmer zu vermeiden.
- Verschlüsselung von Datenübertragungen und -speicherungen
  Alle Entgeltdaten werden sowohl bei der Übertragung (z. B. per E-Mail oder in Portalen) als auch bei der Speicherung verschlüsselt (z. B. mittels TLS/SSL und AES-Verschlüsselung).
- Sichere IT-Infrastruktur
  Datenverarbeitung findet ausschließlich auf gesicherten Systemen mit aktuellem Patch-Management, Firewalls und Antivirenlösungen statt.

- Zugriffsbeschränkungen
  Sämtliche Daten sind ausschließlich verschlüsselt zu verarbeiten und die Zugänge sind passwortgeschützt.
  Interne Zugriffsrechte sind so definiert, dass nur ein sehr kleiner Kreis an befugten Personen Zugriff auf Daten hat.

Konkret hat eine solche Datenverarbeitung nur dann stattzufinden, **190** wenn die beteiligten Stellen ein hohes Datenschutzniveau – vor allem technischer Art – sicherstellen können. Damit scheidet eine Offenlegung resp. Verarbeitung nach den Art. 7, 9 und 10 EntgTranspRL der Daten (temporär) dann aus, wenn **kein Datenschutzkonzept dargelegt** werden kann. Verantwortlicher ist der Arbeitgeber und daher hat der Arbeitgeber auch die Letztverantwortlichkeit darüber, ob Daten an anderen Stellen verarbeitet werden oder nicht. Damit ist der Arbeitgeber auch befugt, Nachweise einzufordern, ob die datenschutzrechtlichen Vorgaben eingehalten sind. Hier sollte der deutsche Gesetzgeber **klare Schutzmechanismen** definieren, ohne die eine Datenverarbeitung nicht stattzufinden hat.

2. Gleichbehandlung ≠ Gleichmacherei – differenzieren ist erlaubt, aber begründungspflichtig

Ein weiteres **beliebtes Argument** lautet: „Wenn alle dasselbe bekom- **191** men, kann man nichts falsch machen." Doch **Gleichmacherei** ist keine Lösung – und häufig sogar problematisch. Die Richtlinie verlangt keine uniformen Gehaltsstrukturen, sondern diskriminierungsfreie, nachvollziehbare Differenzierung.

Unterschiedliche Bezahlung ist weiterhin zulässig – etwa bei unter- **192** schiedlicher Qualifikation, Verantwortung oder Leistung. Aber: Diese Unterschiede müssen sich auf objektive, geschlechtsneutrale Kriterien stützen, die systematisch und dokumentiert angewendet werden. Eine scheinbar „gleiche" Behandlung kann in Wahrheit verdeckte Diskriminierung enthalten.

Wer also glaubt, Gleichbehandlung bedeute **Einheitsentlohnung**, un- **193** terliegt ebenfalls einem gefährlichen False Friend. Es geht nicht um Einheitlichkeit, sondern um gerechte, überprüfbare Differenzierung.

3. Vergleich über den Betriebszaun hinaus – der Mythos vom „gleichen Arbeitgeber"

194 Noch immer hält sich die Vorstellung, Entgeltvergleiche seien nur innerhalb desselben Rechtsträgers möglich und Konzerngesellschaften stünden diesbezüglich untereinander „auf sicherem Abstand". Die Richtlinie stellt klar, dass dieser Ansatz zu kurz greift. Nach Art. 19 Abs. 1 EntgTranspRL gilt: Ein Vergleich ist nicht auf Fälle beschränkt, in denen Frauen und Männer für **denselben** Arbeitgeber arbeiten; maßgeblich ist vielmehr, ob die betreffenden Entgeltbedingungen aus einer **einheitlichen Quelle** stammen – also von einer Stelle, die die Vergütung zentral festlegt und verändern kann.

195 Eine solche Quelle liegt beispielsweise vor bei

- arbeitgeberübergreifenden Tarifverträgen,
- gesetzlich geregelten Besoldungsordnungen,
- konzernweit oder holdingspezifisch gesteuerten Pay-Scales oder Vergütungsrichtlinien,
- aber auch bei jedem Haus- oder Firmentarifvertrag, der für alle Mitarbeitenden eines Arbeitgebers verbindlich ist.

196 Erwägungsgrund 29 der EntgTranspRL betont ausdrücklich, dass einheitliche Bedingungen vorliegen, wenn eine **Holding- oder Konzernzentrale** die Vergütungsregeln für mehrere Betriebe vorgibt. Damit öffnen sich konzernübergreifende Vergleichsmöglichkeiten – und die bisherige Verteidigungslinie „*anderes Unternehmen, anderer Maßstab*" verliert an Schlagkraft.

197 Art. 19 Abs. 2 EntgTranspRL weitet den Rahmen zusätzlich: Vergleichspersonen müssen nicht zeitgleich beschäftigt sein. Fehlt eine reale Vergleichsperson, können Gerichte auf **statistische Indizien** oder eine **hypothetische Vergleichsperson** zurückgreifen.[70]

4. Diskriminierung in einer geschlechtsgleichen Gruppe – kein Widerspruch

198 Ein weiteres verbreitetes Missverständnis besteht in der Annahme, dass in rein **männlich besetzten Berufsgruppen** oder rein **weiblich besetzten Berufsgruppen** eine geschlechtsbezogene Entgeltdiskrimi-

70 *Winter*, NZA 2024, 8, 17.

nierung von vornherein ausgeschlossen sei. Diese Annahme ist unionsrechtlich unzutreffend.

Auch in einer zu 100 % männlich besetzten Gruppe kann daher eine 199
mittelbare Entgeltdiskriminierung wegen des Geschlechts vorliegen – etwa dann, wenn die Tätigkeit strukturell oder historisch mit frauendominierten Aufgaben verbunden ist und deren Bewertung im Verhältnis zu vergleichbaren, männlich geprägten Tätigkeiten systematisch geringer ausfällt.

Nach Erwägungsgrund 28 der EntgTranspRL ist in solchen Kons- 200
tellationen der Rückgriff auf eine **hypothetische Vergleichsperson** ausdrücklich zulässig. Besteht also ein struktureller Anhaltspunkt dafür, dass dieselbe Tätigkeit in anderen Kontexten typischerweise von Frauen ausgeübt wird und dort höher bewertet ist, kann dies eine mittelbare Diskriminierung indizieren. Ergänzend erlaubt Erwägungsgrund 29 auch **konzernübergreifende externe Vergleiche**, sofern die Vergütungsbedingungen auf eine **einheitliche Quelle** zurückgehen. So kann etwa festgestellt werden, dass Beschäftigte – etwa Männer – in einem Schwesterunternehmen bei identischer Tätigkeit höher vergütet werden als im eigenen Unternehmen, weil dort „weiblich konnotierte" Arbeitselemente systematisch geringer bewertet sind.

Auch der Rückgriff auf **statistischen Indizienbeweis**[71] ist zulässig 201
(sofern dieser konkret auf das jeweilige Unternehmen zugeschnitten ist): Wird etwa belegt, dass bestimmte, niedriger bewertete Entgeltgruppen mit Tätigkeitsmerkmalen korrelieren, die im Branchenvergleich überwiegend von Frauen ausgeübt werden, kann dies ebenfalls ein starkes Indiz für eine geschlechtsbezogene Benachteiligung darstellen.[72]

Diese Konstellationen zeigen: Auch Männer können diskriminiert 202
werden – nämlich dann, wenn sie Tätigkeiten ausüben, deren Bewertung geschlechterstereotyp geprägt oder strukturell benachteiligt ist. Für Arbeitgeber ergibt sich daraus eine gesteigerte Darlegungslast gem. § 22 AGG: Sie müssen nachweisen können, dass **sämtliche Bewertungsfaktoren geschlechtsneutral** ausgestaltet und angewandt

71 EuGH, Urteil vom 28. Februar 2013 – C-427/11, Rn. 43.
72 BAG, Urt. v. 21.1.2025 – 9 AZR 123/22.

wurden. Betriebsräte und Gewerkschaften wiederum sollten branchenübergreifende Vergütungsordnungen vergleichend analysieren, um systematische Verzerrungen („green gun effect“) frühzeitig zu identifizieren und zu korrigieren.

203 Neben den Vorgaben aus der Entgelttransparenzrichtlinie gelten auch die **allgemeinen arbeitsrechtlichen und unionsrechtlichen Gesetzmäßigkeiten**. Hier ist insbesondere der Gleichbehandlungsgrundsatz ins Feld zu führen.

VI. Fazit

204 Die Entgelttransparenzrichtlinie bringt **keine kosmetische Reform**, sondern eine **systematische Neuausrichtung** des Vergütungsrechts mit sich. Sie greift tief in bestehende Strukturen ein und macht viele bisher als unproblematisch angesehene Konstellationen zum Prüfstein. Ob tarifliche Automatismen, variable Vergütung, vertrauliche Gehaltsabreden oder subjektive Leistungsbeurteilungen – zahlreiche scheinbar etablierte Praktiken stehen auf dem Prüfstand. Gerade weil viele dieser Konstellationen nicht offensichtlich unionsrechtswidrig erscheinen, sind sie so tückisch – und machen das Konzept der „False Friends“ zu einem juristisch und strategisch hilfreichen Leitmotiv.

205 Für Unternehmen bedeutet dies: Jetzt ist der richtige Zeitpunkt, um **Vergütungssysteme** auf Brüche, Lücken und ungewollte Diskriminierungsrisiken zu analysieren. Wer nicht darauf vertraut, dass tarifliche, freiwillige oder individuelle Regelungen schon Bestand haben werden, sondern aktiv Transparenz schafft, Gleichwertigkeit prüft und Dokumentation stärkt, handelt nicht nur rechtlich klug – sondern setzt auch ein starkes Zeichen für Gerechtigkeit und Fairness im Unternehmen.

D. Rechtsmissbrauch und Entgelttransparenz

Entgeltgleichheit zwischen den Geschlechtern ist ein wichtiges Ziel und sollte eigentlich selbstverständlich sein. Die Europäische Union hat mit ihrer Gesetzgebung und dem daraus resultierenden Entgelttransparenzgesetz sowie der Entgelttransparenzrichtline[73] versucht, einerseits die Arbeitgeber in die Pflicht zu nehmen und andererseits den Arbeitnehmern Ansprüche an die Hand zu geben, mit denen sie gegen (möglicherweise vermeintliche) Entgeltungleichheit vorgehen können. Namentlich geht es dabei aktuell um den Auskunftsanspruch nach § 10 EntgTranspG, den Anspruch auf Entgeltgleichheit nach § 7 EntgTranspG i. V. m. § 3 EntgTranspG sowie den Anspruch auf Schadensersatz (noch aus § 15 AGG). Das Ziel der EntgTranspRL ist, die Entgeltdiskriminierung weiter abzubauen (vgl. z. B. Erwägungsgrund 17) und die Geschlechtergleichstellung weiter zu fördern, indem sie die Durchsetzungsmechanismen stärken und die Durchsetzung als solche erleichtern will (vgl. Art. 1 der EntgTranspRL). **206**

Doch gibt es auch (vereinzelte) Arbeitnehmer, die weniger das Ziel der Entgeltgleichheit verfolgen als mehr eine **missbräuchliche Nutzung** der Regelungen für einen ganz anderen Zweck. Das Thema Rechtsmissbrauch, bekannt bereits aus der AGG-Rechtsprechung (sog. „AGG-Hopper")[74] oder auch seit Neuerem aus der DSGVO-Rechtsprechung[75] (teils als „DSGVO-Hopper"[76] bezeichnet), taucht mittlerweile auch im Rahmen des Entgelttransparenzgesetzes auf. Insbesondere mit dem nunmehr in der neuen Entgelttransparenzrichtlinie kodifizierten Schadensersatzanspruch bietet das neue Regelungsregime ein großes Potenzial, zu (ungerechtfertigten) Klagen zu motivieren. Hinzu kommt der weite Geltungsbereich der Entgelttransparenzrichtlinie. Nach Art. 2 Abs. 3 EntgTranspRL gilt die Richtlinie für **207**

73 Richtlinie (EU) 2023/970, ABl. L 132 S. 21.

74 Nach OLG Stuttgart, Urt. v. 11.4.2013 – 2 U 111/12, NZA-RR 2013, 423 löst die Bezeichnung eines Bewerbers als „AGG-Hopper" auch keinen Schadensersatz- oder Schmerzensgeldanspruch aus.

75 EuGH, Urt. v. 9.1.2025 – C-416/23 – Österreichische Datenschutzbehörde/FR, NJW 2025, 569; OLG Brandenburg, Urt. v. 29.9.2023 – 11 U 332/22, ZD 2024, 97; EuGH-Vorlage des AG Arnsberg, Beschl. v. 31.7.2024 – 42 C 434/23, ZD 2024, 648.

76 So z. B. *Peisker/Zhou*, BB 2024, 308.

die Zwecke des Art. 5 EntgTranspRL auch für Stellenbewerber. Nach Art. 5 EntgTranspRL haben diese das Recht, **Auskunftsansprüche** gegen den möglicherweise künftigen Arbeitgeber geltend zu machen und auf diese Weise **umfassende Informationen** zu Einstiegsgehältern oder einschlägigen Tarifbestimmungen zu erlangen.

208 Doch welche Fälle sind rechtsmissbräuchlich? Das deutsche Recht kennt mit § 242 BGB das Gebot von Treu und Glauben. So schön dieser Begriff klingt, so schwer ist er greifbar. Juristisch gesprochen: Es kommt immer auf die Umstände des Einzelfalls an. Eine höchstrichterliche Entscheidung zur Frage des Rechtsmissbrauchs im Zusammenhang mit Entgelttransparenzklagen liegt bislang (*noch*) nicht vor.

209 Gerade im Kontext der nunmehr bevorstehenden nationalen Umsetzung der weitreichenden Regelungen der Entgelttransparenzrichtlinie erscheint es daher umso dringender, die Voraussetzungen und Rechtsfolgen des schwer greifbaren Konstrukts des **Rechtsmissbrauchs** näher zu beleuchten. Zu klären ist, was unter Rechtsmissbrauch im nationalen und europäischen Recht zu verstehen ist und was dies mit Blick auf das Entgelttransparenzgesetz und die Entgelttransparenzrichtlinie bedeutet.

I. Rechtsmissbrauch nach nationalem Recht

210 Im nationalen Recht richtet sich der Einwand des Rechtsmissbrauchs nach § 242 BGB. Das BAG[77] fasst es in einer seiner neuesten Entscheidungen zum Rechtsmissbrauch im AGG-Recht treffend zusammen:

> *„Nach § 242 BGB sind durch* ***unredliches Verhalten begründete oder erworbene Rechte*** *oder Rechtsstellungen* ***grundsätzlich nicht schutzwürdig****. Der Ausnutzung einer rechtsmissbräuchlich erworbenen Rechtsposition kann demnach der* ***Einwand der unzulässigen Rechtsausübung*** *entgegenstehen […]. Allerdings führt* ***nicht jedes rechts- oder pflichtwidrige Verhalten*** *stets oder auch nur regelmäßig zur Unzulässigkeit der Ausübung der hierdurch erlangten Rechtsstellung. Hat der Anspruchsteller sich* ***die günstige Rechtsposition aber gerade***

77 BAG, Urt. v. 19.9.2024 – 8 AZR 21/24, NJW 2025, 468 Rn. 25.

> ***durch ein treuwidriges Verhalten verschafft****, liegt eine unzulässige Rechtsausübung iSv § 242 BGB vor […].*"[78]

Wichtig ist im Kontext von unionsrechtlichen Normen oder nationalen Normen, die **unionsrechtliche Richtlinien** umsetzen, dass außerdem der **unionsrechtliche Maßstab des Rechtsmissbrauchs** bei der Betrachtung des Einzelfalls zu beachten und zu prüfen ist. 211

II. Rechtsmissbrauch als Rechtsgrundsatz im Unionsrecht

Der Grundsatz des Verbots betrügerischer und rechtsmissbräuchlicher Berufung auf die Rechtsvorschriften der Europäischen Union ist vom EuGH in ständiger Rechtsprechung und in den verschiedensten Rechtsgebieten anerkannt.[79] Dabei verlangt die Feststellung eines missbräuchlichen Verhaltens das Vorliegen eines objektiven und eines subjektiven Tatbestandsmerkmals.[80] 212

Objektiv muss sich aus einer **Gesamtwürdigung** der objektiven Umstände ergeben, dass trotz **formaler Einhaltung** der von der Unionsregelung vorgesehenen Bedingungen das Ziel dieser Regelung nicht erreicht wurde.[81] **Subjektiv** muss aus einer **Reihe objektiver An-** 213

---

78 Hervorhebungen durch die Verfasser.

79 S. hierzu EuGH, Urt. v. 28.7.2016 – C-423/15 Rn. 37 (Nils-Johannes Kratzer./. R+V Allgemeine Versicherung AG); zuvor schon EuGH, Urt. v. 3.12.1974 – 33/74 Rn. 13 (*Van Binsbergen*); EuGH, Urt. v. 10.1.1985 – 229/83 Rn. 27 (*Leclerc u. a.*: Buchpreisbindung); EuGH, Urt. v. 21.6.1988 – 39/86 Rn. 43 (*Lair*); EuGH, Urt. v. 3.3.1993 – C-8/92 Rn. 21 (General Milk Products); EuGH, Urt. v. 5.10.1994 – C-23/93 Rn. 21 (TV 10); EuGH, Urt. v. 2.5.1996 – C-206/94 Rn. 24 (*Paletta*); EuGH, Urt. v. 12.5.1998 – C-367/96 Rn. 20 (*Kefalas*); EuGH, Urt. v. 23.3.2000 – C-373/97 Rn. 33 (*Diamantis*); EuGH, Urt. v. 14.12.2000 – C-110/99 Rn. 51 (Emsland-Stärke); EuGH, Urt. v. 3.3.2005 – C-32/03 Rn. 32 (Fini H); EuGH, Urt. v. 21.2.2006 – C-255/02 Rn. 68 (Halifax); EuGH, Urt. v. 13.3.2014 – C-155/13 Rn. 29 (SICES u. a.); EuGH, Urt. v. 22.11.2017 – C-251/16 Rn. 27 (*Cussens u. a.*).

80 EuGH, Urt. v. 28.7.2016 – C-423/15 Rn. 38; EuGH, Urt. v. 13.3.2014 – C-155/13 Rn. 31 (SICES u. a.).

81 EuGH, Urt. v. 28.7.2016 – C-423/15 Rn. 39; EuGH, Urt. v. 13.3.2014 – C-155/13 Rn. 32 (SICES u. a.); EuGH, Urt. v. 14.12.2000 – C-110/99 Rn. 52 (Emsland-Stärke).

haltspunkte ersichtlich sein, dass wesentlicher Zweck der fraglichen Handlungen die Erlangung eines ungerechtfertigten Vorteils ist.[82]

214 Die Zusammenstellung der Entscheidungen des EuGH aus den unterschiedlichsten Rechtsgebieten (bspw. dem Antidiskriminierungsrecht, dem Recht des freien Warenverkehrs, des freien Dienstleistungsverkehrs und der Freizügigkeit der Arbeitnehmer, dem Agrarrecht oder dem Mehrwertsteuerrecht) zeigt, dass dieser Grundsatz **umfassende Geltung in sämtlichen Bereichen** des Unionsrechts beansprucht und gleichzeitig stets aus einem objektiven und einem subjektiven Tatbestandsmerkmal besteht. Festzuhalten ist aber auch, dass **Rechtsmissbrauch nur in Ausnahmefällen** im Unionsrecht zu bejahen ist. Dies machen z.B. die Entscheidungen des EuGH zur Datenschutzgrundverordnung (DSGVO) deutlich. Aufgrund des **effet utile**, dem Effektivitätsgebot des Unionsrechts, wird eine weite Auslegung, in unserem Setting also eine arbeitnehmerfreundliche Auslegung, angewendet. Beispielsweise entschied der EuGH, dass allein Massenanfragen im Hinblick auf die DSGVO den Einwand des Rechtsmissbrauchs nicht begründen.[83] Die Hürden, Rechtsmissbrauch darzulegen, sind hoch. Das darf aber nicht dazu führen, dass es faktisch unmöglich ist, Rechtsmissbrauch einzuwenden, wenn das Ausnutzen von formalen Rechtspositionen für andere Zwecke im Mittelpunkt des Handels steht.

III. Rechtsmissbrauch im Anwendungsbereich des Entgelttransparenzgesetzes

215 Selbstverständlich gilt der Grundsatz **des Rechtsmissbrauchs** nach § 242 BGB auch für das Entgelttransparenzgesetz. Dass rechtsmissbräuchliches Vorgehen im Kontext mit dem Entgelttransparenzgesetz von der Rechtsprechung durchaus erkannt wird, zeigt das BAG-Urteil vom 16. Februar 2023.[84] In diesem führte das BAG nämlich aus, dass es durchaus Fälle gibt, in denen ein Rechtsmissbrauch bei der Gel-

82 EuGH, Urt. v. 28.7.2016 – C-423/15 Rn. 40; EuGH, Urt. v. 13.3.2014 – C-155/13 Rn. 33 (SICES u. a.); EuGH, Urt. v. 21.2.2006 – C-255/02 Rn. 75 (Halifax).

83 EuGH, Urt. v. 9.1.2025 – C 416/23, NJW 2025, 569 (Österreichische Datenschutzbehörde/FR).

84 BAG, Urt. v. 16.2.2023 – 8 AZR 450/21, NZA 2023, 958.

tendmachung von Ansprüchen aus dem Entgelttransparenzgesetz zu bejahen sein kann. In diesen Fällen sind dann die Voraussetzungen des Anspruchs nicht gegeben und dieser ist abzulehnen.

Wörtlich heißt es in der BAG-Entscheidung:

> „*Ob und gegebenenfalls unter welchen Voraussetzungen im Einzelnen ein ausdrücklich geäußerter Wunsch eines Arbeitnehmers/einer Arbeitnehmerin nach einer bestimmten Ausgestaltung der Vertragsbedingungen* ***zur Widerlegung der Vermutung*** *einer geschlechtsbezogenen Entgeltbenachteiligung geeignet sein kann, oder aus anderen Gründen – zB [sic!] wegen* ***Rechtsmissbräuchlichkeit nach § 242 BGB unter dem Gesichtspunkt eines widersprüchlichen Verhaltens (venire contra factum proprium)*** *– der Berufung auf einen Verstoß gegen das Entgeltgleichheitsgebot entgegensteht, bedurfte deshalb keiner Entscheidung.*“[85]

Da es zu keiner Entscheidung im konkreten Fall kam, gibt diese Rechtsprechung keine Grundsätze zur Feststellung rechtsmissbräuchlichen Verhaltens im Kontext des Entgelttransparenzgesetzes vor. Die in eine etwaige Abwägung einzustellenden Punkte sollten sich systematisch aber nicht von einer „normalen“ Prüfung der Billigkeit eines Verhaltens nach Treu und Glauben unterscheiden. Auch wenn das BAG dies explizit noch offengelassen hat: Ein mögliches Beispiel rechtsmissbräuchlichen Vorgehens im Zusammenhang mit dem Entgelttransparenzgesetz lässt sich dieser Entscheidung wohl dennoch entnehmen. Sind bestimmte Entgeltbestandteile nach Wunsch des Arbeitnehmers niedriger vereinbart, da er dadurch z. B. an anderer Stelle einen höheren Entgeltbestandteil erhält (z. B. einen Dienstwagen oder eine höhere Umsatzbeteiligung), ist eine **Entgeltdiskriminierung zu verneinen**.[86] Die Berufung auf eine Entgeltdiskriminierung dürfte dem Arbeitnehmer in diesem Fall daher aus Gründen des Rechtsmissbrauchs verwehrt sein. Eine solche Qualifizierung des entsprechenden Verhaltens würde sich auch ohne Weiteres in die bisherige, oben dargestellte Rechtsprechung des BAG zum Rechtsmissbrauch einpas- **216**

85 BAG, Urt. v. 16.2.2023 – 8 AZR 450/21, NZA 2023, 958 Rn. 58 (Hervorhebung durch die Verfasser).

86 So auch *Selzer*, RFamU 2023, 489, 493.

sen.[87] Es würde eine **unzulässige Rechtsausübung** darstellen und im Übrigen **widersprüchlich** sein, einerseits einen adäquaten Ausgleich für das an einer Stelle niedrigere Entgelt zu erhalten, sich andererseits aber auf eine Entgeltdiskriminierung zu berufen. Für die Praxis bedeutet das: Derartige „**Abmachungen" sollten immer nachweisbar (zumindest in Textform) dokumentiert werden**. Damit hat der Arbeitgeber im Falle eines gerichtlichen Verfahrens etwas in der Hand, um die Diskriminierungsvermutung zu widerlegen.

217 Der Einwand des Rechtsmissbrauchs ist aber nicht nur in einem derartigen Fall denkbar. Das Entgelttransparenzgesetz **darf auch nicht zweckwidrig missbraucht** werden. Ziel des Entgelttransparenzgesetzes ist nach § 1 EntgTranspG, das Gebot des gleichen Entgelts für Frauen und Männer bei gleicher oder gleichwertiger Arbeit durchzusetzen. Dies gilt auch für die EntgTranspRL.

218 **Kein Ziel des Entgelttransparenzgesetzes und der** EntgTranspRL ist es hingegen z. B. einen **finanziellen Vorteil** zu gewähren. Wie im AGG-Recht, in dem der **Anwendungsbereich der Antidiskriminierungsvorschriften** schon **nicht eröffnet** ist, wenn eine rechtsmissbräuchliche Berufung auf eben jene Schutzvorschriften vorliegt,[88] **muss** daher auch im Zusammenhang mit **dem Entgelttransparenzgesetz gelten:** Bei einer **missbräuchlichen Berufung** auf das Entgelttransparenzgesetz ist dessen Anwendungsbereich schon gar nicht eröffnet. Denn derjenige, der die Rechtsordnung für missbräuchliche Zwecke nutzt, kann sich nach den allgemeinen (europäischen) Rechtsgrundsätzen nicht auf die Rechtsordnung bzw. deren besonderen Schutz berufen.

219 Ein **Grenzfall** ist die Ankündigung der Geltendmachung eines Anspruchs aus dem Entgelttransparenzgesetz, sollte der Aufhebungsvertrag/der Vergleich oder eine andere Maßnahme nicht bestimmte Regelungen (zu Gunsten des Mitarbeiters) enthalten. Die (alleinige) Geltendmachung von Rechten dürfte für sich gesehen noch nicht für einen Rechtsmissbrauch ausreichend sein. Es ist das gute Recht des

---

87 S. oben unter I.

88 Vgl. EuGH, Urt. v. 28.7.2016 – C-423/15 Rn. 37 (Nils-Johannes Kratzer./. R+V Allgemeine Versicherung AG); s. auch *Sorber/Knoepffler*, DSB 2024, 180, 182; vgl. auch *Schlachter*, in: ErfKomm, 25. Auflage 2025, § 15 AGG Rn. 13; *Zundel*, NJW 2017, 132, 136.

Arbeitnehmers, seinen Anspruch aus dem Entgelttransparenzgesetz geltend zu machen. Doch **in Verbindung** mit dieser **Ankündigung** kann man durchaus einen rechtsmissbräuchlichen Charakter erkennen. Der innere Zusammenhang zwischen einem Tun oder einem Unterlassen, das zu einer anderen Handlung anhalten soll, stellt einen anderen Zweck in den Handlungsfokus. Dieses Beispiel zeigt, dass es in der Praxis schwer sein wird, Grenzen zu ziehen. Sollte der Anschein rechtsmissbräuchlichen Verhaltens vorliegen, sollte in jedem Fall auf die Grundsätze des Rechtsmissbrauchs hingewiesen und der entsprechende Einwand des Rechtsmissbrauchs vorgebracht werden. Zudem sollten immer auch weitere (objektive) Begleitumstände zur Begründung herangezogen werden.

IV. Bedeutung des Rechtsmissbrauchs mit Blick auf die Entgelttransparenzrichtlinie

Die Entgelttransparenzrichtline schafft für die Arbeitnehmerseite **weitere Vereinfachungen**, Ansprüche bezogen auf die Entgeltgleichheit der Geschlechter geltend zu machen und durchzusetzen (z. B. Art. 7 (Auskunftsrecht) oder Art. 16 (Anspruch auf Schadensersatz) der EntgTranspRL. Hinzu kommt die Möglichkeit für Stellenbewerber, **umfassende Informationsansprüche** gegen möglicherweise künftige Arbeitgeber geltend zu machen und auf diese Weise **Informationen über z. B. Einstiegsgehälter** zu erlangen. Es ist zu erwarten, dass die Klagen, bezogen auf die Entgelttransparenz, nach Umsetzung der Richtlinie in das nationale Recht ansteigen werden. Damit einhergehend werden auch die Fälle zunehmen, in denen Arbeitnehmer diese Ansprüche, auch aus anderen Gründen als in der Richtlinie vorgesehen, geltend zu machen versuchen. Der Einwand des Rechtsmissbrauchs wird damit an **Bedeutung gewinnen**. **220**

Die Rechtsprechung kann zum Umgang mit derartigen Klagen auf die bereits umfassend bestehenden Argumentationen im Hinblick auf rechtsmissbräuchliches Verhalten im Unionsrecht und im nationalen Recht zurückgreifen.[89] Das Rad muss insofern also nicht neu erfunden werden. Dies gilt insbesondere, aber selbstverständlich nicht nur, für die parallelen Fälle bei einer Stellenbewerbung und AGG-Klagen. **221**

89 *Sorber/Knoepffler*, BB 2024, 2037, 2039.

Wurden hier bisher vor allen Dingen AGG-Ansprüche und seit Neustem auch Ansprüche aus der DSGVO geltend gemacht, so werden in Zukunft (zusätzlich dazu) auch noch Informationsrechte nach Art. 5 der EntgTranspRL geltend gemacht werden.[90] Die Parallelen der AGG-Hopper-Rechtsprechung sind heranzuziehen: Das bedeutet, dass die alleinige Geltendmachung des Auskunftsanspruchs für das Erlangen eines Schadensersatzes als rechtsmissbräuchlich einzustufen ist. Folgende Indizien können genannt werden: ein planvolles und gleichgelagertes Vorgehen, wenn das Auskunftsrecht sofort (ohne Begründung) unter Abkürzung der Monatsfrist geltend gemacht und sofort mit dieser Begründung eingeklagt wird. Außerdem ist eine kurze Frist und die Geltendmachung eines Auskunftsanspruchs als Reaktion auf eine Absage mit einem offensichtlich zusammenkopierten Schreiben ebenfalls ein objektives Indiz, dass der Auskunftsanspruch nicht dem eigentlichen Zweck dient. Die sofortige Verknüpfung mit einer Zahlungsbedingung und/oder einer unverhältnismäßig hohen Entschädigungsforderung sowie offensichtlich DSGVO-fremden Zwecken sind weitere objektive Indizien für einen Rechtsmissbrauch.[91]

222 Ein Rückgriff auf die bereits etablierte Rechtsprechung zum sog. AGG-Hopping (und eine Parallelenziehung zur noch zu etablierenden Rechtsprechung zum sog. DSGVO-Hopping) ist, wie gesehen, sinnvoll, überzeugend und geradezu zwingend. Auf diese Weise kann verhindert werden, dass die gesellschaftlich und für den sozialen Zusammenhalt wesentlichen Fragen von Entgelttransparenz und -gerechtigkeit zwischen den Geschlechtern für richtlinienfremde Zwecke missbraucht werden. Der Fokus sollte auf die Ziele der Entgelttransparenzrichtlinie ausgerichtet und missbräuchliches Handeln durch die Rechtsprechung unterbunden werden.

---

90 *Sorber/Knoepffler*, BB 2024, 2037, 2040.
91 *Sorber/Knoepffler*, BB 2024, 2037, 2040.

Kapitel 3
Entgelttransparenz und kollektives Arbeitsrecht

Nach aktueller Rechtslage kommen besonders dem **Betriebsrat** bzw. im öffentlichen Dienst dem **Personalrat**[92] wichtige Aufgaben und Rechte im Zusammenhang mit der Entgelttransparenz zu. Gemäß § 80 Abs. 1 Nr. 2a BetrVG bzw. § 62 Nr. 5 BPersVG[93] hat der Betriebs-/Personalrat die Durchsetzung der tatsächlichen Gleichstellung von Frauen und Männern, insbesondere bei der Einstellung, Beschäftigung, Aus-, Fort- und Weiterbildung und dem beruflichen Aufstieg, zu fördern. Hierzu gehört gemäß § 13 Abs. 1 S. 1 EntgTranspG (für Personalräte i. V. m. § 16 EntgTranspG) auch die Förderung der Durchsetzung der Entgeltgleichheit von Frauen und Männern im Betrieb. 223

Daher ist derzeit in Betrieben mit mehr als 200 Beschäftigten grundsätzlich der Betriebsrat und in Dienststellen mit in der Regel mehr als 200 Beschäftigten grundsätzlich der Personalrat für die Beantwortung **individueller Auskunftsverlangen** der Beschäftigten über die Kriterien und Verfahren der Entgeltfindung sowie das maßgebende Vergleichsentgelt zuständig. Zu diesem Zweck hat der Betriebsausschuss nach § 27 BetrVG oder ein nach § 28 Abs. 1 S. 3 BetrVG beauftragter Ausschuss das Recht, die **Listen über die Bruttolöhne und -gehälter** im Sinne des § 80 Abs. 2 S. 2 BetrVG **einzusehen** und auszuwerten, § 13 Abs. 2 und Abs. 3 EntgTranspG. 224

Besteht kein Betriebs- oder Personalrat, so wenden sich die Beschäftigten an den Arbeitgeber, § 14 Abs. 3 S. 1 bzw. § 15 Abs. 1 EntgTranspG. Tarifgebundene oder tarifanwendende Arbeitgeber informieren die Vertreterinnen und Vertreter der zuständigen Tarifvertragsparteien (§ 6 Abs. 1 S. 2 EntgTranspG) über ihre Antwort zu eingegangenen Auskunftsverlangen. Der Arbeitgeber sowie die Vertreterinnen und Ver- 225

92 Siehe zu § 16 EntgTranspG: BT-Drucks. 18/11133, S. 67.

93 Im Hinblick auf die Personalvertretungsvorschriften beschränkt sich dieser Beitrag zur besseren Übersichtlichkeit auf die Nennung der jeweiligen Vorschrift des *Bundes*personalvertretungsgesetzes. Die Ausführungen gelten für etwaig korrespondierende Vorschriften der *Landes*personalvertretungsgesetze entsprechend.

treter der zuständigen Tarifvertragsparteien[94] können vereinbaren, dass die zuständigen Tarifvertragsparteien die Beantwortung von Auskunftsverlangen übernehmen. In diesem Fall informiert der Arbeitgeber die Tarifvertragsparteien umfassend und rechtzeitig über eingehende Auskunftsverlangen und stellt diesen auf Verlangen die zur Erfüllung ihrer Aufgaben erforderlichen Informationen bereit.

226 Die Richtlinie (EU) 2023/970 des europäischen Parlaments und des Rates vom 10. Mai 2023 zur Stärkung der Anwendung des Grundsatzes des gleichen Entgelts für Männer und Frauen bei gleicher oder gleichwertiger Arbeit durch Entgelttransparenz und Durchsetzungsmechanismen („EntgTranspRL") ändert und erweitert diese Aufgabenbereiche der Betriebs- und Tarifvertragsparteien bei der Sicherstellung der Entgeltgleichheit und -transparenz und weist sowohl den „Sozialpartnern" als auch der „Arbeitnehmervertretung" eine entscheidende Rolle bei der Umsetzung und der Ausgestaltung der EntgTranspRL zu.

A. Rolle und Rechte der „Sozialpartner" nach der EntgTranspRL

227 Ohne den Begriff näher definieren zu müssen, dürfte unstreitig sein, dass die EntgTranspRL unter den „Sozialpartnern" – wie auch nach dem Verständnis des Wortes im deutschen Recht – die **Tarifvertragsparteien** versteht, auf Arbeitgeberseite also die einzelnen Arbeitgeber oder die Arbeitgeberverbände und auf Arbeitnehmerseite die Gewerkschaften.

228 Die Richtlinie sieht für die Sozialpartner eine „**entscheidende Rolle** bei der Gestaltung der Art und Weise, wie Maßnahmen der Entgelttransparenz in den Mitgliedstaaten umgesetzt werden", vor, insbesondere in Mitgliedstaaten mit einer hohen Tarifbindung.[95]

229 Die Bedeutung der Sozialpartner soll dabei sogar so weit gehen, dass die Mitgliedstaaten die Möglichkeit haben, die Sozialpartner mit der

---

94 Die Bezugnahme auf die Tarifvertragsparteien verdeutlicht, dass sowohl die Gewerkschaften als auch die Arbeitgeberverbände in der Pflicht sind, BT-Drucks. 18/11133 64 f.

95 Erwägungsgrund 64 der EntgTranspRL.

vollständigen oder teilweisen Durchführung der Richtlinie zu betrauen, sofern die Mitgliedstaaten alle erforderlichen Maßnahmen treffen, um sicherzustellen, dass die mit der Richtlinie angestrebten Ergebnisse jederzeit gewährleistet sind.[96]

Jedenfalls sind die Mitgliedstaaten gemäß Art. 13 EntgTranspRL dazu verpflichtet, geeignete Maßnahmen zu ergreifen, um eine **wirksame Einbindung der Sozialpartner** sicherzustellen. Dies umfasst insbesondere die Erörterung der in der Richtlinie festgelegten Rechte und Pflichten, gegebenenfalls auf Ersuchen der Sozialpartner. Darüber hinaus sollen die Mitgliedstaaten die Rolle der Sozialpartner aktiv fördern und sie dazu ermutigen, ihr Recht auf Kollektivverhandlungen über Maßnahmen gegen Entgeltdiskriminierung und deren nachteilige Auswirkungen auf die Bewertung von Arbeit, die überwiegend von einem Geschlecht verrichtet wird, auszuüben. Es sei wichtig, dass die Sozialpartner Fragen des gleichen Entgelts in Tarifverhandlungen erörtern und ihnen besondere Aufmerksamkeit widmen.[97] **230**

I. Rolle und Rechte der „Arbeitnehmervertretung“ nach der EntgTranspRL

Auch für die „Arbeitnehmervertretung“ ist in der Richtlinie eine wesentliche und schützenswerte Funktion mit umfangreichen Rechten vorgesehen. Während die Rolle der „Sozialpartner“ vornehmlich auf der Ebene des „Wer?“ und damit bei der Verteilung der Verantwortlichkeiten ansetzt, verortet die EntgTranspRL die Mitwirkung der „Arbeitnehmervertretung“ bei der Frage des „Wie?“ der Umsetzung und damit bei dem einzuhaltenden Verfahren bei der Um- und Durchsetzung der durch die EntgTranspRL eingeräumten Rechte und Pflichten. **231**

1. Begriffsbestimmung

Für die Begriffsbestimmung der „Arbeitnehmervertretung“ im Sinne der Richtlinie beinhaltet die EntgTranspRL keine Definition im engeren Sinne, sondern beschränkt sich in ihrem Art. 3 Abs. 1 lit. m) dar- **232**

96 Erwägungsgrund 64 der EntgTranspRL.
97 Erwägungsgrund 45 der EntgTranspRL.

auf, auf die „Arbeitnehmervertreter im Einklang mit den nationalen Rechtsvorschriften und/oder Gepflogenheiten" zu verweisen.

233 Im deutschen Rechtssystem werden hierunter unstreitig die **Betriebsräte** sowie die **Personalvertretungen** des Bundes und der Länder fallen.[98]

234 Ebenso fallen **Gewerkschaften** richtigerweise – schon nach dem allgemeinen Begriffsverständnis – unter den Begriff der Arbeitnehmervertreter. Dies wird dadurch bestätigt, dass die Richtlinie in ihrem Erwägungsgrund 24 ausdrücklich von „Gewerkschaften und *andere[n]* Arbeitnehmervertreter[n]" spricht, wodurch ersichtlich wird, dass nach dem Leitgedanken der Richtlinie die Gewerkschaften nicht nur zu den Arbeitnehmervertretern zählen, sondern diese sogar primär repräsentieren.[99]

235 Fraglich ist hingegen die Einordnung der **Sprecherausschüsse**. Die §§ 13 ff. EntgTranspG sehen bislang keine Beteiligung der Sprecherausschüsse vor; stattdessen müssen leitende Angestellte im Sinne des § 5 Abs. 3 BetrVG ihren Auskunftsanspruch gemäß § 13 Abs. 4 EntgTranspG derzeit direkt gegenüber dem Arbeitgeber geltend machen. Allerdings sind die in der EntgTranspRL geregelten Aufgaben und Rechte der Arbeitnehmervertreter (dazu sogleich) anders gelagert und sehen gerade keinen alternativen Weg für leitende Angestellte vor, sodass letztere ohne betriebliche Arbeitnehmervertretung verbleiben würden. Dies ist von der EntgTranspRL nicht gewollt, stellt der Erwägungsgrund 16 doch ausdrücklich klar, dass die EntgTranspRL auch für „Arbeitnehmer in Führungspositionen" gelten soll. Folglich sprechen die besseren Argumente dafür, dass auch die Sprecherausschüsse unter den Begriff der Arbeitnehmervertretung im Sinne der EntgTranspRL fallen.[100]

236 Bei zusätzlichen, neben den jeweiligen betrieblichen Arbeitnehmervertretungen gebildeten Gremien wie **Schwerbehindertenvertretungen** (§§ 177 ff. SGB IX) und **Jugend- und Auszubildendenvertre-**

---

98 *Winter*, in: Franzen/Gallner/Oetker, Kommentar zum europäischen Arbeitsrecht, 5. Auflage 2024, 740 Rn. 46.

99 Vgl. *Winter*, in: Franzen/Gallner/Oetker, Kommentar zum europäischen Arbeitsrecht, 5. Auflage 2024, 740 Rn. 45 f.; *Winter*, NZA 2024, 8, 10.

100 So auch *Winter*, in: Franzen/Gallner/Oetker, Kommentar zum europäischen Arbeitsrecht, 5. Auflage 2024, 740 Rn. 4.

tungen (§§ 60 ff. BetrVG bzw. §§ 99 ff. BPersVG) besteht jedenfalls kein dem Sprecherausschuss entsprechendes Bedürfnis, diesen die Rechte nach der EntgTranspRL einzuräumen, da die von ihnen vertretenen Beschäftigten auch immer vom jeweiligen Betriebs- oder Personalrat vertreten werden, vgl. 5 Abs. 1 BetrVG. Es ist daher davon auszugehen, dass diese Gremien nicht vom Begriff der „Arbeitnehmervertretung" und der damit verbundenen weiterreichenden Rechte- und Aufgabenzuweisung erfasst sein sollen.

Wenn es keine Arbeitnehmervertretung gibt, so sollen sich die Be- **237**
schäftigten nach Erwägungsgrund 24 der EntgTranspRL durch einen „Vertreter ihrer Wahl" vertreten lassen können.

2. Beteiligung im Rahmen der Entgeltbewertung

Der Arbeitnehmervertretung kommt eine tragende Rolle bei der Er- **238**
arbeitung einer geschlechterneutralen Entgeltbewertung zu:

a) Aufstellung der Bewertungskriterien

Die Arbeitnehmervertretung ist bei der Aufstellung der Kriterien zur **239**
Bewertung der Gleichartigkeit oder Gleichwertigkeit von Arbeit zu beteiligen.

Nach Art. 4 Abs. 4 der EntgTranspRL sollen Entgeltstrukturen so be- **240**
schaffen sein, dass anhand **objektiver, geschlechtsneutraler und mit den Arbeitnehmervertretern vereinbarter Kriterien**, sofern es solche Vertreter gibt, beurteilt werden kann, ob sich die Beschäftigten im Hinblick auf den Wert der Arbeit in einer vergleichbaren Situation befinden. Diese Kriterien dürfen weder in unmittelbarem noch in mittelbarem Zusammenhang mit dem Geschlecht der Beschäftigten stehen. Sie umfassen Kompetenzen, Belastungen, Verantwortung und Arbeitsbedingungen und gegebenenfalls etwaige weitere Faktoren, die für den konkreten Arbeitsplatz oder die konkrete Position relevant sind. Sie werden auf objektive, geschlechtsneutrale Weise angewandt, wobei jede unmittelbare oder mittelbare Diskriminierung aufgrund des Geschlechts ausgeschlossen wird. Insbesondere dürfen relevante soziale Kompetenzen dabei nicht unterbewertet werden.

b) Mitwirkung bei der Berichterstattung

241 Nach Art. 9 der EntgTranspRL haben Arbeitgeber mit mindestens 100 Arbeitnehmern über das unter verschiedenen Gesichtspunkten aufbereitete geschlechtsspezifische Entgeltgefälle Bericht zu erstatten. Die Leitungsebene des Arbeitgebers hat die Richtigkeit der bei der Berichterstattung gemachten Angaben zu bestätigen. **Vor dieser Bestätigung ist die Arbeitnehmervertretung zu hören.** Der Arbeitnehmervertretung ist hierfür **Zugang zu den vom Arbeitgeber angewandten Methoden zu gewähren.**

242 Auch hat der Arbeitgeber den Arbeitnehmervertretern das **geschlechtsspezifische Entgeltgefälle** zwischen Arbeitnehmern bei Gruppen von Arbeitnehmern, aufgeschlüsselt nach der normalen Grundvergütung sowie nach ergänzenden oder variablen Bestandteilen, **mitzuteilen**.

243 Schließlich hat die Arbeitnehmervertretung das **Recht, zusätzliche Klarstellungen und Einzelheiten zu allen bereitgestellten Daten**, einschließlich Erläuterungen zu etwaigen geschlechtsspezifischen Entgeltunterschieden, **zu verlangen**.

244 Sind geschlechtsspezifische Entgeltunterschiede nicht durch objektive, geschlechtsneutrale Kriterien im Sinne des Art. 4 EntgTranspRL gerechtfertigt, so haben Arbeitgeber innerhalb einer angemessenen Frist **in enger Zusammenarbeit mit den Arbeitnehmervertretern**, der Arbeitsaufsichtsbehörde und/oder der Gleichbehandlungsstelle **Abhilfe zu schaffen**.

c) Gemeinsame Entgeltbewertung

245 Darüber hinaus sollen Arbeitgeber mit mindestens 100 Arbeitnehmern in Zusammenarbeit mit ihren Arbeitnehmervertretern nach Art. 10 EntgTranspRL eine **gemeinsame Entgeltbewertung** vornehmen, wenn nachfolgende Bedingungen kumulativ erfüllt sind:

1. Aus der Berichterstattung über das Entgelt nach Art. 9 EntgTranspRL ergibt sich ein Unterschied bei der durchschnittlichen Entgelthöhe von Arbeitnehmerinnen und Arbeitnehmern in Höhe von mindestens 5 Prozent in einer Gruppe von Arbeitnehmern und
2. der Arbeitgeber hat einen solchen Unterschied bei der durchschnittlichen Entgelthöhe nicht auf der Grundlage objektiver, geschlechts-

neutraler Kriterien im Sinne des Art. 4 EntgTranspRL gerechtfertigt und

3. der Arbeitgeber hat einen solchen ungerechtfertigten Unterschied bei der durchschnittlichen Entgelthöhe innerhalb von sechs Monaten nach dem Tag der Berichterstattung über das Entgelt nicht korrigiert.

Dabei soll die gemeinsame Entgeltbewertung Folgendes umfassen:

1. Eine Analyse des Anteils der Arbeitnehmerinnen und Arbeitnehmer in jeder Gruppe von Arbeitnehmern;
2. Informationen über die durchschnittlichen Entgelthöhen von Arbeitnehmerinnen und Arbeitnehmern sowie über ergänzende oder variable Bestandteile für jede Gruppe von Arbeitnehmern;
3. etwaige Unterschiede bei den durchschnittlichen Entgelthöhen zwischen Arbeitnehmerinnen und Arbeitnehmern in jeder einzelnen Gruppe von Arbeitnehmern;
4. die Gründe für solche Unterschiede bei den durchschnittlichen Entgelthöhen, gegebenenfalls auf der Grundlage objektiver und geschlechtsneutraler Kriterien, wie von den Arbeitnehmervertretern und dem Arbeitgeber nach Art. 4 Abs. 4 EntgTranspRL gemeinsam festgestellt;
5. den Anteil der Arbeitnehmerinnen und Arbeitnehmer, denen eine Verbesserung beim Entgelt nach ihrem Wiedereinstieg nach Mutterschafts- oder Vaterschaftsurlaub, Elternurlaub oder Urlaub für pflegende Angehörige gewährt wurde, wenn es eine solche Verbesserung in der einschlägigen Gruppe von Arbeitnehmern während des Zeitraums, in dem der Urlaub in Anspruch genommen wurde, gegeben hat;
6. Maßnahmen zur Beseitigung von Entgeltunterschieden, wenn diese nicht auf der Grundlage objektiver, geschlechtsneutraler Kriterien im Sinne des Art. 4 EntgTranspRL gerechtfertigt sind;
7. eine Bewertung der Wirksamkeit von Maßnahmen aus früheren gemeinsamen Entgeltbewertungen.

Gemäß Art. 10 Abs. 4 der EntgTranspRL hat der Arbeitgeber bei der **246**
Umsetzung der Maßnahmen aus der gemeinsamen Entgeltbewertung *in enger Zusammenarbeit mit den Arbeitnehmervertretern* entsprechend den nationalen Rechtsvorschriften und/oder Gepflogenheiten für die ungerechtfertigten Entgeltunterschiede **Abhilfe** zu schaffen.

Die Umsetzung der Maßnahmen umfasst eine **Analyse bestehender Systeme zur geschlechtsneutralen Arbeitsbewertung und beruflichen Einstufung oder die Einrichtung solcher Systeme**, um sicherzustellen, dass jegliche unmittelbare oder mittelbare Entgeltdiskriminierung aufgrund des Geschlechts ausgeschlossen wird.

3. Vertretung und Unterstützung der Beschäftigten bei der Rechtsdurchsetzung

247 Ferner sollen der Arbeitnehmervertretung wesensgemäß Rechte eingeräumt werden, um die Beschäftigten bei der Durchsetzung ihrer individuellen Rechte zu vertreten und zu unterstützen:

a) Unterstützung bei der Geltendmachung von Auskunftsrechten

248 Zum einen soll die Arbeitnehmervertretung Beschäftigte **bei der Geltendmachung ihrer eigenen Auskunftsrechte unterstützen** können.

249 Arbeitnehmer haben nach Art. 7 Abs. 1 der EntgTranspRL das Recht, Auskünfte über ihre individuelle Entgelthöhe und über die durchschnittlichen Entgelthöhen zu verlangen und in schriftlicher Form zu erhalten. Dabei haben die Beschäftigten nach Art. 7 Abs. 2 der EntgTranspRL die Möglichkeit, diese Auskünfte „*über ihre Arbeitnehmervertretung im Einklang mit nationalen Rechtsvorschriften und/oder Gepflogenheiten*" zu verlangen und zu erhalten. Sind die erhaltenen Informationen unzutreffend oder unvollständig, so haben die Beschäftigten das Recht, „über ihre Arbeitnehmervertreter **zusätzliche und angemessene Klarstellungen** und Einzelheiten zu den bereitgestellten Daten zu verlangen und eine begründete Antwort zu erhalten. Der Auskunftserhalt *durch* den Betriebs- oder Personalrat, wie er aktuell in den §§ 13 ff. EntgTranspG geregelt ist, dürfte sogar über den von der EntgTranspRL vorgesehenen Auskunftserhalt *über* die Arbeitnehmervertretung hinausgehen, jedenfalls hiervon miterfasst sein.

250 Art. 12 Abs. 3 der EntgTranspRL sieht zudem vor, dass die Mitgliedstaaten beschließen *können,* dass in Fällen, in denen die Offenlegung der Entgeltinformationen zur unmittelbaren oder mittelbaren Offenlegung des Entgelts eines bestimmbaren Arbeitnehmers führen würde, nur die Arbeitnehmervertreter, die Arbeitsaufsichtsbehörde oder die Gleichbehandlungsstelle **Zugang zu den betreffenden Informatio-**

nen haben. Die Arbeitnehmervertreter sollen die Beschäftigten dann über mögliche Ansprüche nach der Richtlinie **beraten**, **ohne** dass die tatsächlichen Entgelthöhen einzelner Arbeitnehmer, die gleiche oder gleichwertige Arbeit verrichten, **offengelegt** werden.

Insoweit ist § 12 Abs. 3 S. 2 EntgTranspG, der derzeit vorsieht, dass das Vergleichsentgelt nicht anzugeben ist, wenn die Vergleichstätigkeit von weniger als sechs Beschäftigten des jeweils anderen Geschlechts ausgeübt wird, nicht richtlinienkonform und entsprechend anzupassen.[101] **251**

b) Unterstützung und Vertretung in Verwaltungs- und Gerichtsverfahren

Zum anderen sieht die EntgTranspRL in Art. 15 vor, dass sich Arbeitnehmervertreter **an Verwaltungs- oder Gerichtsverfahren** betreffend eine mutmaßliche Verletzung der Rechte oder Pflichten im Zusammenhang mit dem Grundsatz des gleichen Entgelts **beteiligen** können. Dabei können sie mit Zustimmung eines Arbeitnehmers, der mutmaßliches Opfer einer Verletzung dieser Rechte oder Pflichten ist, **sowohl zur Unterstützung als auch im Namen** dieses Arbeitnehmers handeln. **252**

Art. 21 Abs. 2 der EntgTranspRL stellt in diesem Rahmen sicher, dass etwaige **Verjährungsfristen** auch **gehemmt** werden, sobald eine klagende Partei über die Arbeitnehmervertretung ein Verfahren bei einem Gericht anstrengt. **253**

4. Schutz vor Diskriminierung

Schließlich bestimmt Art. 15 EntgTranspRL, dass Arbeitnehmervertreter nicht deshalb ungünstiger behandelt werden dürfen, weil sie ihre Rechte in Bezug auf den Grundsatz des gleichen Entgelts ausgeübt haben oder eine andere Person beim Schutz ihrer Rechte unterstützt haben. Die Richtlinie gibt den Mitgliedstaaten auf, die erforderlichen Maßnahmen zu treffen, um Arbeitnehmer, die Arbeitnehmervertreter sind, **vor Entlassung oder anderen Benachteiligungen durch einen Arbeitgeber zu schützen**, die als Reaktion auf eine Beschwerde in- **254**

---

101 *Rolfs/Lex,* NZA 2023, 1353, 1357.

nerhalb der Organisation des Arbeitgebers oder auf die Einleitung eines Verwaltungsverfahrens oder eines Gerichtsverfahrens für die Zwecke der Durchsetzung von Rechten oder Pflichten im Zusammenhang mit dem Grundsatz des gleichen Entgelts erfolgen.

II. Bewertung und praktische Umsetzungshinweise

255 Die Umsetzung der Richtlinie wird nicht nur den Gesetzgeber, sondern auch die unternehmerische Praxis vor einige Herausforderungen stellen. Die in der RL geregelten Vorgaben bringen viele Neuerungen und gehen über die im EntgTranspG vorgeschriebenen Regelungen und Verfahren hinaus. Insbesondere die weitreichenden Aufgaben und Beteiligungsrechte der Arbeitnehmervertreter sind in dieser Form noch nicht im deutschen Recht normiert und werden daher auch bei Arbeitgebern, die sich längst mit dem Thema der Entgelttransparenz und -gleichheit beschäftigt haben und der Ansicht sind, dass ihre Vergütungsstruktur geschlechterneutral und richtlinienkonform aufgestellt ist, zur Notwendigkeit der Überprüfung und Anpassung ihrer bestehenden Systeme und Verfahren unter Einbeziehung der Arbeitnehmervertretung führen.

1. Handlungs- und Überprüfungsbedarf für alle Arbeitgeber

256 Wichtig ist, dass der Handlungsbedarf dabei zunächst *jeden* Arbeitgeber trifft, insbesondere sind **auch tarifgebundene oder tarifanwendende Arbeitgeber** weder vom Geltungsbereich der Richtlinie[102] noch von einem auf der Richtlinie beruhenden Anpassungsbedarf ausgenommen.

257 Die unter Arbeitgebern teilweise kursierende Auffassung, ein tarifliches Entgeltsystem wäre angesichts der Tarifautonomie nicht von den Vorgaben der EntgTranspRL tangiert, trifft nicht zu. Zwar wird in der Richtlinie wiederholt betont, dass die **Autonomie der Sozialpartner anerkannt** wird.[103] Die Richtlinie soll gemäß ihrem Art. 30 in keiner Weise das Recht auf die Aushandlung, den Abschluss und die Durch-

---

102 Die EntgTranspRL gilt nach ihrem Art. 2 Abs. 1 für Arbeitgeber in öffentlichen und privaten Sektoren, ohne Ausnahmen zu normieren.

103 Art. 30 und Erwägungsgrund 45 der EntgTranspRL.

setzung von Tarifverträgen oder das Recht auf Kollektivmaßnahmen berühren.

Diese Rechte werden allein durch gesetzliche Vorgaben an die Entgeltgleichheit und -transparenz aber auch nicht eingeschränkt. Vielmehr sind auch Tarifvertragsparteien durchaus an Recht und Gesetz gebunden und insbesondere bereits jetzt gemäß Art. 157 Abs. 1 AEUV verpflichtet, den Grundsatz des gleichen Entgelts für Männer und Frauen bei gleicher oder gleichwertiger Arbeit sicherzustellen. So entspricht es der ständigen Rechtsprechung des EuGH, dass **aufgrund des zwingenden Charakters von Art. 157 AEUV das Verbot diskriminierender Ungleichbehandlung von Arbeitnehmerinnen und Arbeitnehmern** nicht nur für staatliche Stellen verbindlich ist, sondern **sich gerade auch auf alle Tarifverträge, die abhängige Erwerbstätigkeit kollektiv regeln, erstreckt.**[104] **258**

Auch eine dem § 4 Abs. 5 EntgTranspG entsprechende Regelung, wonach für tarifvertragliche Entgeltregelungen eine Angemessenheitsvermutung gilt, kennt die EntgTranspRL nicht und wäre mit der EntgTranspRL im Übrigen **unvereinbar.**[105] Auch sieht die Richtlinie **keine** den §§ 11 Abs. 3 S. 2 Nr. 1 und 18 Abs. 3 S. 4 EntgTranspG entsprechenden **tarifbezogenen Privilegierungen** und, anders als derzeit noch § 22 EntgTranspG, keinen längeren Berichtszeitraum für tarifgebundene oder tarifanwendende Arbeitgeber im Gegensatz zu nicht tarifgebundenen oder -anwendenden Arbeitgebern vor.[106] **259**

---

104 Siehe statt vieler nur EuGH, Urteil v. 7.2.1991 – Rs C – 184/89, NVwZ 1991, 461, 462; EuGH, Urteil v. 18.11.2004 – C 284/02, NZA 2005, 399; EuGH, Urteil v. 8.5.2019 – C-486/18, NZA 2019, 1131, 1134; EuGH, Urteil v. 3.6.2021 – C-624/19, NZA 2021, 855, 856.

105 Vgl. *Rolfs/Lex*, NZA 2023, 1353, 1355, welche eine gesetzgeberische Ausgestaltung als widerlegbare Vermutung empfehlen. Siehe auch *Krüger,* NZA 2022, 956, 957 sowie *dies.*, NZA 2022, 1659, die die gesetzlichen Fiktionen in §§ 4 Abs. 5 S. 2 und 11 Abs. 3 S. 2 Nr. 1 EntgTranspG bereits wegen Verstoßes gegen Art. 157 Abs. 1 AEUV für europarechtswidrig hält.

106 *Günther/Schiffelholz/Westenrieder*, NZA 2024, 1305, 1310, plädieren dafür, dass der Gesetzgeber unter Beachtung des Tarifautonomiegrundsatzes gemäß Art. 9 Abs. 3 GG tarifbezogene Privilegierungen, insbesondere mit Blick auf eine Angemessenheitsvermutung von Tarifverträgen, im Rahmen der unionsrechtlichen Zulässigkeit beibehalten sollte.

260 Mithin sieht die EntgTranspRL in Tarifverhandlungen zwar eine „geeignete Ebene“[107] für Diskussionen und Verhandlungen zu Entgelttransparenzfragen, spricht Tarifverträgen indes **keine Richtigkeitsgewähr** zu. Im Gegenteil wird in der Literatur zu Recht kritisiert, dass viele Tarifwerke, besonders die Tarifverträge im öffentlichen Dienst, nicht mit den Vorgaben der EntgTranspRL konform sind.[108]

261 Daher trifft gerade die Tarifvertragsparteien als wesentliche Akteure und damit auch tarifgebundene oder -anwendende Arbeitgeber bei der Umsetzung der EntgTranspRL eine dringende und herausfordernde Handlungspflicht.[109]

2. Zuständigkeitsfragen

262 Da die EntgTranspRL die unter II. dargestellten Rechte und Aufgaben unterschiedslos den betrieblichen und gewerkschaftlichen Arbeitnehmervertretern gleichermaßen zuweist und selbst keine Aussage zu etwaigen konkurrierenden Zuständigkeiten trifft, ist hierfür auf die „nationalen Rechtsvorschriften und/oder Gepflogenheiten“[110] zurückzugreifen.

---

107 Erwägungsgrund 45 der EntgTranspRL.

108 So etwa *Winter*, in: Franzen/Gallner/Oetker, Kommentar zum europäischen Arbeitsrecht, 5. Auflage 2024, 740 Rn. 25; *von Roetteken,* NZA-RR 2024, 169, 170, 173.

109 Siehe auch *Rolfs,* EuZW 2023, 489, der hierbei „reichlich Konfliktpotential“ sieht, da etwa die Mitgliedschaft der DGB-Gewerkschaften zu knapp zwei Dritteln männlich sei.

110 Siehe auch Erwägungsgrund 24 EntgTranspRL: „Die Mitgliedstaaten sollten die Möglichkeit haben, ihre nationalen Gegebenheiten und unterschiedliche Rollen bei der Arbeitnehmervertretung zu berücksichtigen.“ sowie Erwägungsgrund 27 EntgTranspRL: „Nationale Systeme zur Lohnfestlegung variieren und können auf Tarifverträgen und/oder vom Arbeitgeber beschlossenen Elementen beruhen. Diese Richtlinie hat keine Auswirkungen auf die unterschiedlichen nationalen Systeme zur Lohnfestlegung.“

a) Konkurrenz zwischen betrieblichen Arbeitnehmervertretern und Gewerkschaften

aa) Zuständigkeit bei der Entgeltbewertung

Bei Fragen der Entgeltgestaltung haben die betrieblichen Arbeit- **263** nehmervertreter nach der deutschen Regelungssystematik nur wenig Handlungsspielraum.

Ihnen steht zwar nach § 87 Abs. 1 Nr. 10 BetrVG bzw. § 80 Abs. 1 Nr. 8 **264** BPersVG ein **Mitbestimmungsrecht bei Fragen der betrieblichen Lohngestaltung**, insbesondere der Aufstellung von Entlohnungsgrundsätzen und der Einführung und Anwendung von neuen Entlohnungsmethoden sowie deren Änderung, zu. Dieses erfasst die Lohngestaltung im Sinne einer Feststellung *abstrakt* genereller Grundsätze zur Lohnfindung.[111] Hierunter fällt etwa die Aufstellung der Bewertungskriterien nach Art. 4 Abs. 4 EntgTranspRL.

Zu beachten ist allerdings, dass die Betriebs- und Personalräte hier- **265** bei nur zweitrangig zum Zug kommen, namentlich nur, soweit hierzu nicht bereits eine (gesetzliche oder) tarifliche Regelung besteht (§ 87 Abs. 1 Einleitungssatz BetrVG bzw. § 63 Abs. 1 S. 1 BPersVG, sog. **Tarifvorrang**).[112] Eine die Mitbestimmungsrechte des Betriebsrats ausschließende tarifliche Regelung in diesem Sinne liegt dann vor, wenn der Arbeitgeber tarifgebunden ist und bei Tarifbindung auch des Arbeitnehmers die tarifliche Regelung in diesem Arbeitsverhältnis unmittelbar und zwingend gelten würde.[113]

Hinzu kommt, dass das Mitbestimmungsrecht gemäß § 87 Abs. 1 **266** Nr. 10 BetrVG bzw. § 80 Abs. 1 Nr. 8 BPersVG nach ständiger Rechtsprechung und herrschender Meinung ausdrücklich **nicht die Höhe des Arbeitsentgelts** umfasst.[114] Vielmehr ist bei Arbeitsentgelten und sonstigen Arbeitsbedingungen, für die kein Mitbestimmungsrecht nach § 87 Abs. 1 BetrVG bzw. § 80 Abs. 1 BPersVG besteht, die Rege-

111 BAG, Beschluss v. 29.3.1977 – 1 ABR 123/74, NJW 1977, 1654; BAG, Beschluss v. 16.7.1991 – 1 ABR 66/90, NZA 1992, 178, 179.

112 Siehe auch § 2 Abs. 1 BetrVG, wonach die Betriebsparteien *unter Beachtung der geltenden Tarifverträge* vertrauensvoll zusammenzuarbeiten haben.

113 BAG, Beschluss v. 24.11.1987 – 1 ABR 18/85, NZA 1987, 639.

114 BAG, Beschluss v. 30.10.2001 – 1 ABR 8/01, NZA 2002, 919, 921; *Roloff*, RdA 2014, 228; *Gutzeit*, in: GK-BetrVG, 12. Aufl. 2022, § 87 Rn. 847 mit weiteren Nachweisen.

lungsbefugnis der Betriebsparteien nach § 77 Abs. 3 S. 1 BetrVG bzw. § 63 Abs. 1 S. 2 BPersVG bereits dann ausgeschlossen, wenn der Betrieb eines – auch nicht tarifgebundenen – Arbeitgebers in den Geltungsbereich eines entsprechenden Tarifvertrages fällt[115], oder diese Bedingungen *üblicherweise* durch Tarifvertrag geregelt werden (sog. **Tarifvorbehalt** oder **Regelungssperre**).[116]

267 Folglich wird den betrieblichen Arbeitnehmervertretern – insbesondere im Wirtschaftsabschnitt „öffentliche Verwaltung, Verteidigung, Sozialversicherung", in welchem die Tarifbindung in den Jahren 2023 und 2024 bei 100 % lag[117] – in der Praxis keine oder eine nur geringfügige Einflussmöglichkeit auf das Verfahren bei der Entgeltbewertung im Rahmen der EntgTranspRL zukommen, sondern der Schwerpunkt der Aufgaben insoweit bei den Tarifvertragsparteien und damit auf Arbeitnehmerseite bei den Gewerkschaften liegen.[118]

bb) Zuständigkeit bei der Unterstützung der Beschäftigten bei der Rechtsdurchsetzung

268 Für die Unterstützungsrechte der Arbeitnehmervertreter bei der Durchsetzung von individuellen Arbeitnehmerrechten spielen Tarifvorrang und Tarifvorbehalt hingegen keine Rolle, da es sich hierbei nicht um Betriebsvereinbarungen oder sonstige Regelungen der Betriebsparteien handelt.

---

115 Ständige Rechtsprechung, siehe nur BAG, Urteil v. 9.12.1997 – 1 AZR 319/97, NZA 1998, 661; *Kania,* ErfK, 25. Aufl. 2025, § 77 BetrVG Rn. 45 mit weiteren Nachweisen.

116 Dieses Verständnis des Verhältnisses zwischen § 87 Abs. 1 Einleitungssatz BetrVG und § 77 Abs. 3 S. 1 BetrVG entspricht der sog. Vorrangtheorie, welcher sich auch das Bundesarbeitsgericht in seinem Grundsatzbeschluss vom 24.2.1987 – 1 ABR 18/85 (NZA 1987, 639) angeschlossen hat und seither in ständiger Rechtsprechung vertritt, siehe nur BAG, Beschluss v. 3.12.1991 – GS 2/90, NZA 1992, 749. Die Vertreter der Zwei-Schranken-Theorie wenden den Tarifvorbehalt des § 77 Abs. 3 S. 1 BetrVG hingegen auch auf die nach § 87 Abs. 1 BetrVG mitbestimmungspflichtigen Angelegenheiten an, vgl. zu alledem mit weiteren Nachweisen: *Richardi/Picker*, in: Richardi, Betriebsverfassungsgesetz, 17. Aufl. 2022, § 77 Rn. 262 ff.

117 Statistisches Bundesamt, Pressemitteilung Nr. 109 vom 21. März 2025, abrufbar unter https://www.destatis.de/DE/Presse/Pressemitteilungen/2025/03/PD25_109_623.html, zuletzt aufgerufen am 21. März 2025.

118 Siehe auch *Winter,* EuZA 2024, 140, 161.

Aktuell sehen die §§ 14 ff. EntgTranspG für Auskunftsverlangen der Beschäftigten eine **vorrangige Zuständigkeit des Betriebs- und Personalrats und erst bei dessen Fehlen die Zuständigkeit des Arbeitgebers und der Tarifvertragsparteien** vor.[119] Diese abgestufte Zuständigkeitsverteilung erscheint auch bei den in Art. 7 EntgTranspRL vorgesehenen Auskunftsrechten der einzelnen Beschäftigten sachgerecht, zumal es für den Fall, dass der Betriebsrat zur Erfüllung der in seiner Zuständigkeit liegenden Aufgaben personenbezogene Daten verarbeitet, mit § 79a BetrVG bzw. § 69 BPersVG bereits gesetzliche **Regelungen zur datenschutzrechtlichen Verantwortlichkeit** gibt. **269**

Für die Unterstützung der Beschäftigten bei der Durchsetzung etwaiger Ansprüche in Verwaltungs- oder Gerichtsverfahren bedarf es schließlich keiner *ausschließlichen* Kompetenzzuweisung. Die Unterstützung erfolgt in diesem Fall ohnehin nur mit Zustimmung der jeweils betroffenen Beschäftigten, welchen auch die **Wahl des sie vertretenden und unterstützenden Arbeitnehmervertreters** überlassen werden kann. **270**

b) Konkurrenz zwischen mehreren *betrieblichen* Arbeitnehmervertretern

Sind nicht die Gewerkschaften, sondern die betrieblichen Arbeitnehmervertreter zu beteiligen, stellt sich bei privaten Unternehmen und Konzernen mit verschiedenen Vertretungsgremien weiter die Frage nach dem jeweils zuständigen Gremium. **271**

So ist auf betrieblicher Ebene zunächst **zwischen der Zuständigkeit des Betriebsrates und der Zuständigkeit des Sprecherausschusses** zu unterscheiden. Der Betriebsrat ist für alle Arbeitnehmer des Betriebs im Sinne des § 5 Abs. 1 BetrVG, einschließlich der zu ihrer Berufsausbildung Beschäftigten, zuständig. Nicht zuständig ist der Betriebsrat hingegen für leitende Angestellte im Sinne des § 5 Abs. 3 S. 2, **272**

119 Vgl. auch *Schlachter,* in: ErfK, 25. Aufl. 2025, § 14 EntgTransG Rn. 2; LAG Berlin-Brandenburg, Beschluss v. 9.3.2021 – 24 TaBV 481/20, NZA-RR 2021, 433, 436; *Richter,* ArbRAktuell 2018, 570; *Weigert,* NZA 2018, 210, 213.

Abs. 4 BetrVG. Für Letztere ist – wenn ein solcher besteht[120] – der Sprecherausschuss zuständig.

273 Weiter wird in großen Unternehmen **zwischen der Zuständigkeit des örtlichen Betriebsrates, des Gesamtbetriebsrates und des Konzernbetriebsrates** differenziert werden müssen. Der Gesamtbetriebsrat ist dabei gemäß § 50 Abs. 1 BetrVG zuständig für die Behandlung von Angelegenheiten, die das Gesamtunternehmen oder mehrere Betriebe betreffen und nicht durch die einzelnen Betriebsräte innerhalb ihrer Betriebe geregelt werden können. Der Konzernbetriebsrat ist gemäß § 58 Abs. 1 S. 1 BetrVG entsprechend zuständig für die Behandlung von Angelegenheiten, die den Konzern oder mehrere Konzernunternehmen betreffen und nicht durch die einzelnen Gesamtbetriebsräte innerhalb ihrer Unternehmen geregelt werden können.

274 Für die Auskunftsverlangen nach den §§ 10 ff. EntgTranspG ist derzeit aus dem Wortlaut des § 12 EntgTranspG auf die Zuständigkeit der örtlichen Betriebsräte zu schließen.[121] Ob dies auch für das Auskunftsrecht aus Art. 7 EntgTranspRL so bleibt, ist aber fraglich. Angesichts der Komplexität und Reichweite des Entgeltbewertungsverfahrens ist damit zu rechnen, dass sich dieses nicht auf Ebene der einzelnen Betriebe, sondern auf Unternehmens- oder auch auf Konzernebene abspielen wird und damit auch die damit verbundenen Rechte und Aufgaben beim Gesamt- oder Konzernbetriebsrat angesiedelt werden müssen.

3. Schulungsbedarf

275 Die neuen Vorgaben der Richtlinie sind in dieser Form sowohl für die Arbeitgeberseite als auch für die Arbeitnehmervertretungen neu. Entsprechende Kenntnisse, etwa für die Aufstellung und rechtliche Einordnung der Bewertungskriterien und die vorgesehene gemeinsame Entgeltbewertung, können nicht vorausgesetzt werden, sodass die Umsetzung der Richtlinie für alle Beteiligte einen **Schulungsbedarf**

---

120 Voraussetzung für die Wahl eines Sprecherausschusses ist nach § 1 Abs. 1 SprAuG, dass im Betrieb in der Regel mindestens zehn leitende Angestellte im Sinne des § 5 Abs. 3 BetrVG beschäftigt sind.

121 *Kania,* NZA 2017, 819, 822.

hervorrufen wird.[122] Dies haben auch die Richtliniengeber erkannt und in Erwägungsgrund 30 der EntgTranspRL aufgenommen, dass die Mitgliedstaaten sicherstellen *„sollten“*, dass Schulungen und spezifische Instrumente und Methoden zur Verfügung gestellt werden, um Arbeitgeber bei der Bewertung der Frage, was unter gleichwertiger Arbeit zu verstehen ist, zu unterstützen und anzuleiten.

Eine entsprechende *Verpflichtung* der Mitgliedstaaten, im Rahmen der Umsetzung der EntgTranspRL den Arbeitgebern und den jeweiligen Arbeitnehmervertretungen **Unterstützung in Form von technischer Hilfe und Schulungen** anzubieten, gebietet die EntgTranspRL in ihrem Art. 11 allerdings **nur für Arbeitgeber mit weniger als 250 Arbeitnehmern**. Dadurch soll die Anwendung der EntgTranspRL insbesondere für Kleinstunternehmen sowie kleine und mittlere Unternehmen erleichtert werden. **276**

Während dies zu begrüßen ist, wäre wünschenswert, dass der deutsche Gesetzgeber über die Mindestvorgabe der Richtlinie hinausgeht und ein entsprechendes Unterstützungsangebot, jedenfalls in Form von **Leitlinien und Handlungshilfen**, unterschiedslos für alle Arbeitgeber, unabhängig von der Arbeitnehmerzahl, vorsehen würde. Denn die Bewertung der Frage, was unter gleichwertiger Arbeit zu verstehen ist, die diesbezügliche Kriterienfindung und auch die Entscheidung über etwaige Abhilfemaßnahmen zur Beseitigung von Entgeltunterschieden werden deutlich komplizierter werden, umso mehr Beschäftigte, Tätigkeitsfelder und Positionen, die bewertet und ins Verhältnis zueinander gestellt werden müssen, ein Arbeitgeber hat. **277**

In jedem Fall werden Betriebsräte und Personalvertretungen gemäß § 37 Abs. 6 BetrVG bzw. § 54 Abs. 1 BPersVG einen Anspruch haben, **von ihrer beruflichen Tätigkeit ohne Minderung des Arbeitsentgelts freigestellt zu werden, um an Schulungen zu ihren Aufgaben bei der Sicherstellung der Entgelttransparenz teilzunehmen.** Die Erforderlichkeit entsprechender Schulungen für die Betriebsrats-/Personalvertretungsarbeit wird in aller Regel nicht in Abrede gestellt werden können. **278**

122 *Winter,* EuZA 2024, 140, 161; *Winter*, NZA 2024, 8, 9; *Winter*, in: Franzen/Gallner/Oetker, Kommentar zum europäischen Arbeitsrecht, 5. Auflage 2024, 740 Rn. 49.

B. Fazit

279 Nach alledem lässt sich festhalten, dass die auf der EntgTranspRL beruhenden Vorgaben kollektivrechtlich für alle Beteiligten mit Neuerungen einhergehen und Ungewissheiten hervorrufen werden.

280 Der Gesetzgeber wird bestehende Regelungen des EntgTranspG anpassen müssen, um deren Richtlinien- und Europarechtskonformität zu gewährleisten, und für die vielen, in dieser Form in Deutschland noch gar nicht existierenden Vorgaben der EntgTranspRL auch Neuregelungen schaffen müssen.

281 Für Arbeitgeber ist es empfehlenswert und notwendig, sich bereits jetzt und noch vor der Umsetzung der Richtlinie in das deutsche Recht[123] mit den Vorgaben der Richtlinie auseinanderzusetzen, die eigenen Entgeltsysteme zu analysieren und – je nach dem Ergebnis der Analyse – bereits frühzeitig mit der Erarbeitung eines neuen und richtlinienkonformen Entgeltsystems zu beginnen.

282 Dabei sind die Betriebsräte, Personalvertretungen, Sprecherausschüsse und Gewerkschaften entsprechend ihrer durch die Richtlinie eingeräumten Rolle zu beteiligen und in Unternehmen bereits eingeführte und etablierte Prozesse und Verfahren zur Sicherstellung der Entgeltgleichheit und Transparenz an diese deutlich stärkere Beteiligung der Arbeitnehmervertreter anzupassen.

283 Auch bereits abgeschlossene Tarifverträge sind neu auf den Prüfstand zu stellen. Die Richtlinie erachtet die Sozialpartner zwar als wesentliche Akteure bei der Sicherstellung der Entgelttransparenz. Entgelttarifverträge genießen aber keine Richtigkeitsgewähr, sondern müssen ihrerseits die Vorgaben an die Entgelttransparenz und -gleichheit wahren.

---

123 *Rolfs,* EuZW 2023, 489, 490 stellt richtigerweise fest: „Die Zeit drängt. Jetzt.“

Kapitel 4
Vergütungsansprüche und Haftungsrisiken

A. Das Entgelttransparenzgesetz – (k)ein Grund zu klagen?

Das Entgelttransparenzgesetz wurde lange als eher symbolisches, aber in der Praxis wenig relevantes Gesetz angesehen. Doch zeigen aktuelle Urteile die (wachsende) Brisanz des Entgelttransparenzgesetzes in arbeitsrechtlichen Verfahren. Beispielsweise erlangte eine Frau über den Anspruch auf Entgeltgleichheit nach §§ 3 Abs. 1, 7 Abs, 1 EntgTranspG vor dem LAG Baden-Württemberg eine Nachzahlung im sechsstelligen Bereich.[124] In einer anderen Entscheidung urteilte das BAG bei einer Gehaltsspanne, dass ein Abstellen beispielsweise auf **„besseres Verhandlungsgeschick" nicht als objektive Begründung** ausreicht, um einem Geschlecht mehr zu bezahlen.[125] Man sieht: Die Anforderungen an ein transparentes geschlechtergerechtes Vergütungssystem nach dem Entgelttransparenzgesetz haben ihre praktischen Herausforderungen und die Klagen bezogen auf das Entgelttransparenzgesetz häufen sich. 284

Insbesondere die Entgelttransparenzrichtlinie[126] (EntgTranspRL) wird Klagen im Bereich der Entgelttransparenz neuen Schwung geben. Hier droht eine richtige Klagewelle. Die EntgTranspRL enthält nämlich neben Regeln zur Beweislast in Art. 16 einen „neuen" **Schadensersatzanspruch**. Bisher greift die Rechtsprechung für einen Schadensersatz-/Entschädigungsanspruch auf § 15 AGG zurück.[127] Art 16 Abs. 3 S. 2 EntgTranspRL sieht nun für das Entgelttransparenzgesetz vor, dass zu den Schäden im Sinne des Unionsrechts **nicht nur materielle Schäden** (beispielsweise nicht gezahlte Entgelte oder andere (Sach-)Leistungen) sondern auch **immaterielle Schäden** gehören. Die Schadensersatzpflicht umfasst daneben auch den **Ausgleich entgangener Chancen**. Ausreichend ist dafür der **Verstoß gegen Unions-** 285

124 LAG Baden-Württemberg, Urt. v. 1.10.2024 – 2 Sa 14/24, NZA-RR 2025, 12.
125 BAG, Urt. v. 16.2.2023 – 8 AZR 450/21, NZA 2023, 958 Rn. 57.
126 Richtlinie (EU) 2023/970 ABl. L 132 S. 21.
127 So z. B. BAG, Urt. v. 16.2.2023 – 8 AZR 450/21, NZA 2023, 958 Rn. 110 ff.; BAG, Urt. v. 21.1.2021 – 8 AZR 488/19, NZA 2021, 1011, Rn. 75.

recht. Dieser Schadensersatz ist (quasi) parallel zu § 15 AGG – jedoch ohne der in § 15 Abs. 3 AGG normierten Ausschlussfrist – gestaltet. Das spricht dafür, dass das Entgelttransparenzgesetz bald einen eigenen Schadensersatzanspruch beinhalten wird. Die Entgelttransparenzrichtlinie setzt außerdem die Mindestverjährung von Ansprüchen aus dem Entgelttransparenzgesetz auf drei Jahre fest (Art. 21). Diese Änderungen stellen Arbeitgeber vor große Herausforderungen.

286 Spricht man über Entgeltansprüche oder Ausgleichansprüche im Arbeitsrecht, so ist meist in einem Atemzug auch deren Abdingbarkeit oder der Verzicht im Falle der Beendigung des Arbeitsverhältnisses ein Thema. Ziel ist die **Schaffung von Rechtsfrieden und Rechtssicherheit** für beide Parteien. Abhilfe schaffen in der arbeitsrechtlichen Praxis die sog. Ausschlussklauseln und die sog. Abgeltungsklauseln. Deren Formulierung stellt die arbeitsrechtliche Praxis vor große Herausforderungen. Insbesondere bei der Ausschlussklausel führt die vermehrte höchstrichterliche Rechtsprechung zum Umfang dieser Klauseln zu mehr Unsicherheit als Klarheit. Welche Ansprüche dürfen/müssen auf gar keinem Fall von diesen Klauseln erfasst sein? Und was bedeutet das für Ansprüche aus dem Entgelttransparenzgesetz? Kann man diese Fragen nicht beantworten, droht die **Unwirksamkeit der Klausel** und damit die Gefahr für beide Parteien, nach Beendigung des Arbeitsverhältnisses weiterhin mit Ansprüchen der anderen Partei konfrontiert zu werden.

287 In diesem Kontext stellen sich einige prozessuale und taktische Fragen. Dieses Kapitel beschäftigt sich mit der Durchsetzbarkeit von Ansprüchen aus dem Entgelttransparenzgesetz. Dabei geht es insbesondere um die Beweislastregelungen. Außerdem werden vertragliche Möglichkeiten diskutiert, um eine nachträgliche Inanspruchnahme aus dem Entgelttransparenzgesetz zu minimieren. Der Schwerpunkt liegt dabei auf den Ausschluss- und den Abgeltungsklauseln. Zu den jeweiligen Themen werden auch die Änderungen und Auswirkungen der Entgelttransparenzrichtlinie dargestellt.

I. Prozessuale Herausforderungen und Änderungen

1. Darlegungs- und Beweislast Rechtsprechung – status quo

Im Entgelttransparenzgesetz sucht man vergeblich nach einer allgemeinen Regelung der Darlegungs- und Beweislast. Allein für den Fall, dass ein tarifgebundener oder -anwendender Arbeitgeber gegen seine Auskunftspflicht aus § 10 EntgTranspG verstößt, normiert § 15 Abs. 5 EntgTranspG eine Beweislastregel. Die Rechtsprechung zieht daher **§ 22 AGG** heran. Begründet wird dies damit, dass nach § 2 Abs. 2 EntgTranspG das AGG vom Entgelttransparenzgesetz unberührt bleibt. Das bisherige Prüfschema der Gerichte ist daher bisher folgendes[128]: **288**

1. **Indizienbeweis** durch Arbeitnehmer, der eine Benachteiligung nach § 1 AGG vermuten lässt und
2. **Kausalität** des Merkmals nach § 1 AGG für die Benachteiligung, dann
3. **Darlegungs- und Beweislast beim Arbeitgeber**, dass kein Verstoß gegen die Bestimmungen zum Schutz vor Benachteiligung vorgelegen hat.

Konkret bedeutet das, dass die Klagepartei zur Begründung der Kausalität nur darlegen und im Bestreitensfall beweisen muss, dass der Arbeitgeber ihr für eine gleiche oder gleichwertige Arbeit ein niedrigeres Gehalt zahlt als vergleichbaren Kollegen des anderen Geschlechts. Damit ist die Vermutung des § 22 AGG begründet und daraus folgt eine **Beweislastumkehr**. Für die Arbeitgeberseite heißt das, dass sie den Vorwurf eines geschlechterabhängigen Entgelts widerlegen muss. Je nach Fall kann der Arbeitgeber die Benachteiligung und/oder das Vorliegen einer gleichen oder gleichwertigen Arbeit bestreiten bzw. widerlegen. Der Arbeitgeber kann den Vorwurf außerdem widerlegen, indem er zeigt, dass **keines der Merkmale des § 1 AGG (wenn auch nur als Teilmotiv) der Grund** für die Schlechterbezahlung war. Zu erwähnen ist, dass eine nicht erteilte, unvollständige und fehlerhafte Auskunft einzelfallabhängig auch ein Indiz nach § 22 AGG darstellen **289**

128 S. beispielsweise BAG, Urt. v. 16.2.2023 – 8 AZR 450/21, NZA 2023, 958 Rn. 42 ff.; dazu ausführlich *Höpfner/Mohrbutter*, RdA 2024, 45.

kann.[129] In der Rechtsprechung **zur Rechtfertigung zulässig** waren z. B.

- geschlechtsunabhängige Differenzierungen nach der Berufserfahrung bzw. das Dienstalter[130],
- bessere Qualifikation durch eine spezifische Ausbildung[131] oder
- das Erfordernis eines höheren Entgelts aufgrund der Arbeitsmarktsituation zur Personalgewinnung[132].

290 Bei der Berufserfahrung ist jedoch im Zweifel zu rechtfertigen, wie(so) sich diese auf die Arbeitsqualität auf dem spezifischen Arbeitsplatz auswirkt.[133]

291 Anders ging das LAG Baden-Württemberg bei der Prüfung und insbesondere bei der Bewertung der Kausalität vor.[134] Das Gericht sah grundsätzlich ein unter dem Median des anderen Geschlechts liegendes Gehalt nicht als ausreichendes Indiz für die Kausalität an. Vielmehr stellte es darauf ab, dass der Anschein einer Diskriminierung vorliegen muss, wofür eine einzelne Tatsache mit Indizwirkung in der Gesamtschau nicht ausreichend sein kann. Aus der bestehenden Differenz zwischen dem Medianentgelt der Männer und dem Medianentgelt der Frauen resultierte nach Sicht des Gerichts eine hinreichende Indizwirkung gem. § 22 AGG. Dieses Indiz konnte die Arbeitgeberin mit Behauptungen zur „Minderperformance" der Klägerin im vorliegenden Fall nicht widerlegen. Im Ergebnis erhielt die Klägerin einen Entgeltausgleichanspruch. Für dessen Berechnung zog das Gericht die Differenz zwischen der männlichen und weiblichen Vergleichsgruppe heran, lehnte aber den Vergleich allein mit dem am besten verdienenden vergleichbaren männlichen Kollegen ab. In diesem Fall war

---

129 *Krüger*, NZA 2022, 956, 962.

130 EuGH, Urt. v. 3.10.2006 – C-17/05, ECLI:EU:C:2006:633, NZA 2006, 1205 – Cadman; EuGH, Urt. v. 17.10.1989 – C-109/88, ECLI:EU:C:1989:383, NZA 1990, 772 – Danfoss Rn. 24; BAG, Urt. v. 21.1.2021 – 8 AZR 488/19, NZA 2021, 1011 Rn. 69 ff.

131 EuGH, Urt. v. 17.10.1989 – C-109/88, ECLI:EU:C:1989:383, NZA 1990, 772 – Danfoss.

132 BAG, Urt. v. 16.2.2023 – 8 AZR 450/21, NZA 2023, 958 Rn. 51; EuGH, Urt. v. 27.10.1993 – C-127/92, ECLI:EU:C:1993:859 NZA 1994, 797 – Enderby Rn. 26 ff.

133 BAG, Urt. v. 21.1.2021 – 8 AZR 488/19, NZA 2021, 1011 Rn. 72.

134 LAG Baden-Württemberg, Urt. v. 1.10.2024 – 2 Sa 14/24, NZA-RR 2025, 12.

außerdem die Ausschlussklausel im Vertrag der Arbeitnehmerin unwirksam, sodass eine Entscheidung zum Verfall von Ansprüchen aus dem Entgelttransparenzgesetz ausblieb.

2. Änderung der Darlegungs- und Beweislast durch die Entgelttransparenzrichtlinie

Das gerade Dargestellte ändert sich aber mit Umsetzung der Entgelttransparenzrichtlinie bis 2026. Denn anders als das bisherige Entgelttransparenzgesetz **regelt** diese unter der Überschrift „**Verlagerung der Beweislast**" **in Art. 18** die Darlegungs- und Beweislast. Art. 18 lautet:[135] **292**

> *(1) Die Mitgliedstaaten ergreifen im Einklang mit ihrem nationalen Justizsystem geeignete Maßnahmen, um sicherzustellen, dass in Fällen, in denen Arbeitnehmer, die sich durch die Nichtanwendung des Grundsatzes des gleichen Entgelts in ihren Rechten* ***für verletzt halten,*** *bei einer zuständigen Behörde oder einem nationalen Gericht* ***Tatsachen glaubhaft*** *machen, die das Vorliegen einer unmittelbaren oder mittelbaren Diskriminierung vermuten lassen,* ***die beklagte Partei nachweisen muss, dass keine unmittelbare oder mittelbare Entgeltdiskriminierung vorliegt****.*
>
> *(2) Die Mitgliedstaaten stellen sicher, dass in Verwaltungs- oder Gerichtsverfahren in Bezug auf mutmaßliche unmittelbare oder mittelbare Entgeltdiskriminierung, die Fälle betreffen,* ***in denen der Arbeitgeber Pflichten im Zusammenhang mit der Entgelttransparenz nach den Artikeln 5, 6, 7, 9 und 10 nicht erfüllt*** *hat, der Arbeitgeber nachweisen muss, dass keine derartige Diskriminierung vorliegt. Unterabsatz 1 des vorliegenden Absatzes* ***findet keine Anwendung, wenn der Arbeitgeber nachweist,*** *dass der Verstoß gegen die Verpflichtungen nach den Artikeln 5, 6, 7, 9 und 10* ***offensichtlich unbeabsichtigt und geringfügig war.***
>
> *(3) Diese Richtlinie lässt das Recht der Mitgliedstaaten unberührt, eine* ***günstigere*** *Beweislastregelung für einen Arbeitnehmer vorzusehen, der in Bezug auf eine mutmaßliche Verletzung von Rechten und Pflichten im Zusammenhang mit dem Grund-*

135 Hervorhebungen durch die Verfasserin.

satz des gleichen Entgelts ein Verwaltungsverfahren oder ein Gerichtsverfahren anstrengt. […]

293 Damit ist dem Zurückgreifen auf § 22 AGG ein Ende gesetzt. In Art. 18 taucht anders als bei § 22 AGG auch nicht mehr das Wort Indizien auf. Er stellt aber klar: Die **Darlegungs- und Beweislast** liegt auf **Arbeitgeberseite**. Ausreichend ist dafür, dass der Arbeitnehmer sich durch die Nichtanwendung des Grundsatzes des gleichen Entgelts verletzt hält und **Tatsachen glaubhaft macht, die das Vorliegen einer unmittelbaren oder mittelbaren Diskriminierung vermuten lassen.** Der Arbeitgeber muss also aktiv nachweisen, dass das unterschiedlich hohe Gehalt nicht auf dem Geschlecht beruht. Allgemeine Behauptungen des Arbeitgebers reichen dabei nicht aus: Er muss so vortragen, dass dem Arbeitsgericht eine wirksame Kontrolle ermöglicht wird.[136]

294 Art. 18 Abs. 2 EntgTranspRL geht noch weiter und sieht vor, dass eine **Nichterfüllung der Pflichten aus Art. 5, 6, 7, 9 und 10 EntgTranspRL**[137] autotmatisch zu einer Beweislastumkehr führt. Dies ist ausnahmsweise nur dann nicht der Fall nach Art. 18 UAbs, 2 S. 2, wenn der Arbeitgeber nachweist, dass der Verstoß **offensichtlich unbeabsichtigt und geringfügig** war. Was unter unbeabsichtigt und geringfügig zu verstehen ist, geht aus der Richtlinie und aus den Erwägungsgründen nicht hervor. Hier kommt es auf die Umstände des konkreten Einzelfalls an. Außerdem ist nicht klar, was aus einer Schlechterfüllung folgt. Da der Wortlaut aber „nicht" erfüllt lautet, führt „nur" eine Schlechterfüllung dem Wortlaut nach nicht direkt zu einer Beweislastumkehr. Außerdem sieht die Richtlinie im Falle einer Schlechterfüllung für den Arbeitnehmer teilweise Mittel vor, um die Schlechterfüllung zu beseitigen.[138]

---

136 *Oberthür*, NJW 2023, 2754 Rn. 10.

137 Zur Verfügungstellen der geforderten Informationen für Bewerber (Art. 5), fehlende Information über die Kriterien der Entgeltentwicklung (Art. 6), Nichterfüllen der Auskunftsansprüche oder Nichtinformation über die Auskunftsansprüche (Art. 7), Verwendung von Vertragsbedingungen, die Arbeitnehmer an der Offenlegung des Entgelts zur Verwirklichung der Entgeltgleichheit hindern (Art. 7 V), nicht fristgerechte Berichterstattung (Art. 9), keine gemeinsame Entgeltbewertung entgegen Art. 10.

138 S. dazu *Rolfs/Lex*, NZA 2023, 1353, 1358, die als Beispiel die Möglichkeit der Klarstellung nach Art. 7 II UAbs. 2 EntgTranspRL bei „unzutreffender oder unvollständiger" Auskunft nennen.

Interessant ist außerdem, dass die Richtlinie den Zugang zu Beweismitteln erleichtern möchte. So regelt Art. 20 EntgTranspRL, dass die beklagte Partei (= Arbeitgeber) **Beweismittel**, die eine ungleiche Bezahlung beweisen, **offenlegen muss**. Dieser Artikel schreibt außerdem eine gerichtliche **Anordnungsbefugnis** für solche sachdienlichen Beweise vor. **295**

3. Kostentragung des Verfahrens

Noch nicht genau für das arbeitsgerichtliche Verfahren absehbar sind die Auswirkungen des Art. 22 EntgTranspRL. Dieser lautet folgendermaßen[139]: **296**

> *Die Mitgliedstaaten stellen sicher, dass in Fällen, in denen die beklagte Partei in einem Verfahren aufgrund eines* ***Anspruchs wegen Entgeltdiskriminierung die obsiegende Partei*** *ist, die nationalen Gerichte im Einklang mit dem nationalen Recht bewerten können, ob die unterlegene klagende Partei berechtigte Gründe hatte, den Anspruch geltend zu machen, und, wenn dies der Fall ist, zu beurteilen, ob es angemessen wäre, dass die unterlegene klagende Partei* ***die Verfahrenskosten nicht tragen*** *muss.*

Die Zivilprozessordnung sieht die Teilung der Verfahrenskosten bereits vor (§ 92 ZPO), sodass sich daraus nichts Neues ergibt. Das deutsche Arbeitsrecht kennt aber hinsichtlich des Prozessvertreters abweichend von der ZPO in der ersten Instanz die **eigenständige Kostentragung der jeweiligen Partei nach § 12a ArbGG**. Diese Regelung weicht klar von dem Grundsatz der Richtlinie ab. Legt man „Verfahrenskosten" weit aus, würden auch Anwaltskosten darunterfallen. Eine unionrechtskonforme Auslegung kann– je nach Umsetzung der Richtlinie – dann dazu führen, dass in Entgelttransparenzverfahren zukünftig abweichend von § 12a ArbGG die Kostentragung bei Obsiegen beim Arbeitgeber liegt.[140] Einerseits lässt sich das durchaus aus der Rechtsprechung des EuGH herleiten.[141] Gestützt wird diese **297**

139 Hervorhebungen durch die Verfasserin.

140 So *Schuster/Jacobsohn*, RdA 2024, 270 (280 f.); sehr ausführlich dazu *Becker*, NZA 2024, 103.

141 EuGH, Urt. v. 14.9.2023 – C-113/22, NZA 2023, 1235 Rn. 58, 60 – TGSS, der bei Schadensersatzansprüchen aufgrund Diskriminierung wegen des Ge-

Auslegung auch vom **Zweck der EntgTranspRL** und dem **effet-utile-Grundsatz**. Über der gesamten Richtlinie schwebt der Gedanke, dass Arbeitnehmer nicht von einer Klage abgehalten werden und ohne Hürden Entgeltgleichheit hergestellt werden soll. Andererseits ist der Vorteil von § 12 a ArbGG, dass eine gewisse „Kostensicherheit" für Arbeitnehmer besteht, da diese nach dieser Regelung nicht Gefahr laufen, die Kosten des Arbeitgebers in der ersten Instanz tragen zu müssen.[142] Es wird sich zeigen, ob unionsrechtlich ausreichend ist, dass im deutschen Arbeitsgerichtsverfahren „nur" die Gerichtskosten von der obsiegenden Partei nicht getragen werden müssen.

298 Spannend ist außerdem, wie Art. 22 diese Kostentragung wiederum einzuschränken und zu relativieren versucht. Offen bleibt bei der Formulierung der Richtlinie, was „**berechtigte Gründe**" einer klagenden Partei sind und wann es „**angemessen**" ist, die Kostentragung dem Arbeitgeber aufzuerlegen. Dies müssen laut der Vorschrift die Gerichte abwägen. Berechtigte Gründe müssen über die reine Entgeltungleichheit hinausgehen, da dieses Merkmal sonst obsolet wäre. Doch ist es dann ein gewisser Betrag, eine gewisse prozentuale Entgeltungleichheit? Spielt das Verhalten des Arbeitgebers eine Rolle – vor und/oder während des Prozesses? Dieselben Fragen stellen sich bei dem Tatbestandsmerkmal „angemessen". Für die Angemessenheit nimmt die juristische Praxis immer eine Interessensabwägung im Einzelfall vor. Ist es angemessener, einen schlechter bezahlten (was auch immer das heißt) Arbeitnehmer damit entgegenzukommen, um zu honorieren, dass er trotz Kostentragung Klage erhoben hat? Oder ist es (auch) angemessen, dass eine Managerin, die schlechter als ihre männlichen Vergleichskollegen bezahlt wurde und somit dem Arbeitgeber eine beträchtliche Einsparung bei den Lohnkosten erbrachte, nicht die Gerichtskosten tragen muss? Muss im Umkehrschluss ein Arbeitnehmer eines kleinen Familienunternehmens die Gerichtskosten tragen? Die Gerichte werden sich mit diesen Fragen auseinandersetzen müssen. Feststeht aber: Liegt ein Fall des **Rechtsmissbrauchs**[143] vor, sind sowohl berechtigte Gründe als auch die **Angemessenheit zu verneinen**.

---

schlechts einen vollständigen Schadensersatz inklusive Anwalts- und Prozesskosten fordert.

142 Darauf auch hinweisend *Becker*, NZA 2024, 103, 105 im Hinblick auf § 15 AGG.

143 Vergleiche dazu die Ausführungen zum Rechtsmissbrauch, Rn. 206.

In diesen Fällen wird der Arbeitnehmer aber wohl auch schon bereits mit seiner Klage scheitern, sodass sich die Frage der Kostentragung durch den Arbeitgeber nicht stellen wird.

4. Verjährung von Ansprüchen aus dem Entgelttransparenzgesetz

Bei der Durchsetzbarkeit von Ansprüchen spielt immer die Verjährung von Ansprüchen eine Rolle. Nach §§ 195,199 BGB verjähren Ansprüche grundsätzlich nach drei Jahren. Die EntgTranspRL regelt unionsweit einheitlich nun in Art. 21, dass diese Verjährung von drei Jahren im Falle der nationalen Umsetzungen der Entgelttransparenzrichtlinie nicht unterschritten werden darf. Art. 21 Abs. 1 S. 2 und 3 konkretisiert diese Vorgabe dahingehend, dass die **Verjährungsfristen nicht beginnen** sollten, **bevor die klagende Partei Kenntnis von dem Verstoß** hat oder diese **Kenntnis vernünftigerweise von ihm erwartet** werden kann. Die Mitgliedstaaten sollen außerdem beschließen können, dass die Verjährungsfrist nicht beginnt, **solange der Verstoß weiter besteht** oder, dass sie **nicht vor Beendigung des Arbeitsvertrags oder des Beschäftigungsverhältnisses beginnt**. Abs. 3 regelt, dass dieser Artikel nicht für **Vorschriften über das Erlöschen von Ansprüchen** gilt. **299**

Konsequenterweise stellt sich damit die Frage, ob Art. 22 allein gesetzliche Regelungen betrifft oder sich auch auf vertragliche Vereinbarungen bezieht. Der Wortlaut und das unionsrechtliche **effet utile** legen eine weite Auslegung nahe. Es wird nicht auf „gesetzliche" Vorschriften abgestellt. Andererseits sind Vorschriften keine Vereinbarungen, die von zwei Parteien geschlossen werden. Daher könnte man die Formulierung des Artikels auch so verstehen, dass er sich explizit nur auf staatliche Regeln und nicht vertragliche Regeln bezieht. Schaut man in andere Sprachfassungen der Richtlinie, zeigt sich auch kein klareres Bild. Beispielsweise wird in der englischen Fassung das Wort „rules" verwendet. Das spricht wiederum mehr für „von oben" auferlegte Regelungen, bei denen mindestens eine Partei kein Mitspracherecht hat. Ansonsten wäre eher beispielsweise das Wort „agreement" gewählt worden. So könnte eine von der Grundregel abweichende parteiliche Vereinbarung, in die beide einwilligen, durchaus möglich sein. Andererseits schmälert das den Sinn des Art. 22 und könnte zu einer **300**

Umgehung der Richtlinie führen. Und an welchem Punkt spricht man von „Vorschriften über das Erlöschen von Ansprüchen"? Man wird mit Spannung erwarten können, wie sich dieser Artikel auf bereits in der arbeitsrechtlichen Praxis verwendete Vereinbarungen auswirken wird – Stichwort Ausschluss- und Abgeltungsklauseln.

II. Schutz vor rückwirkenden Ansprüchen – Ausschlussklauseln und Abgeltungsklauseln

301 Ausschlussklausel und Abgeltungsklausel werden oft als Synonym verwendet. Zwischen ihnen liegt jedoch ein großer Unterschied. Ausschlussklauseln sind **von Anfang an** Teil des Arbeitsvertrags. Sie regeln, wie lange die Parteien nach Ende des Arbeitsverhältnisses noch Ansprüche geltend machen können. Ausschlussklauseln sind von Amts wegen zu beachten: Ist die vereinbarte Frist abgelaufen, verfallen die Ansprüche ersatzlos.[144] Aus diesem Grund wird für die Ausschlussklausel auch der Begriff Verfallklausel verwendet.

302 Im Gegensatz dazu werden Abgeltungsklauseln oder auch Erledigungsklauseln genannt, **erst mit Ende des Arbeitsverhältnisses** vereinbart. Endet das Arbeitsverhältnis nicht mit einer Kündigung, enthält die Beendigungsvereinbarung meist eine Abgeltungsklausel. Ob Vergleich oder Aufhebungsvertrag, vorzugsweise einigen sich die Parteien in einer Abgeltungsklausel darauf, dass nach Beendigung des Arbeitsverhältnisses alle beiderseitigen Ansprüche aus oder im Zusammenhang mit dem Arbeitsverhältnis erledigt sind. Dieser beiderseitige Verzicht regelt das Vertragsverhältnis abschließend.

1. Ausschlussklauseln für Ansprüche aus dem Entgelttransparenzgesetz

303 Ausschlussklauseln haben in den letzten 15 Jahren immer wieder eine wichtige Rolle in der (höchstrichterlichen) Rechtsprechung gespielt. Deren Umfang und die konkrete Formulierung stand immer wieder auf dem Prüfstand.[145] Ausschlussklauseln sind Teil eines jeden Ar-

---

144 BAG, Urt. v. 27.3.1963 – 4 AZR 72/62, AP BetrVG Az. 59 Nr. 9.

145 Derzeit wird sich in der Rechtsprechung stark an der „Musterausschlussklausel" von *Roloff*, in: FS Willemsen, S. 407, 416 orientiert.

beitsvertrags und als vom Arbeitgeber gestellte Klauseln **AGB-Klauseln**, die der Kontrolle nach den **§§ 307 ff. BGB** unterliegen. Wichtig ist bei der Prüfung von AGB-Klauseln insbesondere die **Transparenz** der Klausel. Transparent ist eine Klausel dann, wenn ein verständiger, **nicht rechtskundiger durchschnittlicher Arbeitnehmer**[146] versteht, „**was auf ihn zukommt**“[147]. Relevant ist das deshalb, da nach der Systematik der AGB-Kontrolle nach **§ 306 BGB** und dem **Verbot der geltungserhaltenden Reduktion** ein Verstoß gegen die Vorgaben der AGB-Kontrolle zu einer **vollständigen Unwirksamkeit** der AGB-Klausel führt.

Vergütungsansprüche wie der Anspruch auf Entgeltgleichheit sind **304** grundsätzlich von Ausschlussklauseln umfasst. Sein unionsrechtlicher Ursprung könnte dem aber entgegenstehen. Höchstrichterliche Rechtsprechung zu Ansprüchen aus dem Entgelttransparenzgesetz und Ausschlussklauseln existiert bislang noch nicht, hinsichtlich unionsrechtlicher Ansprüche in Ausschlussklauseln hat die arbeitsgerichtliche Rechtsprechung keine einheitliche Auffassung. So ließ das LAG Hamburg zuletzt offen, ob Ansprüche aus der Datenschutzgrundverordnung (DSGVO) einer Ausschlussklausel unterfallen können.[148] Der gesetzliche (und unionsrechtliche) Urlaubsanspruch darf nach ständiger Rechtsprechung klar nicht von einer Ausschlussklausel umfasst sein.[149] Interessant ist dabei, dass sich das beim Urlaubsanspruch – anders als bei anderen Ansprüchen, die gesetzlich nicht abdingbar sind – nicht aus der Formulierung der Ausschlussklausel ergeben muss. Die ständige Rechtsprechung **liest in die Ausschlussklausel hinein**, dass der gesetzliche Urlaubsanspruch nicht durch die Ausschlussklausel verfällt.[150] Damit ist die Rechtsprechung zum Urlaub **konträr zu der übrigen Rechtsprechung wie beispielsweise zur Vorsatzhaftung oder dem Mindestlohn**. Bei diesen muss sich laut der Rechtsprechung zwingend aus der Formulierung der Ausschlussklausel er-

---

146 St. Rspr., vgl. z. B. BAG, Urt. v. 23.3.2017 – 6 AZR 705/15, NJW 2017, 1895 Rn. 15; st. Rspr. BAG, Urt. v. 24.5.2018 – 6 AZR 116/17, NZA-RR 2018, 568 Rn. 15.

147 BAG, Urt. v. 21.1.2015 – 10 AZR 84/14, NZA 2015, 871 Rn. 33.

148 LAG Hamburg, Urt. v. 11.6.2024 – 3 SLa 2/24, BeckRS 2024, 23622, die Revision ist unter Az. 9 AZR 152/24 anhängig.

149 BAG, Urt. v. 24.5.2022 – 9 AZR 461/21, NZA 2022, 1328 Rn. 40 ff.

150 BAG, Urt. v. 24.5.2022 – 9 AZR 461/21, NZA 2022, 1328 Rn. 40 ff.

geben, dass die Klausel diese Ansprüche nicht umfasst.[151] Falls also eine Ausschlussklausel den Anspruch auf Entgeltgleichheit doch nicht umfassen darf, kann man bislang mit der Urlaubsrechtsprechung argumentieren, dass in die Ausschlussklausel hineingelesen werden kann, dass diese selbstverständlich den Anspruch nicht erfassen sollte. Klar ist aber: Hier besteht eine gewisse Rechtsunsicherheit, die noch einer gerichtlichen Entscheidung bedarf.

2. Abgeltungsklauseln in Beendigungsvereinbarungen[152]

305 Ein Patentrezept für die Formulierung einer Abgeltungsklausel existiert nicht. Sie ist weder gesetzlich geregelt noch – außer punktuell – in der Rechtsprechung behandelt. Bei nach §§ 305 ff BGB kontrollfähigen Abgeltungsklauseln, z. B. in einem Aufhebungsvertrag, muss wie bei der Ausschlussklausel, insbesondere das Transparenzgebot nach § 307 Abs. 1 BGB berücksichtigt werden. Das heißt, dass bei der Formulierung einer Abgeltungsklausel für den Arbeitnehmer das Ausmaß des **Verzichtswillens** klar sein muss. Bei einer Individualklausel reicht dagegen die **Bestimmtheit der Klausel**.

306 Verzichtswille ist im Kontext von Abgeltungsklauseln der entscheidende Begriff. Nach der Rechtsprechung sind grundsätzlich erstmal alle Ansprüche aus dem Arbeitsverhältnis von einer Abgeltungsklausel erfasst.[153] Aber keine Regel ohne Ausnahme: Das gilt nach der Rechtsprechung grundsätzlich nicht für unverzichtbare Ansprüche oder wenn der Verzicht den Schutz des Arbeitnehmers unterlaufen würde. Letztere müssen explizit vom Wortlaut der Klausel erfasst sein.[154] Ziel ist, bei der Gestaltung so wenig Zweifel wie möglich an den vom Verzichtswillen des Arbeitnehmers umfassten Ansprüchen zu haben.

307 **Vergütungsansprüche** wie der Anspruch auf Entgeltgleichheit nach § 3EntgTranspG oder § 7 EntgTranspG sind **grundsätzlich von einer**

---

151 So zur Vorsatzhaftung BAG 20.6.2013 – 8 AZR 280/12, NZA 2013, 1265; zum Mindestlohn BAG 18.9.2018 – 9 AZR 162/18, NZA 2018, 1619.

152 Ausführlich zu dem Thema im Erscheinen: *Knoepffler*, Die rechtlichen Grenzen von Erledigungsklauseln im Arbeitsrecht.

153 Z.B. BAG, Urt. v. 25.2.2021 – 8 AZR 171/19, NZA 2021, 1469 Rn. 66; BAG, Urt. v. 24.9.2019 – 9 AZR 273/18, NZA 2020, 310 Rn. 29.

154 S. z.B. BAG, Urt. v. 20.4.2010 – 3 AZR 225/08, NZA 2010, 883 Rn. 50.

Abgeltungsklausel erfasst.[155] Im Entgelttransparenzgesetz ist **nichts zu einem Verzichtsverbot geregelt**. Das Entgelttransparenzgesetz regelt zwar in § 8 EntgTranspG, dass Vereinbarungen, die gegen § 3 oder § 7 EntgTranspG verstoßen, unwirksam sind. Laut der Gesetzesbegründung hat diese Norm aber rein deklaratorischen Charakter und regelt kein Verzichtsverbot.[156] Im Gegenteil, die Rechtsprechung des BAG zum AGG lässt im Moment vermuten, dass kein grundsätzliches Verzichtsverbot bestehen könnte. Das BAG entschied nämlich, dass allgemeine Abgeltungsklauseln – entgegen dem Wortlaut des § 31 AGG – für Ansprüche aus dem AGG möglich sind.[157] Da das AGG einen ähnlichen Schutzzweck wie das Entgelttransparenzgesetz hat, kann man das als Argument für die Anwendbarkeit von Abgeltungsklauseln für Ansprüche aus dem Entgelttransparenzgesetz heranziehen. Fraglich ist, ob diese Rechtsprechung ausreichend die Bedeutung des Unionsrechts berücksichtigt hat.[158] Dagegen hatte das Arbeitsgericht Köln geurteilt, dass eine allgemeine Abgeltungsklausel den Anspruch auf Entgeltgleichheit nicht umfasst.[159] Bis zu einer höchstrichterlichen Entscheidung zum Entgelttransparenzgesetz bleibt also für die Praxis eine große Rechtsunsicherheit. Zur Sicherheit sollte man Ansprüche aus dem Entgelttransparenzgesetz **deshalb explizit in der Abgeltungsklausel als von dieser erfasst benennen**. So räumt man zumindest Zweifel am Verzichtswillen des Arbeitnehmers aus dem Weg. Diese Vorgehensweise hat natürlich einen Nachteil: Vielleicht kommt der Arbeitnehmer erst dann überhaupt auf die Idee, Ansprüche aus dem Entgelttransparenzgesetz geltend zu machen.

3. Einfluss der Entgelttransparenzrichtlinie auf Ausschlussklauseln und Abgeltungsklauseln

Die Umsetzung der Entgelttransparenzrichtlinie hat auch Auswirkungen auf Ausschlussklauseln und Abgeltungsklauseln. Die in Art. 21 geregelte Mindestverjährung kann je nach Auslegung zu einem Ver- **308**

---

155 *Löwisch*, BB 2023, 181, 182.
156 BT-Drs. 18/11133, S. 57.
157 BAG, Urt. v. 28.10.2021 – 8 AZR 371/20, NZA 2022, 341 Rn. 33 ff.
158 Dazu ausführlich im Erscheinen *Knoepffler*, Die rechtlichen Grenzen von Erledigungsklauseln im Arbeitsrecht.
159 ArbG Köln, Urt. v. 6.10.2021 – 18 Ca 5541/20, BeckRS 2021, 64287 Rn. 47.

bot der Verwendung von Ausschlussklauseln für Ansprüche aus dem Entgelttransparenzgesetz führen. Dieser regelt, dass die Mindestverjährung von Ansprüchen aus dem Entgelttransparenzgesetz drei Jahre ab Kenntnis betragen muss. Denn eine Ausschlussklausel verkürzt (meist auf drei Monate) die Möglichkeit der Geltendmachung eines Anspruchs. Dies ist konträr zum Sinn und Zweck der Entgelttransparenzrichtlinie. Deshalb gibt es bereits jetzt schon Prognosen, die mit der Umsetzung der Richtlinie das **Ende von Ausschlussklauseln** für derartige Ansprüche vorhersagen.[160] Unter Beachtung von **effet utile** spricht viel für diese Auslegung. Argumentiert wird damit, dass es sich bei § 3 Abs. 1 EntgTranspG und Art. 157 Abs. 1 AEUV um **Verbotsgesetze iSd § 134 BGB** handelt.[161] Das BAG hat bereits bei der Vorsatzhaftung und dem Mindestlohn entschieden, dass diese aus Transparenzgründen explizit als Ausnahme der Ausschlussklausel genannt werden müssen.[162]

309 Geht man davon aus, dass Art. 21 und seine Formulierung „Regelungen" sich auch auf Ausschlussklauseln bezieht, ergibt sich eine Folgefrage: Was bedeutet das für die Formulierung von Ausschlussklauseln? Entscheidend ist hier – wie sollte es anders sein – die **Transparenz**. Ist eine Klausel nach § 307 Abs. 1 S. 2 BGB intransparent, folgt daraus die **Gesamtunwirksamkeit** der Klausel nach § 306 BGB. Es gibt zwei Möglichkeiten: Entweder man folgt der Rechtsprechung des BAG zur Vorsatzhaftung und zum Mindestlohn.[163] Konsequenterweise müssten dann **alle Ansprüche des Entgelttransparenzgesetzes (und nach Umsetzung auch der Entgelttransparenzrichtlinie) als nicht von der Klausel erfasst genannt werden**. Es wäre eine Ausnahme neben den bekannten wie beispielsweise dem Mindestlohnanspruch. Die zweite Alternative ist **parallel zur Urlaubsrechtsprechung** des BAG[164] und neuerdings auch des LAG Hamburg zur **DSGVO**[165], dass ein **verständiger Arbeitnehmer in die Ausschlussklausel hineinlesen kann, dass diese die Ansprüche nicht erfasst**. Da es sich sowohl beim Urlaubsanspruch als auch bei den Ansprüchen aus der

160 *Schuster/Jacobsohn,* RdA 2024, 270, 280.
161 *Schuster/Jacobsohn,* RdA 2024, 270, 280.
162 BAG, Urt. v. 26.11.2020 – 8 AZR 58/20, NZA 2021, 702.
163 So stark plädierend, *Schuster/Jacobsohn,* RdA 2024, 270, 280.
164 BAG, Urt. v. 20.6.2013 – 8 AZR 280/12, NZA 2013, 1265 Rn. 22.
165 LAG Hamburg, Urt. v. 11.6.2024 – 3 SLa 2/24, BeckRS 2024, 2362.

DSGVO um unionsrechtliche bzw. aus dem Unionsrecht stammende Ansprüche handelt, spricht mehr dafür, dass systematisch einheitlich diese Linie für die ebenfalls im Unionsrecht begründeten Ansprüche aus dem Entgelttransparenzgesetz gilt. Hier sei nur eine Warnung angemerkt: Bei der Vorsatzhaftung wurde jahrelang und auch beim Mindestlohn anfangs zuerst auch diese Linie in der Rechtsprechung gefahren, bis es zur bekannten Rechtsprechungsänderung kam. Die Kritik an dieser – zugegebenermaßen systematisch schwer begründbaren – uneinheitlichen Rechtsprechung nimmt immer mehr zu.[166] Insbesondere unter Berücksichtigung der Bedeutung des Unionsrechts ist daher eine **Rechtsprechungsänderung nicht auszuschließen**. Dazu kommt noch mit Blick auf den in Art. 16 EntgtranspRL neu geregelten Schadensersatzanspruch Folgendes: Sollte eine vorsätzliche oder grob fahrlässige Diskriminierung (wie auch immer nachgewiesen) vorliegen, kann diskutiert werden, ob nicht aufgrund von **§ 309 Nr. 7b BGB** eine Unwirksamkeit der Klausel droht, wenn dieser Anspruch nicht aus der Ausschlussklausel ausgenommen wird. § 309 Nr. 7b BGB regelt nämlich, dass ein Ausschluss oder eine Begrenzung der Haftung für sonstige Schäden, die auf einer grob fahrlässigen Pflichtverletzung des Verwenders beruhen, unwirksam ist. Zusammengefasst: Die **Rechtsunsicherheit** bei der Gestaltung von Ausschlussklauseln bleibt und nimmt eher zu. Offene Fragen bestehen auch mit Blick auf die Gestaltung von Abgeltungsklauseln.[167] Anders als bei Ausschlussklauseln richten sich Abgeltungsklauseln primär auf den Verzicht von **bereits entstandenen** Ansprüchen in der Vergangenheit. Damit wird meist ein etwas lockerer Maßstab als bei Ausschlussklauseln angesetzt. Doch auch hier verbleibt es bei der Formulierung weiterhin bei einer gewissen Rechtsunsicherheit. Auch bei den Abgeltungsklauseln wirft der Schadensersatzanspruch in Art. 16 EntgTranspRL einige Fragen auf. Neben dem bereits angesprochenen Problem mit § 309 Nr. 7b BGB, das auch bei den Abgeltungsklauseln besteht, kommt noch hinzu, dass dieser Anspruch **einseitig auf Seiten des Arbeitnehmers** gegen den Arbeitgeber besteht. Dies ist im Rahmen von AGB-Abgeltungsklauseln problematisch, da eine **unangemessene Benachteili-**

---

166 *Bayreuther,* NZA 2022, 1381, 1384 f.; *Köllmann/Wubbernitz,* NZA 2023, 793, 799 f.

167 Ausführlich zu dem Thema im Erscheinen: *Knoepffler*, Die rechtlichen Grenzen von Erledigungsklauseln im Arbeitsrecht.

gung des Arbeitnehmers nach **§ 307 Abs. 1 BGB** droht.[168] Diese kann man im Zweifel nur durch **Zahlung einer angemessenen Kompensation** ausgleichen.

B. Fazit

310 Die Entgelttransparenzrichtlinie wirft prozessual viele Fragen auf. Wenngleich das Thema der Beweislast nun endgültig in der Entgelttransparenzrichtlinie Erwähnung findet und geregelt wird, stellen die Regelungen zur Kostentragung des Verfahrens und zur Verjährung von Ansprüchen die Praxis vor viele Herausforderungen. Hier besteht aber auch die Chance, argumentativ für die jeweilige Seite bei Gericht zu punkten. Eine Rechtsprechungslinie ist nicht vorhersehbar. Auch die Zukunft der Ausschlussklauseln und die Auswirkungen auf deren Formulierung ist ungewiss. Hier ist von Arbeitgeberseite vor dem Hintergrund der Urlaubsrechtsprechung bislang (noch) von einer ausreichenden Transparenz auszugehen, wenn die Ansprüche aus dem Entgelttransparenzgesetz nicht explizit erwähnt werden. Bei den Abgeltungsklauseln ergibt sich eine ähnliche Situation. Insbesondere wegen des in der Richtlinie erwähnten Schadensersatzanspruchs sollte man bei der Formulierung Vorsicht walten lassen. Auch die Frage der unangemessenen Benachteiligung ist nicht abschließend geklärt. Kurz gesagt: Hier existieren viele Fragezeichen und Unsicherheiten. Für Arbeitgeber gibt es daher zwei Optionen: Entweder man nimmt den Anspruch auf Schadensersatz ganz aus dem Verzicht der Abgeltungsklausel oder man riskiert, ihn in der Klausel zu lassen und hoffentlich damit einen wirksamen Verzicht zu ermöglichen. Die Rechtsprechung und Praxis werden zeigen, welche Taktik erfolgreicher sein wird.

---

168 Diese Frage ist höchst umstritten. So plädiert beispielsweise BeckOK ArbR/*Roloff*, AGG § 31 Rn. 1. dafür, dass bei § 15 AGG (auch ein einseitiger Schadensersatz) ein Verzicht nur gegen eine angemessene Kompensation möglich sei, dagegen beispielsweise Ascheid/Preis/Schmidt/*Rolfs*, 2. Teil Aufhebungsvertrag Rn. 57.

Kapitel 5
Transparente Deals: Zum Einfluss der neuen Entgelttransparenzrichtlinie auf M&A-Transaktionen

Die Entgelttransparenzrichtlinie beeinflusst auch die M&A-Szene. **311**
Die Berater sollten das Thema kennen, da die Haftungsrisiken groß sind und die Auswirkungen Kaufpreisrelevanz aufweisen. Außerdem sollten Q&A-Prozess bereits die *richtigen* Fragen gestellt werden, um die potenziellen Risiken in den Verhandlungen berücksichtigen zu können.

A. Die Entgelttransparenzrichtlinie als treibender Faktor in künftigen M&A-Verhandlungen

Die Auseinandersetzung mit der Entgelttransparenz-Richtlinie und **312**
den damit einhergehenden Auskunfts- und Berichtspflichten sowie den Haftungsrisiken insgesamt gewinnt an Bedeutung, wenn es um den **Zusammenschluss** zweier Unternehmen oder um die **Übernahme eines Unternehmens** durch einen Dritten geht.

Da die Nichtbeachtung der strengen Vorgaben der EntgTranspRL **313**
empfindliche Folgen haben kann (neben finanzieller Art zum Beispiel auch im Hinblick auf die Reputation) können Fragen zur Entgelttransparenz und -gleichheit in künftigen M&A-Prozessen nicht mehr außen vorgelassen werden. Die teilweise erheblichen (finanziellen) Risiken, die mit nicht richtlinienkonformer Entgeltgestaltung einhergehen können, werden einen wesentlichen Punkt auf der Verhandlungsagenda ausmachen müssen und kaufpreisgestaltend wirken.

Die genauen Auswirkungen der EntgTranspRL auf zukünftige **314**
M&A-Transaktionen können naturgemäß noch nicht in allen Einzelheiten vorausgesagt werden. In jedem Fall aber werden sie erheblich sein. Die Zeit drängt daher, sich mit möglichen Auswirkungen der EntgTranspRL auf M&A-Deals und ihrer Behandlung auseinanderzusetzen.

315 Ein weiterer, in Transaktionsprozessen bislang noch oft unterschätzter Punkt sind darüber hinaus auch Fragen des sogenannten Lieferkettensorgfaltspflichtengesetzes (LkSG).[169] In weiten Teilen parallel zur EntgTranspRL ergeben sich auch diesbezüglich im Rahmen von M&A-Transaktionen erhebliche Risiken. Dies jedenfalls dann, wenn keine ausreichenden Nachforschungen angestellt werden. Auf die Parallelen und den effizienten Umgang damit wird im Folgenden eingegangen werden.

I. Risiken und Nebenwirkungen der Entgelttransparenz im Rahmen von M&A-Transaktionen

316 Um die dargestellten Ziele der EntgTranspRL erreichen zu können, setzt die EntgTranspRL an unterschiedlichen Stellen an. Gleichzeitig schafft sie dadurch mitunter erhebliche Risiken und Nebenwirkungen für den Erwerber einer wirtschaftlichen Einheit. Im Nachfolgenden werden daher die entscheidenden, gerade für M&A-Transaktionen bedeutsamen Regelungen der EntgTranspRL mit ihren dahingehenden, wirtschaftlichen Implikationen untersucht und – um im Bild zu bleiben – mögliche Therapieansätze dargelegt.

II. Allgemeine Bestimmungen (Kapitel I der EntgTranspRL) unter dem Blickwinkel von M&A-Transaktionen

317 Kapitel I der EntgTranspRL regelt den Gegenstand und Geltungsbereich der Richtlinie und liefert einige Definitionen. Der Geltungsbereich ist sehr weit gefasst,[170] sodass kaum **Fallgestaltungen vorstellbar sind**, in denen die EntgTranspRL bei einer Transaktion **nicht** von Bedeutung sein könnte.

---

169 Gesetz über die unternehmerischen Sorgfaltspflichten zur Vermeidung von Menschenrechtsverletzungen in Lieferketten (Lieferkettensorgfaltspflichtengesetz – LkSG) vom 16. Juli 2021 (BGBl. I S. 2959).

170 S. hierzu Art. 2 EntgTranspRL sowie Erwägungsgrund 18.

1. Geltungsbereich (Art. 2 EntgTranspRL) auch für M&A-Transaktionen

So gilt die EntgTranspRL einerseits umfassend für Arbeitgeber, sowohl in öffentlichen (zum Beispiel Bund, Länder, Gemeinden, sonstigen Körperschaften des öffentlichen Rechts)[171] als auch in privaten Sektoren (Art. 2 Abs. 1 EntgTranspRL). Andererseits gilt sie auch umfassend für Arbeitnehmer (Art. 2 Abs. 2 EntgTranspRL), unabhängig von der Art ihrer Beschäftigung (zum Beispiel auch für Teilzeit- oder befristet Beschäftigte, Leiharbeitnehmer)[172] oder ihrer Position (zum Beispiel auch für Beschäftigte in Führungspositionen)[173]. Sie gilt auch für Plattformarbeiter, Personen, die auf Abruf tätig werden, sowie zum Beispiel für Praktikanten und Auszubildende.[174] Nicht zu unterschätzen ist zudem die Regelung des Art. 2 Abs. 3 EntgTranspRL, wonach für die Zwecke des Art. 5 EntgTranspRL auch ein Stellenbewerber in den Geltungsbereich der Richtlinie fällt. **318**

Bereits an dieser Stelle wird deutlich: Der weite Geltungsbereich der EntgTranspRL wird dazu führen, dass bei M&A-Transaktionen ein **319**

---

171 *Winter*, in: Franzen/Gallner/Oetker (Hrsg.), Kommentar zum europäischen Arbeitsrecht, 5. Auflage 2024, Art. 2 RL (EU) 2023/970 Rn. 2; insoweit besteht ein wesentlicher Unterschied zum Anwendungsbereich des LkSG nach § 1 LkSG, wonach juristische Personen des öffentlichen Rechts, die nicht selbst am Markt aktiv sind, nicht erfasst sind, s. z. B. *Ghassemi-Tabar/Kerckhoff*, in: Ghassemi-Tabar, LkSG, 1. Auflage 2024, § 1 Rn. 4.

172 Erwägungsgrund 18 S. 1; so auch *Winter*, in: Franzen/Gallner/Oetker (Hrsg.), Kommentar zum europäischen Arbeitsrecht, 5. Auflage 2024, Art. 2 RL (EU) 2023/970 Rn. 3; selbiges gilt, jedenfalls im Grundsatz, auch für die Berechnung der Arbeitnehmerzahl nach § 1 LkSG, s. z. B. *Ghassemi-Tabar/Kerckhoff*, in: Ghassemi-Tabar, LkSG, 1. Auflage 2024, § 1 Rn. 13 f.

173 Erwägungsgrund 18 S. 1; so auch *Winter*, in: Franzen/Gallner/Oetker (Hrsg.), Kommentar zum europäischen Arbeitsrecht, 5. Auflage 2024, Art. 2 RL (EU) 2023/970 Rn. 3; auch für die Berechnung der Arbeitnehmerzahl nach § 1 LkSG sind grundsätzlich Arbeitnehmer unabhängig von ihrer Position heranzuziehen, wenngleich beispielsweise Organe juristischer Personen oder Beamte nicht mitzuzählen sind, s. z. B. *Ghassemi-Tabar/Kerckhoff*, in: Ghassemi-Tabar, LkSG, 1. Auflage 2024, § 1 Rn. 14.

174 Erwägungsgrund 18 S. 1; so auch *Winter*, in: Franzen/Gallner/Oetker (Hrsg.), Kommentar zum europäischen Arbeitsrecht, 5. Auflage 2024, Art. 2 RL (EU) 2023/970 Rn. 3; im Rahmen der Berechnung der Arbeitnehmerzahl nach § 1 LkSG sind diese Personen wohl nicht mitzuzählen (str.), s. z. B. *Ghassemi-Tabar/Kerckhoff*, in: Ghassemi-Tabar, LkSG, 1. Auflage 2024, § 1 Rn. 14.

besonderes Augenmerk auch unabhängig davon auf die Entgelttransparenz gelegt werden muss, auf welche Art und Weise das jeweilige *Target* strukturiert ist. So gilt die EntgTranspRL beispielsweise auch für ***Private Equity*-Investoren**, durchaus interessante Unternehmen mit neuartigen Beschäftigungsmodellen, bei denen **auf Abruf oder auf Grundlage von Online-Plattformen Leistungen** erbracht werden.[175] Zu denken ist beispielsweise an Unternehmen, für die sog. *Rider* tätig sind. Damit sind Personen gemeint, die über **digitale Plattformen** als Kurier tätig, für die pünktliche Auslieferung von Waren und Bestellungen verantwortlich sind und oftmals direkt mit den Kunden interagieren. Derartige Unternehmen waren in den vergangenen Jahren immer wieder Ziel von Investoren beziehungsweise Wettbewerbern.[176]

2. Gleiche und gleichwertige Arbeit (Art. 4 EntgTranspRL) hinsichtlich M&A-Transaktionen

320 Dass die Mitgliedstaaten dafür zu sorgen haben, dass Arbeitgeber über Vergütungsstrukturen verfügen, durch die gleiches Entgelt bei gleicher oder gleichwertiger Arbeit gewährleistet wird (Art. 4 Abs. 1 EntgTranspRL) ist an sich nichts Neues. Dies folgt unter anderem schon aus Art. 157 Abs. 1 AEUV.[177] **Verbindliche Vorgaben** für Arbeitgeber und Sozialpartner hingegen formuliert Art. 4 Abs. 4 EntgTranspRL.[178]

---

175 Beachte hierzu stets auch die (widerlegbare) gesetzliche Vermutung eines Beschäftigungsverhältnisses bei sog. Plattformarbeit aus Art. 5 der Richtlinie des Europäischen Parlaments und des Rates zur Verbesserung der Arbeitsbedingungen in der Plattformarbeit vom 23. Oktober 2024, RL (EU) 2024/2831 (vgl. auch dortige Erwägungsgründe 30 ff.).

176 Vgl. z. B. die Übernahme des *Quick-Commerce*-Anbieters „Gorillas" durch den Konkurrenten „Getir" im Jahre 2022, s. *Forst*, Getir greift mit Freshfields nach Gorillas, Juve, 15. Dezember 2022, abrufbar unter https://www.juve.de/deals/getir-greift-sich-mit-freshfields-die-white-case-mandantin-gorillas/#:~:text=Der%20türkische%20Lebensmittellieferant%20Getir%20hat,Die%20Transaktion%20unterlag%20niederländischem%20Recht.

177 S. auch Erwägungsgrund 4 sowie *Winter*, in: Franzen/Gallner/Oetker (Hrsg.), Kommentar zum europäischen Arbeitsrecht, 5. Auflage 2024, Art. 4 RL (EU) 2023/970 Rn. 2, 7.

178 *Winter*, in: Franzen/Gallner/Oetker (Hrsg.), Kommentar zum europäischen Arbeitsrecht, 5. Auflage 2024, Art. 4 RL (EU) 2023/970 Rn. 11.

Danach sind die Entgeltstrukturen so zu gestalten, dass anhand **objektiver, geschlechtsneutral vereinbarter Kriterien** beurteilt werden kann, ob sich Arbeitnehmer hinsichtlich des Werts ihrer Arbeit in vergleichbaren Situationen befinden (Art. 4 Abs. 4 S. 1 EntgTranspRL). Konkret umfassen diese Kriterien Faktoren wie *Kompetenzen, Belastungen, Verantwortung, Arbeitsbedingungen* und gegebenenfalls weitere für den jeweiligen Arbeitsplatz oder die jeweilige Position relevante Aspekte (Art. 4 Abs. 4 S. 3 EntgTranspRL). Dabei ist sicherzustellen, dass diese Kriterien weder in unmittelbarem noch in mittelbarem Zusammenhang mit dem Geschlecht der Beschäftigten stehen (Art. 4 Abs. 4 S. 2 EntgTranspRL) und dass insbesondere relevante soziale Kompetenzen nicht unterbewertet werden (Art. 4 Abs. 4 S. 4 EntgTranspRL). Diese Punkte sollten bereits jetzt auf den Standard-Q&A-Listen notiert werden, damit gezielt nachgefragt werden kann. **321**

In künftigen M&A-Transaktionen wird daher käuferseits auch darauf zu achten sein, dass entsprechend diskriminierungsfreie Entgeltstrukturen im *Target* vorhanden sind. Angesichts des mitunter weitreichenden (vor allem rechtlichen und betriebswirtschaftlichen) Beratungserfordernisses zur Erarbeitung entsprechender Entgeltstrukturen und des damit verbundenen Zeit- und Kostenaufwands sollte genau geprüft werden, ob (vorhandene) Entgeltstrukturen die Vorgaben des Art. 4 Abs. 4 EntgTranspRL erfüllen. Andernfalls sollte darauf bestanden werden, dass derartige Strukturen zeitnah geschaffen werden. Dies ist nicht über Nacht möglich. Im Übrigen werden sich fehlende diskriminierungsfreie Entgeltsysteme aus eben diesen Gründen (Kostenaufwand zur Evaluierung der vorhandenen und Erarbeitung konformer Strukturen) unweigerlich negativ auf den Kaufpreis auswirken. Verkäufer sollten daher bereits im Vorfeld möglicher Verhandlungen sicherstellen, dass ihre Entgeltstrukturen den Anforderungen der EntgTranspRL entsprechen. **322**

III. Entgelttransparenz im Sinne der EntgTranspRL (Kapitel II der EntgTranspRL) hinsichtlich M&A-Transaktionen

323 Kapitel II der EntgTranspRL legt insbesondere **verbindliche Vorgaben** für die Entgelttransparenz fest und statuiert einzelne Rechte der Arbeitnehmer beziehungsweise Stellenbewerber. Die massenweise Ausübung dieser Rechte durch Arbeitnehmer kann einen Käufer leicht vor große Herausforderungen stellen. Es wird daher zu empfehlen sein, dass sich Käufer bereits im Vorfeld ausführlich mit den Entgeltstrukturen des *Targets* auseinandersetzen und etwaige Diskriminierungen ausmachen und beheben (lassen), bevor sie selbst Verpflichtete werden.

1. Rechte der Stellenbewerber und Arbeitnehmer (Art. 5 und 7 EntgTranspRL) und M&A-Transaktionen

324 Nach Art. 5 Abs. 1 EntgTranspRL haben bereits Stellenbewerber das Recht, von einem eventuell künftigen Arbeitgeber Informationen über das Einstiegsentgelt oder dessen Spanne und die gegebenenfalls einschlägigen Tarifbestimmungen zu erhalten.[179] Aus Art. 7 Abs. 1 EntgTranspRL folgen weitreichende Auskunftsrechte der Arbeitnehmer über ihre individuelle Entgelthöhe und die durchschnittlichen Entgelthöhen, aufgeschlüsselt nach Geschlecht und für die Gruppen von Arbeitnehmern, die gleiche oder gleichwertige Arbeit verrichten.

325 Zukünftig wird daher zu berücksichtigen sein, dass diese Rechte, insbesondere das Auskunftsrecht nach Art. 7 Abs. 1 EntgTranspRL, gerade bei Zusammenschlüssen voraussetzen, **dass durchschnittliche Entgelthöhen**, aufgeschlüsselt nach Geschlecht und für die Gruppen von Arbeitnehmern, die gleiche oder gleichwertige Arbeit verrichten, über das einzelne Unternehmen hinaus betreffend die Arbeitnehmer beider sich zusammenschließender Unternehmen berechnet und dargestellt werden können müssen. Da **keine Übergangsfrist** für Unternehmenszusammenschlüsse vorgesehen ist, müssen derartige Auskunftsansprüche auch nach einem Zusammenschluss grundsätzlich sofort (Art. 7 Abs. 4 EntgTranspRL spricht grundsätzlich von einer

---

179 S. hierzu auch Erwägungsgrund 19.

„angemessenen Frist“, die zwei Monate ab Antragstellung nicht überschreiten darf) erfüllt werden. Daraus folgt, dass bestenfalls schon **vor dem *Closing*** sichergestellt werden sollte, dass entsprechende Strukturen vorhanden sind beziehungsweise geschaffen werden, um gleiche und gleichwertige Arbeit innerhalb der beiden sich **zusammenschließenden Unternehmen identifizieren** und entsprechende Entgelthöhen und ihre Berechnung transparent und nachvollziehbar darstellen zu können.

2. Pflichten der Arbeitgeber (insbes. Art. 6 und 9 EntgTranspRL) hinsichtlich M&A-Transaktionen

Art. 6 EntgTranspRL gibt den Arbeitgebern auf, ihren Arbeitnehmern **326**
Informationen darüber zur Verfügung zu stellen, **welche Kriterien für die Festlegung ihres Entgelts**, ihrer **Entgelthöhen** und ihrer **Entgeltentwicklung** herangezogen werden, wobei die Kriterien selbstverständlich objektiv und geschlechtsneutral sein müssen. Nach Art. 9 Abs. 1, 7 EntgTranspRL haben Arbeitgeber der nach Art. 29 Abs. 3 lit. c) EntgTranspRL zuständigen Stelle jährlich (vergleiche Art. 9 Abs. 2 bis 4 EntgTranspRL) eine ganze Reihe an entgeltrelevanten Informationen zur Verfügung zu stellen, darunter beispielsweise das geschlechtsspezifische Entgeltgefälle in ihrer Organisation (Art. 9 Abs. 1 lit. a) EntgTranspRL).

Im Rahmen von Zusammenschlüssen wird sich diese Berichterstat- **327**
tung konsequenterweise auf die dann erweiterte Organisation beziehen. Insoweit ist hier also, wie auch schon im Rahmen der Auskunftsrechte von Arbeitnehmern nach Art. 7 EntgTranspRL, sicherzustellen, dass die Berichterstattung bereits im Zeitpunkt der nächsten Fälligkeit nach dem Vollzug des Zusammenschlusses umfassend und korrekt erfüllt werden kann. Auch insoweit wird gegebenenfalls anzuraten sein, bereits vor dem *Closing* die relevanten Informationen für die danach erweiterte Einheit zu sammeln, zu kategorisieren und die erforderlichen, nachvollziehbaren Schlüsse daraus zu ziehen. Dies gilt insbesondere deshalb, weil der Berichtszyklus von einem Jahr recht kurz bemessen ist und sich die Berichte jeweils auf das unmittelbar vergangene Kalenderjahr zu beziehen haben. Es bleibt also unter Umständen nicht viel Zeit, entsprechende Vergleiche und Berechnungen hinsicht-

lich der dann vergrößerten Organisation anzustellen, sodass deren Erledigung sinnvollerweise frühzeitig angegangen werden sollte.

328 Namentlich an dieser Stelle werden die Parallelen zum LkSG deutlich. Neben der fortlaufenden Dokumentationspflicht nach § 10 Abs. 1 LkSG ist insbesondere die jährliche Berichtspflicht nach § 10 Abs. 2 LkSG mit den Pflichten aus Art. 9 EntgTranspRL vergleichbar. Die Berichtspflicht nach § 10 Abs. 2 LkSG bezieht sich ebenfalls auf das vergangene Geschäftsjahr und ist spätestens vier Monate nach dem Schluss des Geschäftsjahres zu veröffentlichen. Auch insoweit ergeben sich Risiken für potentielle Übernehmer, wenn die fortlaufende Dokumentation im *Target* nicht oder nur unzureichend geführt wurde und die Erstellung des Jahresberichts daher erschwert wird. Insbesondere ist an die recht kurz bemessenen Fristen zu denken.

IV. Rechtsmittel und Rechtsdurchsetzung (Kapitel III der EntgTranspRL) mit Bezug zu M&A-Transaktionen

329 Im Rahmen der Durchsetzung der Rechte der EntgTranspRL werden für M&A-Transaktionen insbesondere der Anspruch auf Schadensersatz nach Art. 16 EntgTranspRL, die Sanktionen nach Art. 23 EntgTranspRL sowie die Regelungen zu öffentlichen Aufträgen und Konzessionen nach Art. 24 EntgTranspRL von Bedeutung sein. Letztere vor allem dann, wenn **öffentliche Aufträge** einen Großteil der Kundenaufträge oder des Umsatzes ausmachen und der Käufer auf diese **Aufträge angewiesen** ist. Dann spielt die Frage, ob und welche Konsequenzen diesbezüglich eintreten können, eine deutlich gewichtigere Rolle.

1. Schadensersatzanspruch (Art. 16 EntgTranspRL)

330 Art. 16 EntgTranspRL verpflichtet die Mitgliedstaaten, sicherzustellen, dass dem Arbeitnehmer das Recht auf Schadensersatz oder Entschädigung zusteht, wenn er durch eine Verletzung des Grundsatzes des gleichen Entgelts einen nachweisbaren Schaden erleidet. Der Schadensersatz soll den Arbeitnehmer in den Zustand versetzen, in dem er sich befunden hätte, wenn keine Diskriminierung erfolgt wäre, und umfasst dabei sowohl entgangenes Entgelt als auch immaterielle

Schäden sowie Verzugszinsen (Art. 16 Abs. 3 EntgTranspRL). Der Anspruch darf dabei nicht vorab nach oben hin gedeckelt sein (Art. 16 Abs. 4 EntgTranspRL).

Damit einher geht ein erhebliches, mitunter weit unterschätztes Haftungsrisiko für Arbeitgeber und damit potentiell auch für Übernehmer oder Fusionspartner im Rahmen von M&A-Transaktionen. Erinnert sei an dieser Stelle an die Entscheidung des LAG Baden-Württemberg vom 01. Oktober 2024[180], die sich noch direkt auf Art. 157 AEUV bzw. das EntgTranspG stützte und die neuerlichen, noch weitergehenden Regelungen der EntgTranspRL mangels zeitlicher Anwendbarkeit noch **nicht berücksichtigte**. In diesem Fall wurde die Arbeitgeberin verurteilt, der **teilweise entgeltdiskriminierten Arbeitnehmerin** für die Jahre 2018 bis 2022 (also für **fünf Jahre rückwirkend**) einen Betrag in Höhe von insgesamt knapp EUR 110.000 nebst Zinsen in Höhe von mindestens EUR 18.000 zu zahlen sowie Kapitalbausteine im Wert von über EUR 9.000 zur Erhöhung der Versorgungsanwartschaft und 966 Aktien zuzuteilen. Insbesondere die **Zuteilung der Aktien** dürfte den **absoluten Wert noch einmal deutlich erhöhen**. Zu berücksichtigen ist, dass die hier dargestellten Beträge lediglich **eine einzige Arbeitnehmerin** betreffen. Unter Geltung der EntgTranspRL ist hingegen, auch aufgrund der erleichterten Rechtsdurchsetzung,[181] damit zu rechnen, dass die Geltendmachung von Ansprüchen aufgrund (vermeintlicher) Entgeltdiskriminierung noch einmal deutlich ansteigen wird.[182] Das finanzielle Risiko eines etwaigen Übernehmers, der an die Stelle eines Arbeitgebers tritt, der diskriminierende Entgeltstrukturen anwandte, kann damit in einem Betrieb mit mehreren hundert oder gar tausend Arbeitnehmern leicht **Millionenbeträge übersteigen**. Schon aus diesem Grund wird es essentiell sein, dass die Entgeltsysteme bereits in der *Due-Diligence*-Phase genauestens unter die Lupe genommen werden und daraufhin überprüft werden, ob die Vergütung auf objektiven und geschlechtsneutralen Kriterien basiert und diese Bewertungsgrundlage auch klar und nachvollziehbar **331**

---

180 LAG Baden-Württemberg, Urt. v. 01. Oktober 2024 – 2 Sa 14/24, NZA-RR 2025, 12.

181 S. hierzu unten Rn. 333 ff.

182 Vgl. hierzu auch die Ausführungen zu Rechtsmissbrauch und Entgelttransparenz in Kap. 2 D. Rn. 206 ff. dieses Praxisleitfadens.

dokumentiert ist.[183] Zur Absicherung gegen potentielle Risiken kommen auch Freistellungen im Kaufvertrag in Betracht. Auch abschlägige Auswirkungen auf den Kaufpreis durch diskriminierungsrelevante Mängel sind in Betracht zu ziehen.

332 In diesem Zusammenhang sind überdies auch die **(prozessualen) Regelungen** der Art. 18, 19 und 20 EntgTranspRL zu berücksichtigen. Diese erleichtern jeweils einzeln und in ihrer Gesamtheit die Rechtsdurchsetzung für den möglicherweise **entgeltdiskriminierten Arbeitnehmer**. Bei M&A-Transaktionen sind diese Regelungen zwar nicht unmittelbar von Belang. Es ist allerdings sinnvoll, ein entsprechendes Problembewusstsein hierfür zu schaffen. Nur so kann verstanden werden, wieso die EntgTranspRL im Rahmen von Transaktionen keinesfalls vernachlässigt werden sollte, da hier rückwirkend Ansprüche geltend gemacht werden und eine Reihe von arbeitsgerichtlichen Streitigkeiten drohen können.

a) Beweislastverlagerung (Art. 18 EntgTranspRL)

333 Macht der Arbeitnehmer, der sich in seinen Rechten aufgrund einer Nichtanwendung des Grundsatzes des gleichen Entgelts für verletzt hält, Tatsachen glaubhaft, die das Vorliegen einer unmittelbaren oder mittelbaren Diskriminierung vermuten lassen, muss die beklagte Partei nach Art. 18 EntgTranspRL nachweisen, dass **keine unmittelbare oder mittelbare Entgeltdiskriminierung** vorliegt. Es erfolgt insoweit also in der Regel eine **Beweislastumkehr** zulasten des Arbeitgebers. Auch dieses Risiko ist im Rahmen der Transaktion im Verhältnis zur Gesamtmitarbeiterzahl zu bewerten. Ein kurzes Beispiel: Rechnet man hier mit einem Unternehmen, was 250 Mitarbeiter hat, von denen 10 Prozent nicht entsprechend der Richtlinienvorgaben vergütet werden, besteht allein ein finanzielles Prozessrisiko für die erste (ca. EUR 20.000) und zweite Instanz (EUR 30.000) in Höhe von insgesamt EUR 1.250.000 (25 x EUR 50.000). Wenn dann „nur“ ein Betrag in Höhe von EUR 100.000 an Zahlungen pro Mitarbeiter hinzukämen, beliefen sich diese Risiken auf zusätzlich EUR 2.500.000. Insgesamt stünde also ein Risiko in Höhe von EUR 3.750.000 im Raum. Das

183 So (allerdings ohne den Bezug zu M&A-Transaktionen) schon *Heimann*, Anm. zu LAG Baden-Württemberg, Urt. v. 01. Oktober 2024 – 2 Sa 14/24, NZA-RR 2025, 12, 30 f.

allein verdeutlicht, welche wirtschaftlichen Risiken – bei einer eher konservativen (insbesondere auch ohne Zinsen etc.) – auf den Käufer zukommen könnten, wenn er dies nicht absichert.

Die Klarstellung der **Beweislastumkehr** unter bestimmten Voraus- **334**
setzungen in möglichen Entgeltdiskriminierungsfällen durch diese prozessuale Regelung erleichtert die Rechtsdurchsetzung für Arbeitnehmer weiter, weil damit in Rechtsstreitigkeiten schlicht auf die ausdrückliche Regelung zur Beweislastumkehr verwiesen werden kann.[184]

b) Nachweis für gleiche oder gleichwertige Arbeit (Art. 19 EntgTranspRL)

Art. 19 Abs. 1 EntgTranspRL bestimmt, dass die Feststellung, ob Ar- **335**
beitnehmer gleiche oder gleichwertige Arbeit verrichten, **nicht ausschließlich** auf Vergleichen **innerhalb desselben Unternehmens** beruhen muss, sondern auch auf Basis einer **einheitlichen Quelle** erfolgen kann, die sämtliche relevanten Entgeltbedingungen festlegt. Dies kann insbesondere in Holding- und Konzernstrukturen bedeutsam werden.[185] Im Rahmen von M&A-Transaktionen und der damit oftmals **einhergehenden Umstrukturierung** der Gesellschaftsstruktur werden in Zukunft also auch die **Auswirkungen auf die Bewertung** des Vorliegens gleicher oder gleichwertiger Arbeit berücksichtigt werden müssen.

Art. 19 Abs. 2 EntgTranspRL stellt klar, dass die Bewertung, ob sich **336**
Arbeitnehmer in vergleichbaren Situationen befinden, nicht auf jene beschränkt ist, die zur gleichen Zeit beschäftigt sind.[186] Dies geht auf die Rechtsprechung des EuGH zurück.[187] Damit können Vergleiche auch mit Entgelt angestellt werden, das zwar nicht aktuell, aber in der Vergangenheit geleistet wurde. Daraus folgt für potentielle Käufer ein **erhöhtes, schwer kalkulierbares Haftungsrisiko**, woraus wiederum die Notwendigkeit entspringt, nicht nur die aktuelle, sondern auch vergangene Entgeltstrukturen akribisch zu untersuchen. Liegen hinreichende Daten hierzu nicht vor, müssen unter Umständen auf-

184 Vgl. hierzu auch Erwägungsgrund 52.
185 S. Erwägungsgrund 29.
186 S. Erwägungsgrund 29.
187 EuGH, Urt. v. 27. März 1980, C-129/79, ECLI:EU:C:1980:103.

wendige (und kostenintensive) Nachforschungen getätigt werden, um Risiken zu minimieren. Zur Absicherung der potentiellen, sich aber nicht sicher realisierenden Risiken sind auch Garantien der Verkäuferseite hinsichtlich der diskriminierungsfreien Entgeltgestaltung auch in der Vergangenheit denkbar. Im Zweifel ist auch insoweit an eine Anpassung des Kaufpreises zu denken.

c) Beweismittelzugang (Art. 20 EntgTranspRL)

337 Die beklagte Partei, in der Regel also der Arbeitgeber, wird aufgrund des Informationsgefälles zwischen Arbeitgeber und Arbeitnehmer überdies einschlägige Beweismittel, die sich in ihrer Verfügungsgewalt befinden, vorlegen müssen (Art. 20 Abs. 1 EntgTranspRL). Dies **vereinfacht das prozessuale Vorgehen** des Arbeitnehmers zusätzlich in bedeutendem Maße. Zudem ist mit einem Anwalts-„Geschäftsmodell" zu rechnen, da auch jenseits von Stundensatzvergütungen, auskömmliche Gebühren erzielt werden können. Auch hierauf sollten sich Unternehmen einstellen und sich nicht darauf verlassen, dass (insbesondere, aber nicht nur rechtsschutzversicherte) Mitarbeiter nicht klagen werden.

338 Auch dem sollten sich Investoren und Berater gleichermaßen bewusst sein. Die Durchsetzung der Ansprüche in Folge einer Entgeltdiskriminierung wird unter der Geltung der EntgTranspRL für den Arbeitnehmer durch die dargestellten prozessualen Erleichterungen **insgesamt deutlich begünstigt**, was die finanziellen Transaktionsrisiken jedenfalls nicht verringert.

2. Sanktionen (Art. 23 EntgTranspRL)

339 Art. 23 EntgTranspRL verpflichtet die Mitgliedstaaten, wirksame, verhältnismäßige und abschreckende Sanktionen – zum Beispiel Geldbußen – für Verstöße gegen den Grundsatz des gleichen Entgelts festzulegen und umzusetzen. Die möglichen **Geldbußen** können beispielsweise auf dem Bruttojahresumsatz oder auch der Gesamtentgeltsumme des Arbeitgebers beruhen.[188] Bei wiederholten Verstößen haben ferner spezifische Sanktionen zu greifen (Art. 23 Abs. 4 EntgTranspRL). Darunter können zum Beispiel finanzielle Negativanrei-

188 S. hierzu Erwägungsgrund 55.

ze fallen, wie der Entzug öffentlicher Zuwendungen oder der **Ausschluss von öffentlichen Ausschreibungen** für einen bestimmten Zeitraum.[189]

Zwar bleibt abzuwarten, wie der nationale Gesetzgeber diese Vorschrift umsetzen wird, insbesondere für **welchen Verstoß** gegen welches Recht oder welche Pflicht welche Sanktion angedroht wird. Nichtsdestotrotz ist davon auszugehen, dass die Sanktionen, damit sie ihre wirksame und „tatsächlich abschreckende Wirkung" (Art. 23 Abs. 2 S. 1 EntgTranspRL) erhalten, empfindlich werden können. Die hieraus möglicherweise entstehenden negativen finanziellen und reputationsbezogenen Auswirkungen sollten bereits im Frühstadium einer M&A-Transaktion beachtet werden. Demnach ist es auch diesbezüglich essentiell, bereits im Rahmen der *Due Diligence* präzise zu ermitteln, welche Entgeltstrukturen im *Target* bestehen und ob diese diskriminierungsfrei sind. Außerdem sind möglicherweise bestehende Verletzungen der Rechte und Pflichten im Zusammenhang mit dem Grundsatz des gleichen Entgelts zu erkennen, zu beheben und die daraus resultierenden sanktionsrechtlichen Risiken zu ermitteln. Auch hier kommen zur Abfederung der Risiken, je nach Fall, Garantien oder Freistellungen in Betracht. Im Zweifel werden diese Risiken auch Einfluss auf den Kaufpreis haben müssen. Entscheidend wird sein, ob und wie die Risiken taxiert werden können. Hierfür sind aussagekräftige Informationen aus dem *Target* erforderlich. **340**

Was auf Arbeitgeber und damit auch auf potentielle Erwerber zukommen könnte, kann ein Blick in das LkSG zeigen. Dort wurden in § 24 LkSG umfassende Bußgeldvorschriften für Verstöße gegen die jeweiligen Pflichten aufgenommen. Nach § 24 Abs. 2 S. 1, 2 LkSG (i. V. m. § 30 Abs. 2 S. 3 OWiG) können die Verbandsgeldbußen hier bis zu EUR 5 Mio. bzw. 8 Mio. betragen. Bei einer juristischen Person oder Personenvereinigung mit einem durchschnittlichen Jahresumsatz von mehr als EUR 400 Mio. kann eine Ordnungswidrigkeit abweichend hiervon in bestimmten Fällen mit einer Geldbuße von bis zu 2 Prozent des durchschnittlichen Jahresumsatzes geahndet werden (§ 24 Abs. 3 LkSG). Zudem ist nach § 24 Abs. 4 LkSG Grundlage für die Bemessung der Geldbuße bei juristischen Personen und Personenvereinigungen grundsätzlich die Bedeutung der Ordnungswidrigkeit, **341**

189 S. hierzu Erwägungsgrund 56.

wobei die jeweiligen betriebswirtschaftlichen Verhältnisse zu berücksichtigen sind. Die möglichen finanziellen (und reputationsbezogenen) Risiken sind daher auch insoweit bereits im Vorfeld des *Signing* durch entsprechend gründliche Nachforschungen und gegebenenfalls entsprechende Garantien oder Freistellungen abzufedern bzw. im Kaufpreis zu berücksichtigen.

3. Regelungen zu öffentlichen Aufträgen und Konzessionen (Art. 24 EntgTranspRL) als Red Flag

342 Die Mitgliedstaaten sind nach Art. 24 Abs. 1 EntgTranspRL verpflichtet, Maßnahmen zu ergreifen, die sicherstellen, dass Wirtschaftsteilnehmer bei der Ausführung öffentlicher Aufträge oder Konzessionen den Grundsatz des gleichen Entgelts einhalten. Außerdem sollen die Mitgliedstaaten prüfen, ob **öffentliche Auftraggeber gegebenenfalls dazu verpflichtet** werden sollen, **Sanktionen und Kündigungsbedingungen einzuführen**, um die Wahrung des Grundsatzes des gleichen Entgelts bei der Ausführung von öffentlichen Verträgen und Konzessionen zu gewährleisten (Art. 24 Abs. 2 S. 1 EntgTranspRL). Ferner sollen Wirtschaftsteilnehmer unter bestimmten Voraussetzungen von einem öffentlichen Vergabeverfahren ausgeschlossen werden können (Art. 24 Abs. 2 S. 2, 3 EntgTranspRL).

343 Auch hier hängen die genauen Folgen für Unternehmen noch von der spezifischen Umsetzung durch den nationalen Gesetzgeber ab. Insbesondere ist nicht ausgemacht, ob der nationale Gesetzgeber wirklich eine Verpflichtung öffentlicher Auftraggeber zu Sanktionen und Sonderkündigungsrechten bei Verstößen gegen den Grundsatz des gleichen Entgelts bei der Ausführung von öffentlichen Verträgen und Konzessionen einführen wird. Dennoch sollten auch hier die Risiken für künftige M&A-Transaktionen **nicht unterschätzt** werden. Vor allem kann der mögliche Ausschluss des *Targets* von öffentlichen Vergabeverfahren zu deutlichen Umsatz- und Gewinneinbußen führen. Besteht also die Gefahr, dass ein (mitunter bedeutender) Teil des Geschäfts wegfällt, weil das *Target* aufgrund von Verstößen gegen den Grundsatz des gleichen Entgelts von öffentlichen Vergabeverfahren ausgeschlossen wird, sollte auch dies einerseits im Rahmen einer *Due Diligence* durchleuchtet, andererseits auch bei der Verhandlung des Kaufvertrages berücksichtigt werden. So kann diesbezüglich mög-

licherweise über Freistellungen verhandelt und/oder der Kaufpreis entsprechend angepasst werden. Im äußersten Fall kann dies auch zu einem potenziellen *deal breaker* werden.

Auch bei Verstößen gegen das LkSG kann der Ausschluss der Teilnahme an einem Verfahren über die Vergabe öffentlicher Aufträge drohen (§ 22 LkSG). § 22 LkSG regelt detailliert, unter welchen Voraussetzungen dies der Fall ist und wie das Verfahren hierzu auszugestalten ist. Damit gilt auch im Rahmen des LkSG: das Risiko, dass **ganze Geschäftsbereiche aufgrund von Verstößen** gegen die Vorschriften des LkSG **wegfallen**, ist ernst zu nehmen. Während der *Due Diligence* ist damit auch vor diesem Hintergrund ein besonderes Augenmerk auf die **(vergangene) Einhaltung der Sorgfalts- und Berichtspflichten** des LkSG und die Möglichkeit von deren zukünftiger Befolgung zu legen. Eventuell weiter bestehenden Risiken ist durch Garantien oder Freistellungen zu entgegnen. Eine Berücksichtigung im Kaufpreis kommt ebenfalls in Betracht. **344**

B. Fazit – Herausforderungen der Entgelttransparenzrichtlinie in M&A-Transaktionen meistern

Die wirkungsvolle Durchsetzung des innerhalb der EU bereits seit Jahrzehnten geltenden Grundsatzes des gleichen Entgelts für Männer und Frauen bei gleicher oder gleichwertiger Arbeit ist ein wesentlicher Faktor für die Gleichstellung der Geschlechter und die soziale Gerechtigkeit. Die EntgTranspRL schafft dafür einen verbindlichen Rahmen, der der weiterhin mangelhaften Praxis daher nun neuen Schub in Richtung des Abbaus geschlechtsspezifischer Lohnunterschiede und der Bekämpfung von Diskriminierung am Arbeitsplatz verleihen soll. All dies ist sicherlich begrüßenswert.[190] **345**

Nicht zu unterschätzen ist gleichzeitig der dadurch auf die Arbeitgeber zukommende, zusätzliche Verwaltungsaufwand, der auch mit einem erhöhten juristischen und wirtschaftlichen Beratungsbedarf ein- **346**

190 Beachte hierzu auch die Ausführungen zu Rechtsmissbrauch und Entgelttransparenz in Kap. 2 D. Rn. 206 ff. dieses Praxisleitfadens.

hergehen wird. Dies, weil Diskriminierung in der Entgeltgestaltung nun noch eher zu kostspieligen Haftungsansprüchen, schmerzhaften Sanktionen und unliebsamen Reputationsschäden führen kann. Das erhöhte Augenmerk auf Transparenz und Gleichbehandlung in der Entgeltgestaltung wird allerdings nicht nur das interne Vergütungs- und Risikomanagement der Unternehmen fordern. Es wird auch den M&A-Prozess zunehmend und nachhaltig beeinflussen. Es gilt, die hohen Risiken bestmöglich zu minimieren. Dazu werden Verkäufer bestenfalls noch vor Einleitung eines Kaufprozesses und Käufer (noch gründlicher als bisher) bereits in der *Due-Diligence*-Phase die Entgeltstrukturen des *Targets* kritisch prüfen und eventuelle Mängel frühzeitig beheben (lassen) müssen.

347 Dies allein wird allerdings noch nicht genügen. Sanktionen und Schadensersatzansprüche werden auch für vergangene Zeiträume verhängt beziehungsweise geltend gemacht und Vergleiche auch mit ehemals Beschäftigten durchgeführt werden können. Diese Risiken werden sich auf die ein oder andere Weise im Vertrag niederschlagen: sei es in Form komplexer Freistellungen, Garantien oder einem geringeren Kaufpreis. Für M&A-Transaktionen folgt daraus, dass die Parteien im Prozess der Preisfindung an einer diskriminierungsbezogenen Bewertung der Entgeltstrukturen des *Targets* nicht vorbeikommen werden. Solide aufgestellte und nachvollziehbare Entgeltsysteme und eine darauf fokussierte *Due Diligence* werden demnach zu zentralen Erfolgsfaktoren von Unternehmensübernahmen und -zusammenschlüssen.

348 Bemerkenswert ist, dass deutliche Parallelen zu den Regelungen des LkSG gezogen werden können. Beide gesetzlichen Regelungsrahmen zielen auf die Schaffung eines allgemein höheren Maßes an Transparenz und Verantwortlichkeit ab. In Umsetzung der Vorschriften des LkSG mussten und müssen Unternehmen ebenfalls umfassende Veränderungen in ihren Geschäftsprozessen bewirken und interne Prozesse neu organisieren, um drohende Haftungsrisiken zu vermeiden. Dieser Vorgang ist gewiss noch nicht überall abgeschlossen. Auch das LkSG bringt somit schon jetzt weitreichende rechtliche wie wirtschaftliche Konsequenzen für M&A-Transaktionen mit sich. Die Erfahrungen und Erkenntnisse hieraus sollten auch für die Auswirkungen der EntgTranspRL auf M&A-Transaktionen genutzt werden. Sinnvollerweise werden beide Regelungskomplexe zukünftig, beispielsweise im Rahmen einer *Due-Diligence*-Prüfung, parallel betrachtet.

Eine diskriminierungsfreie und nachvollziehbare Entgeltstruktur wird **349** also (jedenfalls) in Zukunft ein entscheidender Wettbewerbsfaktor in M&A-Transaktionen sein. Wenn M&A-Transaktionen auf diese Weise als Katalysator für die Etablierung geschlechtsneutraler, objektiver Entgeltsysteme fungieren, weil sie vorhandene Entgeltstrukturen „auf links drehen“ und diskriminierungsfreie Systeme implementieren (lassen), um Haftungsrisiken zu minimieren, dann ist darin ein gesamtgesellschaftlicher Gewinn, ganz im Sinne der Zielvorgaben der EntgTranspRL, zu sehen.

Kapitel 6
Umsetzung der Entgelttransparenz-RL auf Vergütungsstrukturen

A. Umsetzung auf Vergütungssysteme

Mit den Römischen Verträgen zur Gründung der Europäischen Wirtschaftsgemeinschaft (EWG) vom 25. März 1957 wurde das Grundprinzip „gleicher Lohn für gleiche Arbeit" erstmals festgeschrieben, und später erweitert auf „gleicher Lohn für gleichwertige Arbeit". Seit 2020 wird das Thema Fairness in der Vergütung nun übergreifend im Rahmen der europäischen „Strategie für die Gleichstellung der Geschlechter" als ein Kernelement weiterverfolgt – und dennoch gibt es bis heute ein deutliches Entgelt- und Gehaltsgefälle zwischen Männern und Frauen bei vergleichbaren Stellen. **350**

Nun hat die Europäische Kommission mit der EU-Richtlinie zur Entgelttransparenz ein bedeutendes Instrument zur Förderung von Entgeltgleichheit implementiert. Die Richtlinie („Richtlinie (EU) 2023/970 des Europäischen Parlaments und des Rates vom 10. Mai 2023")[191], verabschiedet am 24. April 2023 durch das Europäische Parlament und in Kraft getreten im Mai 2023, intendiert eine Verringerung der geschlechtsspezifischen Entgeltunterschiede („Gender Pay Gap") sowie eine umfassendere Transparenz für die Vergütungsstrukturen in Unternehmen. Zentrale Maßnahmen umfassen Berichtspflichten, standardisierte Bewertungsmethoden und eine Stärkung des individuellen Zugangs zu Vergütungsinformationen, um das Entgeltgefälle zwischen Männern und Frauen weiter zu verringern. Per Direktive vorgegeben ist ein Gender Pay Gap (GPG) von maximal 5 % – liegt ein Unternehmen darüber, sind entsprechende Maßnahmen zu ergreifen, das GPG entsprechend zu verringern. Die Notwendigkeit dieser Initiative wird durch nach wie vor bestehende geschlechtsspezifische Entgeltunterschiede in fast allen Mitgliedsländern der Europäischen Union (und darüber hinaus) untermauert. Die Europäische Kommission weist auf eine durchschnittliche, unbereinigte geschlechtsspezi- **351**

191 Mercer (2024). „Mercer 2024 Pay Transparency Survey" Richtlinie (EU) 2023/970 des Europäischen Parlaments und des Rates vom 10. Mai 2023.

fische Entgeltlücke von 13 % in der EU hin, wobei Deutschland mit 16 % eine der höchsten Differenzen aufweist[192]. Die Ursachen dieser Diskrepanz sind multifaktoriell und umfassen zum einen strukturelle Aspekte, wie branchenbezogene Segregation, unterschiedliche Karriereverläufe, zum anderen auch partiell diskriminierende Aspekte. Die Richtlinie setzt nun Unternehmen unter Zugzwang, bestehende Ungleichgewichte systematisch zu identifizieren und zielgerichtete Gegenmaßnahmen einzuleiten.

352 Aus der Perspektive des Vergütungsberaters Mercer kann die Gestaltung von strategisch ausgerichteten Vergütungssystemen einen wesentlichen Beitrag zur Beseitigung von Entgeltungleichheiten zwischen Männern und Frauen leisten. Zunächst ist jedoch als Basis einer Analyse bzw. eines Vergleichs das Vorhandensein – oder die Gestaltung – einer konsistenten Mitarbeiterstruktur via Job Architektur oder Grading-Struktur erforderlich. Um eine klare Orientierung für die Ausgestaltung der Vergütungsstruktur zu etablieren, ist weiterhin die Definition einer spezifischen Vergütungsphilosophie sinnvoll. Darauf aufbauend ist die Implementierung transparenter Mitarbeiter- und Vergütungsstrukturen entscheidend, die eine objektive Grundlage zur Identifikation und – sofern notwendig – Korrektur potenzieller Ungleichheiten schaffen. Dies umfasst dann auch – eventuell in mehreren Schritten – die Veröffentlichung von Gehaltsbändern und die Offenlegung von Kriterien, die zur Festlegung von Gehältern verwendet werden. Eine erste Analyse zur Identifizierung geschlechtsspezifischer Entgeltlücken sollte durchgeführt werden, um bestehende Ungleichheiten präzise zu erfassen und gezielt anzugehen. Darüber hinaus sind die Entwicklung und Implementierung von Richtlinien für die HR-Prozesse von essenzieller Bedeutung, um mögliche Entgeltlücken nachhaltig zu verringern oder bestenfalls vollständig zu eliminieren.

353 Dieser Artikel bietet einen praktischen Leitfaden zur Umsetzung der EU-Richtlinie, in dem Unternehmen aufgezeigt wird, welche Aspekte sie in Vorbereitung auf das Gesetz in ihre Überlegungen einbeziehen sollten, und welche Lösungsansätze für häufig auftretende Herausforderungen zur Verfügung stehen. Dabei werden bewährte Methoden und Strategien vorgestellt, die Unternehmen dabei helfen, eine ge-

---

192 Eurostat (2023 oder 2025 wie ursprünglich im Text, in Quelle andere Zeitangabe). „Gender Pay Gap in the EU."

rechte und transparente Vergütung zu gewährleisten und die Anforderungen der EU-Richtlinie erfolgreich zu erfüllen.

I. Grundanforderungen der Richtlinie & Stand in Deutschland

1. Wesentliche Vorgaben der Richtlinie

In Deutschland existiert mit dem Entgelttransparenzgesetz (Entg- **354**
TranspG), welches am 6. Juli 2017 in Kraft trat, bereits eine gesetzliche Grundlage zur Reduzierung der Entgeltungleichheit zwischen Frauen und Männern. Es umfasst unter anderem folgende Regelungen (EntgTranspG, BGBl. I 2017, S. 2152):

- Einen individuellen Auskunftsanspruch für Beschäftigte in Unternehmen mit mehr als 200 Mitarbeitenden,
- Verpflichtende Berichte zur Gleichstellung und Entgeltgleichheit für Unternehmen mit mehr als 500 Beschäftigten.

Die EU-Richtlinie geht nun über die bestehenden Regelungen hinaus **355**
und erfordert eine umfassende Anpassung der rechtlichen Rahmenbedingungen in Deutschland, insbesondere:

- **Transparente Rekrutierungsprozesse**: Gehaltsinformationen sind bereits in Stellenausschreibungen zu kommunizieren, und es ist zu unterlassen, von Bewerbern Informationen über vorherige Gehälter einzuholen (Art. 5 RL (EU) 2023/970).
- **Individuelles Recht auf Gehaltsauskunft**: Arbeitnehmende haben die Möglichkeit, Informationen über die Vergütung vergleichbarer Positionen einzuholen (Art. 7 RL (EU) 2023/970).
- **Verpflichtende Entgeltberichterstattung**: Unternehmen ab 250 Mitarbeitenden müssen jährlich ab 2027 geschlechtsdifferenzierte Entgeltlücken offenlegen; kleinere Unternehmen unterliegen einer dreijährigen Berichtspflicht (Art. 9 RL (EU) 2023/970).
- **Maßnahmen zur Reduktion von Entgeltungleichheiten**: Bei Entgeltunterschieden über 5 %, die nicht objektiv begründbar sind, besteht Handlungsbedarf. Der Arbeitgeber muss mit der betrieblichen Arbeitnehmervertretung Maßnahmen zur Verringerung der Entgeltlücke abstimmen und einleiten. (Art. 10 RL (EU) 2023/970).

356 Diese Maßnahmen stellen einen signifikanten Eingriff in die unternehmerische Gestaltungshoheit dar und erhöhen die regulatorische Komplexität für betroffene Unternehmen erheblich.

2. Umsetzung und aktuelle Situation in Deutschland

357 Das Bundesministerium für Familie, Senioren, Frauen und Jugend arbeitet derzeit an einem Gesetzesentwurf zur Umsetzung der EU-Richtlinie. Es wird erwartet, dass dieser Mitte 2025 vorgelegt wird, um die fristgerechte nationale Umsetzung bis Juni 2026 sicherzustellen (Richtlinie (EU) 2023/970, ABl. L 132/21).

358 Während einigen Anforderungen der Richtlinie bereits durch das aktuelle Entgelttransparenzgesetz Genüge getan ist, erfordert insbesondere die Ausweitung der Berichtspflichten und Transparenzanforderungen eine Neufassung der bestehenden Gesetzgebung.

359 Wichtig für Unternehmen ist es nun, die Zeit bis zum formalen Inkrafttreten der EU-Richtline in 2026 proaktiv zu nutzen. Denn einerseits treten einige Bestandteile der Richtlinie unmittelbar mit Verabschiedung der nationalen Gesetzgebung in Kraft (u. a. die Transparenz bei Stellenausschreibungen und das individuelle Recht auf Gehaltsauskunft), andererseits bedarf die Berichterstattung gemäß den neuen Vorschriften (in 2027 für das Geschäftsjahr 2026) einer gezielten Vorbereitung. Die rechtzeitige Vorbereitung auf die neuen Anforderungen ermöglicht nicht nur regulatorische Sicherheit, sondern auch strategische Vorteile in einem zunehmend transparenzorientierten Arbeitsmarkt.

360 Laut einer aktuellen Studie von Mercer entwickeln etwa die Hälfte der Unternehmen in Deutschland derzeit Strategien und Ansätze zur Förderung globaler Gehaltstransparenz[193]. Dies deutet darauf hin, dass sich ein substanzieller Teil der Unternehmen noch nicht aktiv mit Entgeltgleichheitsfragen auseinandersetzt. Unternehmen, die erst mit Inkrafttreten der gesetzlichen Verpflichtungen beginnen zu handeln, riskieren operative Überlastung, rechtliche Sanktionen und potenzielle Reputationsverluste. Zudem steigt der Druck von Investoren und

193 Mercer (2024). „Mercer 2024 Pay Transparency Survey“.

Arbeitnehmervertretungen, proaktiv Transparenzmaßnahmen zu etablieren.

Durch eine frühzeitige Vorbereitung auf die neue Regulatorik lassen **361** sich nicht nur Compliance-Risiken minimieren, sondern auch strategische Wettbewerbsvorteile erzielen. Unternehmen, die Transparenz und Fairness in ihren Vergütungsstrukturen nachweisen können, profitieren von einer gestärkten Arbeitgebermarke und einer höheren Mitarbeiterzufriedenheit und ggf. -motivation.

II. Vorbereitung auf die neuen Anforderungen

Die Umsetzung der EU-Entgelttransparenz-Richtlinie konfrontiert **362** Unternehmen nicht nur mit anspruchsvollen Herausforderungen, sondern eröffnet zugleich die Möglichkeit, ihre Vergütungsstrukturen zu hinterfragen oder auch zu überarbeiten und so starke strategische Strukturen und Maßnahmen zu etablieren. Um den Anforderungen dieser richtungsweisenden Direktive vollumfänglich gerecht zu werden, ist ein systematisches und wohlüberlegtes Vorgehen unabdingbar, welches mehrere zentrale Maßnahmen umfasst. Mercer empfiehlt in diesem Zusammenhang die folgenden, essenziellen Schritte:

1. Aufbau einer kohärenten Funktions- und Hierarchiestruktur
2. Definition einer Vergütungsstrategie
3. Aufbau einer marktkonformen Gehaltsstruktur
4. Durchführung erster Pay-Equity-Analysen
5. Entwicklung und Anpassung der HR-Prozesse

In den folgenden Abschnitten werden die konkreten Schritte zur er- **363** folgreichen Implementierung von Entgeltgerechtigkeit und Transparenz näher vorgestellt.

1. Aufbau einer kohärenten Funktions- und Hierarchiestruktur

Die Implementierung einer systematischen Funktions- und Hierar- **364** chiestruktur, zum Beispiel einer Job Architektur, bietet Unternehmen eine Vielzahl strategischer Vorteile, die sowohl intern eine strategisch ausgerichtete Personalarbeit ermöglichen als auch die Einhaltung regulatorischer Vorgaben nachhaltig fördern.

365 Job Architekturen beschreiben die verschiedenen, differenzierenden Elemente von Funktionen innerhalb eines Unternehmens, wobei jeder „Job" eine spezifische Kombination aus Aufgaben, Verantwortlichkeiten und erforderlichen Kompetenzen umfasst. Sie unterscheidet zwischen der vertikalen und horizontalen Ebene:

- Die **vertikale Ebene** ordnet Funktionen nach ihrer Verantwortung und Komplexität innerhalb der Unternehmenshierarchie, wobei höher eingestufte Jobs mehr Verantwortung und Einfluss haben.
- Auf der **horizontalen Ebene** befinden sich gleichwertige Funktionen, die ähnliche Aufgaben und Verantwortlichkeiten in unterschiedlichen Bereichen oder Funktionen umfassen, jedoch auf der gleichen Hierarchieebene angesiedelt sind.

366 Eine konsistente und klar definierte Job Architektur bildet das Fundament für gerechte Vergütungsstrukturen, Karrierepfade, Entwicklungsstrategien und vieles mehr. Unternehmen profitieren insbesondere durch:

- **Übersicht über die verschiedenen Funktionen**: In vielen Unternehmen herrscht bisher kaum zentral Klarheit darüber, welche Funktionen welche Aufgaben verantworten oder erledigen sollen – in etwa vergleichbar mit einem unsortierten Kleiderschrank, in dem man lange suchen muss, bevor man das richtige Kleidungsstück findet. Job Architekturen sortieren diesen „Kleiderschrank" nach Funktionen für Unternehmen und schaffen Klarheit und Transparenz darüber, welche Funktionen in welchen funktionalen Bereichen und Hierarchieebenen tätig sind – und liefern so letztendlich die Basisdefinition für „gleichwertige und vergleichbare Arbeit".
- **Strukturierte Vergütungsentscheidungen**: Eine standardisierte Job Architektur bildet die Grundlage für eine faire, nachvollziehbare und transparente Entlohnung, indem sie klare und objektive Kriterien für die Gehaltsfestlegung definiert. Sie trägt so zu einer strukturierten und nachvollziehbaren Vergütungsausgestaltung bei und erleichtert die Umsetzung der EU- Richtlinie zur Entgelttransparenz, da sie eine solide Basis für die Offenlegung und Prüfung von Gehaltsstrukturen bietet, subjektive Gehaltsfestlegungen (deutlich) reduziert und die Vergleichbarkeit der Vergütung von Positionen innerhalb der Organisation ermöglicht.

- **Nachvollziehbare Karrierestrukturen**: Durch klar definierte Kriterien und objektive Beförderungsmechanismen erhalten Mitarbeitende eine verlässliche Orientierung für ihre berufliche Weiterentwicklung. Eine Job Architektur unterstützt nachvollziehbare und diskriminierungsfreie Aufstiegsentscheidungen. Damit erfüllt sie zentrale Anforderungen der EU-Entgelttransparenz-Richtlinie, die unter anderem vorschreibt, dass Unternehmen klare Beförderungsprozesse offenlegen müssen, um Chancengleichheit zu gewährleisten (Europäische Kommission 2023).
- **Effiziente Marktanpassung**: Job Architekturen ermöglichen die Definition valider, marktorientierten Gehaltsbänder, die einen regelmäßigen Abgleich mit externen Vergütungsbenchmarks erleichtern. Dadurch kann sichergestellt werden, dass Vergütungsentscheidungen deutlich weniger auf individuellen Verhandlungsspielräumen oder intransparenten Mechanismen basieren, sondern auf einer analytisch fundierten Grundlage getroffen werden. Dieser proaktive Ansatz minimiert das Risiko unbeabsichtigter Verzerrungen in der Vergütung und trägt dazu bei, dass mögliche geschlechtsspezifische Entgeltunterschiede nachhaltig reduziert werden. Gleichzeitig erhöht eine strukturierte Marktanpassung die Wettbewerbsfähigkeit des Unternehmens, indem sie gewährleistet, dass Vergütungssysteme dynamisch an externe Entwicklungen angepasst werden, ohne dabei die interne Kohärenz und Gerechtigkeit zu vernachlässigen.

Eine strukturierte Job Architektur spielt eine essenzielle Rolle für die **367**
langfristige Vergütungsgerechtigkeit. Mercer setzt hierbei auf einen systematischen Ansatz:

a) Erfassung und Analyse bestehender Funktionsprofile
b) Definition funktional ähnlicher Tätigkeitsgruppen
c) Einführung eines Grading-Systems

a) Erfassung und Analyse bestehender Funktionsprofile

Die systematische Erfassung und Analyse bestehender Funktionspro- **368**
file ist ein essenzieller erster Schritt zur Schaffung einer Job Architektur. Unternehmen stehen häufig vor der Herausforderung, dass Funktionsbeschreibungen wenig strukturiert, standardisiert und vergleichbar sind. Dies führt zu inkonsistenten Rollenstrukturen, die eine faire und transparente Vergütung deutlich erschweren.

369 Mercer verfolgt einen methodischen Ansatz zur Funktionsanalyse, der sich auf qualitative und quantitative Daten stützt. Ein zentraler Aspekt ist die Identifikation von Überschneidungen und Redundanzen über verschiedene Rollenprofile hinweg. In vielen Unternehmen existieren unterschiedliche Funktionstitel für identische oder sehr ähnliche Tätigkeiten oder gleiche Titel für sehr unterschiedliche Aufgabenstellungen. Derartige Inkonsistenzen führen zu einer unklaren Funktions- und Vergütungsstruktur und erschweren Vergleiche sowohl innerhalb des Unternehmens als auch mit dem externen Markt.

370 Grundlage ist daher eine Bestandsaufnahme der vorhandenen Funktionen und Profile, die häufig in unterschiedlichen Formaten und Detailtiefen vorliegen. Durch Interviews mit Fach- und Führungskräften sowie eine Analyse von Stellenbeschreibungen, die Aufgaben, Verantwortlichkeiten und erforderliche Qualifikationen erfassen, wird eine strukturierte Abbildung der bestehenden Funktionslandschaft geschaffen.

371 Ein Funktionsprofil beschreibt aber nicht nur die spezifischen Aufgaben und Anforderungen einer Funktion innerhalb einer Job Familie, sondern ordnet diese zugleich in die übergeordnete Hierarchiestruktur des Unternehmens ein. Unternehmen können durch eine Job Architektur Gehaltsgerechtigkeit sicherstellen, indem die Gehaltsbänder mit der Hierarchie abgestimmt werden.

372 Nachdem bestehende Funktionsprofile systematisch erfasst und analysiert wurden, stellt sich die Frage, wie vergleichbare Tätigkeiten klassifiziert werden können.

b) Definition funktional ähnlicher Tätigkeitsgruppen („Funktions-Cluster")

373 Die Zuordnung zu funktional ähnlichen Tätigkeitsgruppen, häufig über sogenannte Job Familien realisiert, bildet die Basis für eine faire Vergütungsstruktur sowie eine diskriminierungsfreie Rekrutierungs- und Beförderungspraxis.

374 Die Mercer Job Library bietet hierfür eine standardisierte und international anschlussfähige Systematik, die Funktionen anhand einheitlicher Kriterien strukturiert und filtert. Sie ermöglicht nicht nur eine systematische Erfassung vergleichbarer Tätigkeiten, sondern dient auch als horizontales, inhaltlich zusammenfassendes Element einer Job Architektur.

Die Strukturierung der Mercer Job Library erfolgt auf fünf Ebenen: **375**

- **Job Family**: Übergeordnete Funktionsbereiche, die gemeinsame berufliche Tätigkeiten oder Geschäftsfunktionen bündeln (z. B. „Finanzen" oder „Human Resources").
- **Sub Family**: Eine genauere Unterteilung innerhalb einer Job Family, die spezialisierte Tätigkeitsbereiche und näher verwandte Funktionen zusammenfasst (z. B. „Buchhaltung" innerhalb von „Finanzen").
- **Spezialisierung**: Diese detaillierteste Ebene beschreibt konkrete Rollen mit spezifischen Aufgabenprofilen (z. B. „Buchhalter" innerhalb von „Buchhaltung").
- **Career Stream**: Dieser bezeichnet Karrierepfade, die eine bestimmte Art von Verantwortlichkeiten abbildet, – zum Beispiel Führung, Fachlaufbahn oder Projektmanagement. Jeder Karrierepfad ist eindeutig beschrieben und Funktionen werden hier eindeutig zugeordnet.
- **Career Level**: Das Career Level schließlich bestimmt den Verantwortungsrahmen und den damit einhergehenden Umfang von Kenntnissen, Erfahrungen und Fähigkeiten, die eingesetzt werden müssen, um die verantwortete Aufgabenstellung zu erfüllen. Je höher die Anforderungen, desto tendenziell höher das Career Level.

Die Zuordnung von Funktionen über Job Familien, Subfamilien und Spezifikationen bildet das horizontale Element einer Job Architektur. Das vertikale Element umfasst die Etablierung eines unternehmensweiten Grading-Systems, das eine einheitliche und transparente Hierarchiestruktur schafft. Dieses System wird im nächsten Abschnitt näher erläutert. **376**

c) Einführung eines Grading-Systems

Ein einheitliches Grading-System ordnet Funktionen klar definierten hierarchischen Stufen zu und schafft eine nachvollziehbare Struktur. Dies erleichtert nicht nur die Vergütungsplanung, sondern fördert auch die Transparenz von Karrierewegen. Mercer nutzt hierbei die langjäh- **377** rig bewährte Methodik „International Position Evaluation“ (IPE), um für Unternehmen objektive und marktkonforme Grading-Strukturen zu entwickeln.

378 Die IPE-Methodik ist ein analytischer Bewertungsansatz, der auf einem punktbasierten System beruht und Komplexität, Verantwortung und Anforderungen von Funktionen innerhalb eines Unternehmens objektiviert erfasst. Durch die Identifikation von Ausprägungsstufen verschiedener Faktoren, wie z. B. den erforderlichen Fähigkeiten, der Entscheidungskompetenz und dem Einfluss einer Funktionen auf Entscheidungen und Ergebnisse des Unternehmens, wird eine klare und differenzierte Hierarchie geschaffen, die als Grundlage für die Festlegung von Gehaltsstrukturen und Beförderungskriterien dient.

379 So werden nicht nur spezifische Merkmale von Funktionen, sondern auch der konkrete Unternehmenskontext berücksichtigt. Aspekte wie Unternehmensgröße und Komplexität fließen in die Bewertung ein, wodurch sichergestellt wird, dass die Methodik an den individuellen Kontext des Unternehmens angepasst ist. Die IPE-Methodik ermöglicht so eine fundierte Basis für eine nachvollziehbare und marktgerechte Entlohnung und fördert langfristig die interne Entgeltgerechtigkeit.

380 Mit ihrer Bewertungslogik deckt die IPE-Methodik die vier verbindlichen Faktoren der EU-Entgelttransparenzrichtlinie geschlechterneutral ab – Kompetenzen, Belastungen, Verantwortung und Arbeitsbedingungen – und gewährleistet somit eine umfängliche Konformität mit den regulatorischen Anforderungen.

2. Definition einer Vergütungsstrategie

381 Die Gestaltung einer effektiven und individuell passenden Vergütungsstrategie ist für Unternehmen von zentraler Bedeutung, insbesondere vor dem Hintergrund wachsender gesetzlicher Verpflichtungen, wie der EU-Entgelttransparenzrichtlinie. Sie beeinflusst nicht nur die Wettbewerbsfähigkeit und Attraktivität eines Unternehmens, sondern auch die Einhaltung von Compliance-Vorgaben und die Umsetzung von Maßnahmen zur Förderung der Entgeltgerechtigkeit.

382 Eine wirkungsvolle Vergütungsstrategie sollte immer unmittelbar aus der Unternehmensstrategie abgeleitet werden. Unternehmen definieren strategische Ziele, die Aspekte wie Wachstum, Profitabilität, Innovation, Nachhaltigkeit oder Talentbindung in den Fokus setzen. Eine Vergütungsstrategie muss diese Ziele durchdacht und fokussiert unterstützen, indem sie Anreize schafft, die mit der langfristigen Unternehmensvision im Einklang stehen.

So können Unternehmen, die beispielsweise auf Profitabilitätssteige- **383** rung setzen, leistungsabhängige Vergütungsmodelle mit einem hohen variablen Anteil nutzen, um den Fokus darauf zu legen und die Umsetzung profitabler Geschäftstätigkeit zu belohnen. Organisationen, die sich durch soziale Verantwortung und Nachhaltigkeit differenzieren, könnten hingegen auf langfristige Vergütungsmodelle und ESG-gebundene (Environmental, Social, Governance) Vergütungsbestandteile setzen. Ein strategischer Vergütungsansatz trägt dazu bei, unternehmensweite Ziele zu operationalisieren, zu übersetzen und Mitarbeitende durch monetäre Anreize zur Erreichung dieser Ziele zu motivieren.

Eine rechtskonforme Vergütungsstruktur erfordert eine sorgfältige Ab- **384** wägung zwischen betriebswirtschaftlichen Erfordernissen und rechtlichen Rahmenbedingungen. Unternehmen stehen daher zunehmend vor der Herausforderung, Vergütungssysteme zu entwickeln, die sowohl Transparenz und Fairness sicherstellen als auch eine leistungsorientierte Vergütung ermöglichen. Dies bedingt eine klare Vergütungsstrategie, die sich in strukturierten Gehaltsbändern widerspiegelt.

3. Aufbau einer marktkonformen Gehaltsstruktur

Aufbauend auf einer Job Architektur kann eine strategisch orientierte **385** Vergütungsstrategie entwickelt werden, die den kompetitiven Markt berücksichtigt. Hierbei spielen Benchmark-Daten eine zentrale Rolle. Mercer bietet umfassende Vergütungsdatenbanken, die Unternehmen dabei unterstützen, ihre Gehaltsstrukturen sowohl wettbewerbsfähig als auch rechtskonform zu gestalten. Die Analyse externer und interner Vergütungsdaten ermöglicht eine differenzierte Betrachtung der eigenen Gehälter im Vergleich zum Markt, um die eigene Positionierung zu überprüfen, mögliche Abweichungen aufzuzeigen und bei Bedarf zu beheben.

Ein systematischer Ansatz zur Gestaltung von Gehaltsstrukturen **386** umfasst die Festlegung von Gehaltsbändern. Ein zentrales Gestaltungsmerkmal hierbei ist die Definition der Vergleichsgruppe – Unternehmen müssen entscheiden, ob sie ihre Vergütungsdaten am Gesamtmarkt, an einer spezifischen Industrie oder an einer genau definierten Vergleichsgruppe ausrichten möchten. Die Wahl dieser Referenzgruppe u. a. beeinflusst maßgeblich mögliche zukünftige Gehaltsniveaus und damit die Fähigkeit, die besten Talente zu gewinnen und zu binden. Sie sollte an den Talentmarkt sowie die strategische Ausrichtung des Unternehmens angepasst werden.

387 Ebenso spielt die Bestimmung der Marktverankerung der Gehaltsbänder sowie deren Bandbreite eine zentrale Rolle, eine marktgerechte Vergütung aufzubauen. Die Breite der Gehaltsbänder sollte so gestaltet werden, dass sie sowohl Flexibilität in der Gehaltsentwicklung ermöglicht als auch interne Fairness sicherstellt. Hierbei können erforderliche Unterschiede zwischen verschiedenen Job Familien berücksichtigt werden, die sich aus unterschiedlichen Marktanforderungen ergeben (z. B. werden Funktionen aus dem IT- oder Marketingumfeld merklich höher vergütet als vergleichbare Funktionen aus vielen anderen Funktionsbereichen). Eine durchdachte Kombination dieser Faktoren unterstützt die Entwicklung einer nachhaltigen und wettbewerbsfähigen Vergütungsstruktur, die sowohl regulatorische Vorgaben erfüllt als auch eine attraktive und mitarbeiterbindende Bezahlung gewährleistet.

4. Durchführung erster Pay-Equity-Analysen

388 Sobald die notwendigen Vorarbeiten abgeschlossen und die unabdingbaren Grundstrukturen geschaffen sind, ist ein essenzieller Schritt zur Erfüllung der neuen regulatorischen Anforderungen die Durchführung einer fundierten Pay-Equity-Analyse. Mercer empfiehlt die Anwendung einer multivariaten Regressionsanalyse, um potenzielle Gehaltsunterschiede zwischen verschiedenen Geschlechtern oder anderen demografischen Gruppen zu identifizieren.

389 Diese Analyse erlaubt es, den erklärbaren und nicht erklärbaren Anteil der geschlechtsspezifischen Entgeltlücken zu bestimmen und gezielt Maßnahmen zur Schließung ungerechtfertigter Entgeltunterschiede abzuleiten.

Der methodische Ansatz von Mercer umfasst eine detaillierte Untersuchung relevanter Einflussfaktoren wie u. a. Berufserfahrung, Bildungsniveau, Funktionsniveau und Verweildauer im Unternehmen, aber auch Karriereentwicklung und Leistungsverhalten der verschiedenen Positionen. Ziel ist es, eine faire und transparente Bewertung von Gehaltsunterschieden zu ermöglichen und Unternehmen bei der Reduzierung ungerechtfertigter Entgeltunterschiede zu unterstützen. **390**

Neben der quantitativen Analyse erlauben datengetriebene Simulationen, Szenarien für zukünftige Gehaltsanpassungen zu modellieren. Dies ermöglicht eine strategische Planung von Vergütungsmaßnahmen, die nicht nur regulatorische Anforderungen erfüllen, sondern auch die langfristige Mitarbeiterbindung stärken. **391**

Nach der Identifikation bestehender Gehaltsunterschiede ist es essenziell, gezielte Maßnahmen zur Korrektur und Prävention eben dieser zu entwickeln. Mercer unterstützt Unternehmen bei der Erarbeitung von Strategien zur Behebung von Entgeltungleichheiten, die sowohl kurzfristige Gehaltsanpassungen als auch mögliche langfristige strukturelle Veränderungen umfassen. Hierzu gehören unter anderem die Einführung neuer Vergütungsrichtlinien, die Anpassung von Gehaltsbändern sowie gezielte Schulungen für Führungskräfte, um unbewusste Unterscheidungen bei Vergütungsentscheidungen zu minimieren. Ein nachhaltiger Ansatz zur Gehaltsgerechtigkeit stellt sicher, dass zukünftige Vergütungsentscheidungen systematisch und diskriminierungsfrei getroffen werden. **392**

5. Entwicklung und Anpassung der HR-Prozesse

Die rechtlichen Anforderungen an eine faire und transparente Vergütung sind in den vergangenen Jahren stetig gestiegen. Mit der EU-Entgelttransparenzrichtlinie wird die Verpflichtung zur Offenlegung von Gehaltsstrukturen und zu geschlechtsneutralen Vergütungspraktiken weiter verstärkt. **393**

Laut einer Untersuchung von McKinsey[194] zeigt sich, dass Unternehmen, die proaktiv Maßnahmen zur Förderung der Entgeltgerechtigkeit ergreifen und Gehälter öffentlich transparent machen, signi- **394**

194 McKinsey & Company (2023). „Closing the Gender Pay Gap: A McKinsey Global Report."

fikant weniger geschlechtsspezifische Entgeltlücken aufweisen. Die EU-Entgelttransparenzrichtlinie hat zum Ziel, diese Entwicklung zu unterstützen und fordert Unternehmen dazu auf, nicht nur bestehende Gehaltsunterschiede zu identifizieren, sondern auch wirksame Strategien zur Behebung dieser Ungleichheiten umzusetzen.

395 Für eine nachhaltige Umsetzung von Entgeltgerechtigkeit ist es jedoch notwendig, nicht nur Vergütungsstrukturen an sich, sondern auch die gesamten damit verbundenen HR-Prozesse des Unternehmens kritisch zu überprüfen und ggf. anzupassen. Dies betrifft insbesondere alle Phasen im Lebenszyklus einer mitarbeitenden Person – von der Rekrutierung über Gehaltsanpassungen bis hin zu Beförderungen und langfristiger Karriereplanung. Nur wenn diese Prozesse eng miteinander abgestimmt und kontinuierlich auf Gleichbehandlung geprüft werden, lässt sich eine langfristige Reduzierung von Entgeltlücken sicherstellen.

396 Zum Beispiel erfordert eine transparente und faire Rekrutierungspolitik die Überprüfung von Einstiegsgehältern anhand von objektiven Marktbenchmarks und internen Vergütungsstrukturen, um ungerechtfertigte Entgeltunterschiede von Anfang an zu vermeiden. Bei der Festlegung von Gehaltsanpassungen und Beförderungen sollten Unternehmen darauf achten, dass diese Entscheidungen auf nachvollziehbaren und konsistenten Kriterien basieren, die regelmäßig auf etwaige Verzerrungen überprüft werden. Werden solche Mechanismen nicht in den regelmäßigen HR-Prozessen verankert, kann es trotz transparenter Gehaltsstrukturen zu unbewussten Verzerrungen kommen, die bestehende Entgeltunterschiede langfristig verfestigen.

397 Unternehmen sollten klar definierte Richtlinien zur Vergütungsentwicklung etablieren, die nicht nur regulatorische Anforderungen berücksichtigen, sondern auch interne Fairness und Marktattraktivität gewährleisten. Ein zentraler Bestandteil dieser Strategie ist die Verankerung von Entgeltgerechtigkeits-Prinzipien in der Unternehmenskultur. Dies bedeutet, dass Gehaltsentscheidungen regelmäßig überprüft und an neue Markt- und Unternehmensentwicklungen angepasst werden.

III. Praktische Herausforderungen und Lösungsansätze

Die Überprüfung und Sicherstellung der Entgeltgerechtigkeit in Unternehmen stellt eine vielschichtige Herausforderung dar, die nicht nur die Anpassung von Gehältern betrifft, sondern auch eine tiefgreifende Umgestaltung von strukturellen und kulturellen Prozessen innerhalb der Organisation erforderlich machen kann. Die Komplexität dieser Aufgabe wird vor allem durch die Notwendigkeit bestimmt, bestehende Verzerrungen und gesellschaftliche Vorurteile zu identifizieren und nachhaltig zu überwinden. **398**

Im Folgenden werden zentrale Herausforderungen skizziert, die bei der Umsetzung von Entgeltgerechtigkeit auftreten. Außerdem werden konkrete Lösungsansätze vorgestellt, die Unternehmen dabei unterstützen können, eine gerechte und transparente Entlohnung zu gewährleisten. **399**

1. Verzerrungen durch die Job Architektur

Die Job Architektur stellt eine der grundlegenden Dimensionen bei der Umsetzung von Entgeltgerechtigkeit dar. Sie dient der Klassifikation von Funktionen und der Festlegung von Gehaltsbändern, kann jedoch, wenn sie nicht sorgfältig und differenziert entwickelt wird, unbewusste Diskriminierungen zementieren. **400**

Insbesondere in Berufsfeldern und Job Familien, die traditionell von Frauen dominiert werden, wie etwa in den Bereichen Marketing, Personalmanagement oder Verwaltung, werden die Funktionen häufig geringer entlohnt, auch wenn die Verantwortung und die Komplexität der Aufgaben durchaus mit denen in männerdominierten Job Familien vergleichbar sind. Diese Entgeltunterschiede entstehen nicht immer aufgrund der objektiven Anforderungen der jeweiligen Funktionen, sondern sind häufig Resultate tief verwurzelter gesellschaftlicher Wahrnehmungen und stereotypischer Vorstellungen bezüglich der „Wertigkeit" bestimmter Berufe[195]. **401**

Es ist daher von entscheidender Bedeutung, eine Job Architektur zu entwickeln, die nicht nur hierarchische Strukturen widerspiegelt, son- **402**

195 *Binns, J. & Taylor*, B. (2020). „Gender Pay Gap in Occupational Segregation." Labour Economics, 67, S. 121–134.

dern vielmehr die tatsächliche Komplexität und den strategischen Beitrag jeder Funktion angemessen berücksichtigt. Die Bewertung der Funktionen sollte anhand geschlechtsneutraler und objektiver Kriterien erfolgen, um weit verbreitete gesellschaftliche Tendenzen zu hinterfragen und im Idealfall langfristig zu neutralisieren.

403 Hierbei können analytische Methoden wie punktbasierte Grading-Methoden oder externe Marktbenchmarks helfen, sicherzustellen, dass auftretende Gehaltsunterschiede den tatsächlichen Marktwert und nicht gesellschaftlich geprägte Zuschreibungen widerspiegeln[196].

2. Unbewusste Verzerrung in Gehalts- und Beförderungsentscheidungen

404 Ein weiteres signifikantes Hindernis auf dem Weg zu Entgeltgerechtigkeit sind die unbewussten Verzerrungen, die in den Entscheidungsprozessen zur Gehaltsfestsetzung und bei Beförderungen auftreten können. Diese Verzerrungen werden von Führungskräften und Personalverantwortlichen häufig nicht wahrgenommen, was insbesondere nachteilige Auswirkungen auf Frauen hat. So kommt es immer wieder vor, dass männliche Mitarbeitende trotz vergleichbarer Leistungen mit ihren weiblichen Kolleginnen höhere Gehälter oder Beförderungen erhalten[197].

405 Eine wirksame Maßnahme zur Bekämpfung dieser Diskrepanzen besteht darin, standardisierte und transparente Verfahren sowie eine solide Governance für Gehaltsentscheidungen und Beförderungen zu etablieren, die auf objektiv nachvollziehbaren Kriterien beruhen. Darüber hinaus sollten regelmäßige Schulungen für Führungskräfte und Personalverantwortliche implementiert werden, um das Bewusstsein für unbewusstes Handeln zu schärfen und dieses systematisch zu überwinden.

---

196 *Castilla, E. J.* (2015). „Accounting for the Gap: A Firm Study Manipulating Organizational Accountability and Transparency in Pay Decisions." Organization Science, 26(2), S. 311–333.

197 *Bertrand, M.* (2017). „The Glass Ceiling and the Career Mobility of Women." Journal of Labor Economics, 35(4), S. 939–961.

3. Mangelnde Transparenz und Widerstand gegen Veränderung

Eine große Herausforderung bei der Umsetzung von Entgeltgerechtigkeit liegt in der immer noch häufig auftretenden mangelnden Transparenz der Gehaltsstrukturen und der Entscheidungsprozesse zur Gehaltsfestlegung. Wenn Unternehmen keine klaren und zugänglichen Richtlinien für Gehälter, Leistungsbeurteilungen und Beförderungen definieren, bleiben diese Entscheidungen intransparent und subjektiv. Dies führt nicht nur zu Misstrauen und Unzufriedenheit unter den Mitarbeitenden, sondern verstärkt auch das Gefühl der Ungerechtigkeit, insbesondere bei jenen, die sich in ihrer Entlohnung benachteiligt sehen[198]. **406**

Zusätzlich kann die Überarbeitung von Gehaltsstrukturen auf Widerstand stoßen, insbesondere in Unternehmen, deren Gehaltsstrukturen über die Jahre historisch „gewachsen" sind. Mitarbeitende und Führungskräfte könnten befürchten, dass Veränderungen zu persönlichen Nachteilen führen, was den Wandel erheblich erschwert[199]. Diese Widerstände können die notwendige Transformation in Richtung einer gerechteren Entlohnung blockieren und erfordern eine gezielte und umfassende Veränderungsstrategie. **407**

Um diesen Herausforderungen zu begegnen, müssen Unternehmen nachvollziehbare Entscheidungsprozesse etablieren, die Veränderung gezielt unterstützen und steuern, und mögliche Anpassungen ihrer Gehaltssysteme und -strukturen kommunikativ begleiten. Gehaltsbänder sollten den Mitarbeitenden klar kommuniziert werden, und eindeutige und nachvollziehbare Kriterien für Gehaltserhöhungen und Beförderungen sollten definiert und offengelegt werden. Zusätzlich ist es essenziell, eine regelmäßige und offene Kommunikation durch Feedbackgespräche sowie regelmäßige Gehaltsüberprüfungen zu etablieren, um deutlich mehr Transparenz zu gewährleisten. **408**

Bei der Vermittlung der Vorteile von Entgeltgerechtigkeit spielen Führungskräfte eine zentrale Rolle. Ein klar strukturierter Change-Management-Prozess, der Mitarbeitende aktiv einbindet und ihnen Entgeltgerechtigkeit, unternehmerische Ziele und ethische Beweggründe **409**

---

198 *McKinsey & Company* (2023). „Closing the Gender Pay Gap: A McKinsey Global Report."

199 *Acker, J.* (2019). „The Gendered Organization." Sage Publications.

des Arbeitgebers näherbringt, ist entscheidend, um die notwendige Akzeptanz zu schaffen. Eine transparente Gehaltspolitik, die nicht nur Vertrauen und oft auch Leistungsbereitschaft fördert, sondern auch die Prinzipien der Entgeltgerechtigkeit im gesamten Unternehmen verankert, kann so langfristig gewährleistet werden.

4. Langfristige Sicherstellung von Entgeltgerechtigkeit

410 Ein häufig unterschätzter Aspekt bei der Umsetzung von Entgeltgerechtigkeit ist die Notwendigkeit einer kontinuierlichen Überprüfung und Anpassung der Gehaltsstrukturen. Entgeltgerechtigkeit kann nicht als einmaliges Projekt betrachtet werden, sondern als langfristiger, kontinuierlicher Prozess über viele HR-Bereiche hinweg. Nur durch regelmäßige Audits und Nachsteuerung können Unternehmen sicherstellen, dass Gehaltsstrukturen langfristig im Einklang mit den Unternehmensveränderungen und den sich entwickelnden Marktkonditionen bleiben.

411 Unternehmen sollten daher regelmäßige Gehalts- und Benchmarkanalysen durchführen. Nur die kontinuierliche Überprüfung und die dynamische Anpassung der Gehaltsstrukturen kann gewährleisten, dass Entgeltgerechtigkeit langfristig aufrechterhalten und keine systematischen Ungleichgewichte verstärkt werden[200].

B. Fazit & Handlungsempfehlungen

412 Die EU-Richtlinie zur Entgelttransparenz leitet einen Paradigmenwechsel in der Vergütung von Arbeitnehmern und Arbeitnehmerinnen ein. Unternehmen sind gefordert, frühzeitig adäquate Strukturen zu etablieren, um regulatorische Anforderungen zu erfüllen und zugleich nachhaltige Fairness in Vergütungssystemen zu verankern.

413 Die Umsetzung der Richtlinie kann Unternehmen vor erhebliche Herausforderungen stellen, bietet jedoch auch die Möglichkeit, langfristig nachhaltige und gerechte Vergütungsstrukturen zu etablieren. Mercer

200 *Milkovich, G. T., Newman, J. M. & Gerhart, B.* (2017). „Compensation." 12. Aufl. McGraw-Hill Education.

bietet mit seinem strukturierten Ansatz eine umfassende Unterstützung: von der Entwicklung einer konsistenten Job Architektur über die Analyse von Gehaltsbändern und der Etablierung strategischer Vergütungspakete bis hin zur Durchführung erster Entgeltgerechtigkeitsanalysen.

Unternehmen, die zeitnah mit der Umsetzung der notwendigen Maß- **414**
nahmen beginnen, können Compliance-Risiken minimieren und sich als attraktive Arbeitgeber positionieren. Die Implementierung datenbasierter Entscheidungsgrundlagen, die kontinuierliche Überprüfung von Vergütungsstrategien und der kritische und offene Umgang mit möglichen unvorteilhaften Analyseergebnissen sind entscheidend für eine langfristige Sicherstellung von Entgeltgerechtigkeit und Compliance.

In diesem Kontext trägt die EU-Transparenzrichtlinie dazu bei, den **415**
Spielraum für ungerechtfertigte Gehaltsunterschiede deutlich zu verringern, indem sie eine umfassende Offenlegung von Gehaltsstrukturen und Vergütungspraktiken verlangt. Dies fördert eine objektivere und gerechtere Vergütungspolitik, da der Druck auf Unternehmen erhöht wird, konsistente und nachvollziehbare Entscheidungen zu treffen. Zusätzlich kann die Einführung technologiegestützter Instrumente, wie etwa KI-basierter Gehaltsanalyse-Tools oder objektiver Leistungsbewertungssysteme, eine wertvolle Unterstützung bieten, um Verzerrungen frühzeitig zu identifizieren und zu korrigieren.

Kapitel 7
Lösungsansätze zur Beseitigung nicht gerechtfertigter Entgeltunterschiede

A. Ausgangspunkt: Gemeinsame Entgeltbewertung (Art. 10 EntgTranspRL)

I. (Neue) Rechtliche Rahmenbedingungen

Nach Art. 10 Abs. 1 EntgTranspRL müssen Arbeitgeber, die Berichtspflichten nach Art. 9 EntgTranspRL unterliegen (dh mit 100[201] oder mehr Arbeitnehmern), künftig bei Entgeltungleichheiten zur **Überprüfung** und **Überarbeitung** der Entgeltstrukturen[202] in Zusammenarbeit mit ihren Arbeitnehmervertretern eine **gemeinsame Entgeltbewertung** vornehmen, wenn (kumulativ) sich aus der Berichterstattung für mindestens **5 Prozent** einer Gruppe von (vergleichbaren) Arbeitnehmern **Unterschiede** bei der durchschnittlichen Entgelthöhe ergeben (lit. a), die der Arbeitgeber **nicht** auf Grundlage objektiver, geschlechtsneutraler Kriterien **gerechtfertigt** (lit. b) und auch **nicht** innerhalb von sechs Monaten nach dem Tag der Berichterstattung **korrigiert** hat (lit. c). 416

Nach Art. 10 Abs. 2 EntgTranspRL erfolgt die gemeinsame Entgeltbewertung mit dem **Ziel**, nicht gerechtfertigte Entgeltunterschiede **festzustellen**, zu **korrigieren** und (für die Zukunft) zu **verhindern**. Sie umfasst dabei u. a. eine **Analyse** des Anteils der Arbeitnehmerinnen und Arbeitnehmer in jeder Gruppe von Arbeitnehmern (lit. a), **Informationen** über die durchschnittlichen Entgelthöhen von Arbeitnehmerinnen und Arbeitnehmern sowie über ergänzende oder variable Bestandteile für jede Gruppe von Arbeitnehmern (lit. b), etwaige Unterschiede bei den durchschnittlichen Entgelthöhen zwischen Arbeitnehmerinnen und Arbeitnehmern in jeder einzelnen Gruppe von Arbeitnehmern (lit. c), die **Gründe** für solche Unterschiede bei den durchschnittlichen Entgelthöhen, gegebenenfalls auf der Grundlage objektiver und geschlechtsneutraler Kriterien, wie von den Arbeitnehmervertretern und dem Arbeitgeber *gemeinsam* festgestellt (lit. d), 417

201 Vgl. zu den Übergangsfristen Art. 9 Abs. 2 bis Abs. 4 EntgTranspRL.
202 Vgl. Erwgrund 43 EntgTranspRL.

Maßnahmen zur Beseitigung von Entgeltunterschieden, wenn diese nicht auf der Grundlage objektiver, geschlechtsneutraler Kriterien gerechtfertigt sind (lit. f) sowie eine **Bewertung der Wirksamkeit** von Maßnahmen aus früheren gemeinsamen Entgeltbewertungen (lit. g).

418 Nach Art. 10 Abs. 3 S. 1 EntgTranspRL müssen Arbeitgeber die gemeinsamen **Entgeltbewertungen** (nach deren Abschluss) den Arbeitnehmern und den Arbeitnehmervertretungen **zur Verfügung stellen**. Außerdem sind sie der Überwachungsstelle nach Art. 29 Abs. 3 lit. d EntgTranspG mitzuteilen, und es sind die Informationen nach Art. 10 Abs. 3 S. 2 EntgTranspRL auf Ersuchen auch der Aufsichtsbehörde und der Gleichbehandlungsstelle zur Verfügung zu stellen.

419 Nach Art. 10 Abs. 4 S. 1 EntgTranspRL hat der Arbeitgeber bei Umsetzung der Maßnahmen aus der gemeinsamen Entgeltbewertung in enger Zusammenarbeit mit den Arbeitnehmervertretern entsprechend den nationalen Rechtsvorschriften und/oder Gepflogenheiten **bei ungerechtfertigen Entgeltentscheidungen Abhilfe** zu **schaffen**.[203]

II. Einordnung

420 Damit statuiert die EntgTranspRL in Deutschland eine Neuheit. Insbesondere sehen derzeit weder das BetrVG noch das EntgTranspG an festgestellte Entgeltunterschiede anknüpfende Beteiligungsrechte des Betriebsrats vor;[204] insbesondere keine obligatorische gemeinsame Entgeltbewertung. Nach § 17 Abs. 1 Satz 1 EntgTranspG sind Arbeitgeber mit idR mehr als 500 Beschäftigten lediglich aufgefordert, mittels betrieblicher Prüfverfahren ihre Entgeltregelungen und die verschiedenen gezahlten Entgeltbestandteile sowie deren Anwendung *regelmäßig* auf die Einhaltung des Entgeltgleichheitsgebots zu überprüfen.[205] Derart detaillierte Prüfvorgaben, wie in Art. 10 Abs. 2 EntgTranspG vorgesehen, sind in den §§ 18 ff. EntgTranspG bislang ebenso nicht vorgesehen.[206]

421 Hier stellen sich aus Sicht der Praxis zahlreiche Fragen. Dies betrifft bereits die Frage nach der zu beteiligenden (zuständigen) Arbeitneh-

203 Dazu EuArbRK/Winter, 5. Aufl. 2024, RL (EU) 2023/970 Art. 10 Rn. 10.
204 *Marek/Sawodny*, ArbRAktuell 2023, 397.
205 *Günther/Schiffelholz*, NZA-RR 2023, 568, 572.
206 *Günther/Schiffelholz*, NZA-RR 2023, 568, 572.

mervertretung (Gewerkschaft, Betriebsrat) und den daraus folgenden Kompetenzen/Regelungsmöglichkeiten;[207] insbesondere soweit es an einer solchen fehlt.[208] Vor allem die Bestimmung des Vorliegens bzw. Nichtvorliegens von nicht gerechtfertigten Entgeltunterschieden (das „Ob“) und die Festlegung von Maßnahmen zu ihrer Beseitigung (das „Wie“) sowie die Bewertung ihrer Wirksamkeit dürften in der Praxis viel Raum für Kontroversen bieten. Ungeklärt ist bislang etwa, ob die in Art. 10 Abs. 1 lit. a EntgTranspRL erfolgte Bezugnahme auf „in einer Gruppe von Arbeitnehmern“ dahingehend verstanden werden kann, dass eine lediglich in bestimmten (Teil-)Bereichen der Organisation/des Unternehmens festgestellte Entgeltungleichheit die Pflicht auslöst, eine gemeinsame Entgeltbewertung für die gesamte Organisation/das gesamte Unternehmen vorzunehmen – selbst wenn nur eine kleine Gruppe von Beschäftigten betroffen sein sollte.[209] Entsprechendes gilt auch für die Frage, wer eine Rechtfertigung von Entgeltunterschieden iSv Art. 10 Abs. 1 lit. b EntgTranspRL – außerhalb gerichtlicher Klärung – in der betrieblichen Anwendung als (nicht) gegeben anerkennen darf.[210] Wird arbeitgeberseitig eine Rechtfertigung vorgelegt, die die Arbeitnehmervertretung nicht überzeugt, und kann darüber auch nachfolgend keine Einigung erzielt werden, dürfte es im Streitfall letztlich auf eine gerichtliche Klärung hinauslaufen.[211] Nicht zuletzt wird aber wohl vor allem strittig werden, wie der Arbeitgeber Entgeltunterschiede iSv Art. 10 Abs. 1 lit. c EntgTranspRL korrigieren kann; denn anders als bei einer Überprüfung durch Gerichte[212] kommt für Arbeitgeber zur Herstellung gleicher Zustände neben einer Anpassung „nach oben“ grds. auch die Möglichkeit in Betracht, die Entgelthöhe der zu hoch vergüteten Arbeitnehmer einheitlich „nach unten“ an

207 Vgl. etwa *Marek/Sawodny*, ArbRAktuell 2023, 397, die eine Erweiterung der Mitbestimmungsrechte nach § 87 Abs. 1 BetrVG erwägen.

208 Vgl. dazu EuArbRK/*Winter*, 5. Aufl. 2024, RL (EU) 2023/970 Art. 10 Rn. 7; *Winter*, EuZA 2024, 140, 159, 160 f.

209 EuArbRK/*Winter*, 5. Aufl. 2024, RL (EU) 2023/970 Art. 10 Rn. 2, die dies im Hinblick auf den Gesamtzusammenhang für möglich hält („spricht einiges dafür“).

210 Vgl. *Winter*, EuZA 2024, 140, 159.

211 Vgl. EuArbRK/*Winter*, 5. Aufl. 2024, RL (EU) 2023/970 Art. 10 Rn. 8; *Winter*, EuZA 2024, 140, 159 f.

212 Vgl. BAG v. 21.1.2021 – 8 AZR 488/19, NZA-RR 2021, 1011, 1022 Rn. 75.

das (niedrigere) Entgelt der mit gleichen bzw. gleichwertigen Tätigkeiten beschäftigten Arbeitnehmern anzugleichen.

B. Möglichkeit 1: Entgeltgleichheit durch Angleichung der Arbeitsentgelte „nach oben"

422 Zunächst können festgestellte Entgeltunterschiede entweder durch **Ausweitung** einer begünstigenden (kollektiven) Regelung auch auf die benachteiligte Personengruppe oder soweit dies nicht möglich sein sollte – etwa in Fällen rein individueller Vergütungsentscheidungen bzw. individuell vereinbarter Entgeltzahlungen – den Abschluss entsprechender (freiwilliger) Änderungsvereinbarungen mit den einzelnen benachteiligten Personen korrigiert werden. Dies entspricht nicht nur dem vom EuGH in ständiger Rechtsprechung zur Wiederherstellung der Gleichbehandlung bei unionsrechtswidriger Diskriminierung postulierten Leitbild[213] – an dem sich die nationale Rechtsprechung orientiert,[214] sondern in der Praxis regelmäßig auch den Erwartungen der Arbeitnehmer(-vertretungen) und der Betriebswirklichkeit.

423 Insbesondere das Urteil des 8. Senats des BAG vom 16.2.2023[215], wonach die Vermutung einer Entgeltbenachteiligung nicht unter Hinweis auf individuelle Gehaltsverhandlungen (*Verhandlungsgeschick*) widerlegt werden könne, da der Arbeitgeber sich sonst „*allzu leicht aus der Beachtung des Grundsatzes der Entgeltgleichheit entziehen*" könnte, dürfte in der Praxis nicht nur Aufmerksamkeit erregt, sondern in vielen Unternehmen auch die Sorge vor einer „**Aufwärtsspirale**" hervorgerufen haben.[216] Dies gilt im Hinblick auf die wirtschaftlichen Auswirkungen umso mehr, als in der Rechtsprechung der Instanzgerichte derzeit umstritten ist, ob nicht sogar eine Anpassung „ganz nach oben" vorzunehmen ist.[217]

---

213 Vgl. EuGH, 8.4.1976 – C-43/75, ECLI:EU:C:1796:56 Rn. 15 – Defrenne.

214 Vgl. etwa BAG, 16.2.2023 – 8 AZR 450/21 = NZA 2023, 958, 960 Rn. 23; LAG Baden-Württemberg, 1.10.2024 – 2 Sa 14/24, NZA-RR 2025, 12, 16 Rn. 61.

215 BAG, 16.2.2023 – 8 AZR 450/21 = NZA 2023, 958.

216 Vgl. etwa *Schuster/Jacobson*, RdA 2024, 270, 275.

217 So etwa LAG Düsseldorf, 20.4.2023 – 13 Sa 535/22, BeckRS 2023, 43378; dagegen etwa LAG Baden-Württemberg, 1.10.2024 – 2 Sa 14/24, NZA-RR

Derartigen Maximalforderungen dürfte im Rahmen der künftig nach Art. 10 EntgTranspRL gemeinsam vorzunehmenden Entgeltbewertung – soweit diese mit dem Betriebsrat erfolgt – aber regelmäßig bereits entgegenstehen, dass die lohnpolitische Entscheidung des Arbeitgebers über die *konkrete* **Entgelthöhe** nach ständiger Rechtsprechung des BAG *nicht* zu den mitbestimmungspflichtigen Fragen der betrieblichen Lohngestaltung nach § 87 Abs. 1 Nr. 10 BetrVG gehört.[218] Dies gilt auch für die zur Bestimmung der Vergütungshöhen bzw. Vergütungsbandbreiten einzelner Entgeltgruppen maßgebende Ausgangsgröße[219] und die sich aus den vom Arbeitgeber für die einzelnen Entgeltgruppen festgelegten konkreten Entgelten sowie der jeweiligen Zahl der in den einzelnen Entgeltgruppen beschäftigten Arbeitnehmern errechnenden **Gesamtkosten**; diese stellen auch keinen durch Spruch der Einigungsstelle ausfüllbaren „Dotierungsrahmen" dar.[220] **424**

Arbeitgeber können daher – anders als nach §§ 3 Abs. 1 und 7 EntgTranspG – jedenfalls im Rahmen der bestehenden Mitbestimmungsrechte nicht *unmittelbar* zur Aufstockung der für die Vergütung der von einer Entgeltdiskriminierung betroffenen Beschäftigten verfügbaren Mittel gezwungen werden.[221] Da die bisherige Vergütungspraxis aber grds. nicht beibehalten werden kann, müsste den vergleichbaren Arbeitnehmern des anderen Geschlechts in der Folge zur Herstellung von Entgeltgleichheit konsequenterweise ein Teil ihrer bisherigen Vergütung genommen werden können (Angleichung „nach unten"). **425**

2025, 12.

218 BAG, 28.2.2006 – 1 ABR 4/05, NZA 2006, 1426, 1427 Rn. 15; BAG, 18.10.2011 – 1 ABR 25/10 = NZA 2012, 392, 396 Rn. 29; GK-BetrVG/*Gutzeit*, 12. Aufl. 2022, BetrVG § 87 Rn. 849 (allgM).

219 Vgl. BAG, 28.4.2009 – 1 ABR 97/07, NZA 2009, 1102, 1104 Rn. 30; *Krieger/Plambeck*, NZA 2023, 1001, 1006.

220 Vgl. BAG, 20.7.1999 – 1 ABR 66/98, NZA 2000, 495, unter II.2. der Gründe; *Krieger/Plambeck*, NZA 2023, 1001, 1006.

221 Vgl. auch GK-BetrVG/*Gutzeit*, 12. Aufl. 2022, BetrVG § 87 Rn. 848.

C. Möglichkeit 2: Entgeltgleichheit durch Angleichung „nach unten“

I. Rechtliche Rahmenbedingungen

426 Wie Arbeitgeber festgestellte Entgeltunterschiede korrigieren, die nicht auf Grundlage objektiver, geschlechtsneutraler Kriterien gerechtfertigt sind, obliegt – zumindest mit Wirkung für die *Zukunft* und außerhalb gemeinsamer Entgeltbewertungen iSv Art. 10 EntgTranspRL – zunächst (allein) ihnen selbst.

427 Insbesondere lässt sich der Rechtsprechung des EuGH insoweit *nicht* entnehmen, dass Arbeitgeber der Gewährleistung des Entgeltgleichheitsgrundsatzes nur durch eine Anpassung „nach oben“ Rechnung tragen können. Zwar geht der EuGH in ständiger Rechtsprechung grds. davon aus, dass die Wiederherstellung der Gleichbehandlung bei unionsrechtswidriger Diskriminierung durch die **Ausweitung** der begünstigenden Regelung auch auf die benachteiligte Personengruppe zu erfolgen hat[222]; dies gilt in zeitlicher Hinsicht mangels eines anderen zur Verfügung stehenden Bezugssystems indes nur, solange keine (anderen) Maßnahmen zur Wiederherstellung getroffen wurden.[223] Selbst davon hat der EuGH bei der Umstellung eines (alters-)diskriminierenden Entgeltsystems für die Zeit einer **Übergangsphase** in den Rechtssachen Hennings und Mai[224] bzw. Specht[225] Ausnahmen zugelassen, wonach das Ziel der Besitzstandswahrung eine Fortsetzung von diskriminierenden Auswirkungen des Altsystems (zeitlich begrenzt) rechtfertigen könne, wenn insgesamt ein **Systemwechsel** hin zu einer diskriminierungsfreien Praxis vollzogen werde.[226] Zudem hat der EuGH bereits in der Rechtssache Avdel Systems ausdrücklich klargestellt, dass Maßnahmen von Arbeitgebern, durch die die

---

222 EuGH, 8.4.1976 – C-43/75, ECLI:EU:C:1796:56 Rn. 15 – Defrenne.

223 Vgl. idS EuGH, 28.9.1994 – C-408/92, NZA 1994, 1126, 1127 Rn. 15, 17, 21 – Avdel Systems; EuGH 7.10.2019 – C-171/18, NZA 2020, 33, 36 Rn. 40 f. – Safeway.

224 EuGH, 8.9.2011 – C-297, 298/10, EuZW 2011, 883 – Hennings u. Mai (tarifvertragliche Regelung).

225 EuGH, 19.6.2014 – C-501/12, EuZW 2014, 749 – Specht (gesetzliche Regelung).

226 *Thüsing/Pötters*, EuZW 2015, 935, 937; *Krieger/Plambeck*, NZA 2023, 1001, 1007.

Gleichbehandlung (mit Wirkung für die Zukunft) im Wege der **Einschränkung** der **Vergütungsleistungen** der bis dahin bevorzugten Personen wiederhergestellt wird, nicht gegen Art. 119 EWG-Vertrag (heute: Art. 157 AEUV) verstoßen; dieser verlange nur, dass Männer und Frauen das gleiche Entgelt erhalten, *„ohne aber eine bestimmte Höhe vorzuschreiben“*.[227]

428 Anders als bei der Überprüfung durch Gerichte[228] kommt damit für Arbeitgeber zur Herstellung gleicher Zustände neben einer Anpassung „nach oben“ *an sich* auch die Möglichkeit in Betracht, die Entgelthöhe der zu hoch vergüteten Arbeitnehmer einheitlich „nach unten“ an das (niedrigere) Entgelt der mit gleichen bzw. gleichwertigen Tätigkeiten beschäftigten Arbeitnehmer anzugleichen – jedenfalls soweit dies mit etwaigen (kollektivrechtlichen) Besitzständen vereinbar ist.[229] Hierfür kommen neben der allenfalls theoretisch vorstellbaren und iÜ nachrangigen Änderung der Geschäftsgrundlage[230] und dem aus Sicht der Praxis idR wenig realistischen Abschluss von (freiwilligen) Änderungsvereinbarungen sowohl der – einseitige – Ausspruch von Änderungskündigungen als auch der Abschluss von (abändernden) Kollektivvereinbarungen in Betracht.

II. Herstellung von Entgeltgleichheit im Wege der Änderungskündigung

429 Ob die Beseitigung einer Entgeltdiskriminierung im Wege der Änderungskündigung herbeigeführt werden kann bzw. die (Wieder-)Herstellung von Entgeltgleichheit bereits *an sich* überhaupt als tauglicher (Änderungs-)Kündigungsgrund zur Gehaltsreduzierung in Betracht kommt, muss jedenfalls auf Basis der bisherigen Rechtsprechung des BAG bezweifelt werden.[231]

---

227 EuGH, 28.9.1994 – C-408/92, NZA 1994, 1126, 1127 Rn. 21 – Avdel Systems.

228 Vgl. BAG v. 21.1.2021 – 8 AZR 488/19, NZA-RR 2021, 1011, 1022 Rn. 75.

229 EuArbRK/*Winter*, 5. Aufl. 2024, RL (EU) 2023/970 Art. 10 Rn. 4; *Schuster/Jacobson*, RdA 2024, 270, 276; *Winter*, EuZA 2024, 140, 160.

230 Vgl. dazu BAG, 12.1.2006 – 2 AZR 126/05, NZA 2006, 587, 590 Rn. 29 (nachträgliche Abweichung von „Equal-Pay“ durch Tarifvertrag).

231 Vgl. *Krieger/Plambeck*, NZA 2023, 1001, 1007 (kaum rechtswirksam umsetzbar); *Schuster/Jacobson*, RdA 2024, 270, 276.

430 Die Anforderungen, die das deutsche Recht an die Rechtfertigung einer Änderungskündigung zum Zweck der (alleinigen) Entgeltabsenkung stellt, sind hoch. Es gilt ein zweistufiger Prüfungsmaßstab: Die Änderungskündigung ist sozial gerechtfertigt, wenn ein dringendes betriebliches Erfordernis (§ 1 Abs. 2 Satz 1 KSchG bzw. § 626 Abs. 2 BGB) zur Änderung der Arbeitsbedingungen besteht – die Fortsetzung des Arbeitsverhältnisses zu den bisherigen Bedingungen somit ausgeschlossen ist (erster Schritt) und der Arbeitgeber sich darauf beschränkt, die am wenigsten beeinträchtigende Änderung anzubieten, die der Arbeitnehmer billigerweise hinnehmen muss (zweiter Schritt).[232]

431 Bezogen auf die Herstellung von Entgeltgleichheit dürfte es nach der bisherigen Rechtsprechung des BAG jedoch regelmäßig bereits an einem dringenden betrieblichen Erfordernis zur Änderung der Arbeitsbedingungen fehlen. Ausgehend von dem Grundsatz, dass einmal geschlossene Verträge grds. einzuhalten sind (*pacta sunt servanda*) und u. a. Geldmangel als solcher den Schuldner nicht entlasten könne (*Geld hat man zu haben*), kommen entgeltreduzierende Änderungskündigungen wegen des ihnen immanenten schwerwiegenden Eingriffs in das arbeitsvertraglich vereinbarte Verhältnis von Leistung und Gegenleistung – das arbeitsvertragliche **Synallagma** und den erworbenen **Besitzstand**[233] – derzeit allenfalls dann in Betracht, „*wenn bei einer Aufrechterhaltung der bisherigen Personalkostenstruktur weitere, betrieblich nicht mehr auffangbare Verluste entstehen, die absehbar zu einer Reduzierung der Belegschaft oder sogar zu einer Schließung des Betriebs führen*" und die Kosten durch andere Maßnahmen nicht zu senken sind.[234] Insbesondere sollen entsprechende Änderungskündigungen nicht unter Hinweis auf den Gleichheitsgrundsatz sozial gerechtfertigt werden können, der nicht nur hinter dem Grundsatz der

232 Vgl. BAG, 20.10.2017 – 2 AZR 783/16 (F), NZA 2018, 440, 444 Rn. 44; BAG, 18.5.2017 – 2 AZR 606/16, BeckRS 2017, 118085 Rn. 11; A/P/S/*Künzl*, 7. Aufl. 2024, KSchG § 2 Rn. 235.

233 Vgl. dazu etwa *Krieger/Plambeck*, NZA 2023, 1001, 1007; *von Steinau-Steinrück/Kurth*, NJW-Spezial 2024, 114.

234 Vgl. BAG, 20.10.2017 – 2 AZR 783/16 (F), NZA 2018, 440, 444 Rn. 41; BAG, 12.1.2006 – 2 AZR 126/05, NZA 2006, 587, 588 Rn. 19 (zur nachträglichen Abweichung von „Equal-Pay" durch Tarifvertrag); BAG, 20.1.2000 – 2 ABR 40/99, NZA 2000, 592, 594.

Vertragsfreiheit zurücktrete, sondern allein der Begründung von Rechten, nicht aber zu deren Einschränkung dienen könne – jedenfalls wenn der Arbeitgeber die Ungleichbehandlung durch unterschiedliche Vertragsabreden selbst herbeigeführt habe.[235] Dies wurde auch für den Fall angenommen, dass Arbeitgebern durch eine gesetzliche Neuregelung (§ 9 Nr. 2 AÜG a. F.) die Möglichkeit eingeräumt wurde, durch (nachträgliche) arbeitsvertragliche Bezugnahme auf einen Tarifvertrag von „Equal-Pay" abzuweichen.[236] Danach werden entgeltreduzierende Änderungskündigungen idR ausscheiden und auf absolute **Ausnahmefälle** begrenzt sein.

432 Darauf, dass dieses Ergebnis jedenfalls mit Blick auf die Rechtsprechung des EuGH indes keinesfalls zwingend erscheint und auch das BAG selbst zuletzt ausdrücklich darauf hingewiesen habe, dass sich die daraus bei festgestellter unionsrechtswidriger Diskriminierung abgeleitete Anpassung „nach oben" nur an die nationalen Gerichte wende[237] – daraus also nicht geschlussfolgert werden könne, dass diese auch bei Angleichungsmaßnahmen des Arbeitgebers alternativlos sei, weisen zu Recht *Schuster/Jacobson* hin, die entgeltreduzierende Änderungskündigungen zur Verwirklichung des Entgeltgleichheitsgrundsatzes iE auch unterhalb der Schwelle der Existenzgefährdung für möglich halten.[238]

433 In der Tat erscheint es auf den ersten Blick unter Gleichbehandlungsgesichtspunkten wenig stringent, die Vertragsfreiheit der Arbeitsvertragsparteien einerseits zur Durchsetzung eines legitimen Ziels (Entgeltgleichheit) hinter dem europäischen Entgeltgleichheitsgrundsatz aus Art. 157 AEUV zurücktreten zu lassen, ihr andererseits aber (durch Kündigungsausschluss) den Vorrang gegenüber dem arbeitsrechtlichen Gleichbehandlungsgrundsatz einzuräumen, wenn es darum geht,

---

235 Vgl. BAG, 16.5.2002 – 2 AZR 292/01, NZA 2003, 147, 149; BAG, 1.7.1999 – 2 AZR 826/98, NZA 1999, 1336, 1338; BAG, 28.4.1982 – 7 AZR 1139/79, NJW 1982, 2687, 2688 (wonach wesentliche Störungen des Betriebsfriedens wegen einer Ungleichbehandlung ein dringendes betriebliches Erfordernis begründen können sollen); A/P/S/*Künzl*, 7. Aufl. 2024, KSchG § 2 Rn. 255 f. mwN; zum Gleichbehandlungsgrundsatz allgm. BAG, 18.10.2018 – 6 AZR 300/17, NZA-RR 2019, 205, 207 Rn. 19.

236 BAG, 12.1.2006 – 2 AZR 126/05, NZA 2006, 587, 589 Rn. 23.

237 BAG v. 21.1.2021 – 8 AZR 488/19, NZA-RR 2021, 1011, 1022 Rn. 75.

238 *Schuster/Jacobson*, RdA 2024, 270, 276 f.

eine diskriminierungsfreie Vergütung durch entgeltreduzierende Änderungskündigungen bei vergleichbaren Arbeitnehmern des anderen Geschlechts umzusetzen.[239] Das gilt umso mehr, als die derzeit in Unternehmen bestehenden Vergütungsstrukturen – wie auch eine sich fortentwickelnde Rechtsprechung – keinesfalls statisch sind, sondern idR das Ergebnis einer jahre- bzw. jahrzehntelang dynamisch gewachsenen Entwicklung darstellen. Insbesondere die Entscheidung des 8. Senats des BAG vom 16.2.2023[240], wonach die Vermutung einer Entgeltbenachteiligung iSv § 22 AGG nicht unter Hinweis auf individuelle Gehaltsverhandlungen (Verhandlungsgeschick) widerlegt werden könne, da der Arbeitgeber sich sonst *„allzu leicht aus der Beachtung des Grundsatzes der Entgeltgleichheit entziehen“* könnte, dürfte viele Unternehmen vor Herausforderungen stellen – mag diese auch in der Sache begrüßenswert und der Umsetzung der EntgTranspRL bereits Rechnung tragend[241] sein.

434 Auch wenn die bisherige Rechtsprechung des BAG damit die dem Arbeitgeber zur Verfügung stehenden **Handlungsspielräume** deutlich begrenzt, hilft es, sich die Herleitung des Begründungsansatzes des BAG zu vergegenwärtigen. Danach geht es zwar sowohl bei der Durchsetzung von Art. 157 AEUV als auch beim arbeitsrechtlichen Gleichbehandlungsgrundsatz jeweils um „Gleichbehandlung“; dies jedoch aus unterschiedlichen Blickwinkeln, aus denen sich auch das (vermeintlich) widersprüchliche Rangverhältnis der Vertragsfreiheit der Arbeitsvertragsparteien herleiten lässt. Denn im Kern geht es um die Frage, ob an die Änderungskündigung geringere Anforderungen zu stellen sind, als an die Beendigungskündigung; das sieht das BAG jedenfalls für die Änderungskündigung zum Zweck Entgeltsabsenkung aus (bloßen) ***wirtschaftlichen*** **Gründen** seit seiner Entscheidung vom 20.3.1986 nicht so,[242] auch wenn der Prüfungsmaßstab den Schwerpunkt wegen der einheitlichen Betrachtung von Kündigung und Änderungsangebot auf die soziale Rechtfertigung des Änderungs-

239 So *Schuster/Jacobson*, RdA 2024, 270, 276.
240 BAG, 16.2.2023 – 8 AZR 450/21 = NZA 2023, 958.
241 Vgl. dazu *Schlachter*, RdA 2024, 52 ff.
242 Vgl. BAG, 20.3.1986 – 2 AZR 294/85 = NZA 1986, 824; ausf. *Hromadka*, NZA 1996, 1, 9 ff., u. a. mit dem Hinweis, der Arbeitnehmer habe nicht versprochen, je nach den wirtschaftlichen Verhältnissen des Unternehmens zu unterschiedlichem Entgelt zu arbeiten.

angebots legt; denn auch die Änderung der Arbeitsbedingungen folgt danach keinem Selbstzweck, sondern ist durch die Vermeidung eines völligen Arbeitsplatzverlustes motiviert[243], an den das BAG bei der Berufung auf „dringende betriebliche Erfordernisse“ iSv § 1 Abs. 2 Satz 1 KSchG seit jeher strenge Anforderungen stellt.

Aus Sicht der Praxis lautet danach jedenfalls der derzeitige Befund, dass allein das Argument, die Entgelte einzelner Arbeitgeber seien aus Gründen der Gleichbehandlung auf das übrige betriebliche Niveau herabzusenken, nach der bisherigen Rechtsprechung des BAG **kein dringendes betriebliches Erfordernis** iSv § 1 Abs. 2 Satz 1 KSchG darstellt.[244] Davon wird auch in Ansehung der künftig (strengeren) Vorgaben zur Vorhaltung objektiver, geschlechtsneutraler und den Grundsatz der Entgeltgleichheit wahrender Vergütungsstrukturen (Art. 4 Abs. 1, Abs. 4 EntgTranspRL) und ggf. drohender Sanktionen (Art. 23 EntgTranspRL) weiter ausgegangen werden müssen.[245] Insoweit erscheinen entgeltabsenkende Änderungskündigungen auch in Ansehung der EntgTranspRL zur Herbeiführung kollektiver Änderungen von Arbeitsbedingungen wenig tauglich. **435**

Ihr praktischer Anwendungsbereich dürfte auf einzelne Individualfälle beschränkt bleiben. Denn nur die wenigsten Unternehmen werden es sich leisten, ggf. größeren Teilen ihrer Belegschaft wegen der Herstellung von Entgeltgleichheit mit der Beendigung ihrer Arbeitsverhältnisse zu drohen[246] – zumal es sich um Beschäftigte handeln dürfte, deren (hohe) Vergütung regelmäßig Ausdruck eines gesteigerten Arbeitgeberinteresses gerade an ihrem Verbleib im Unternehmen ist (z. B. bei hohem Fluktuationsrisiko aufgrund schwer ersetzbarer Qualifikation). **436**

---

243 Vgl. A/P/S/*Künzl*, 7. Aufl. 2024, KSchG § 2 Rn. 234; so für Entgeltkürzungen bereits *Hromadka*, NZA 1996, 1, 10.

244 *Schuster/Jacobson*, RdA 2024, 270, 276; *Krieger/Plambeck*, NZA 2023, 1001, 1007; *Hümmerich/Maßen*, NZA 2005, 961, 966, jeweils mwN.

245 So bereits *von Steinau-Steinrück/Kurth*, NJW-Spezial 2024, 114.

246 So bereits *Hromadka*, NZA 2021, 749.

III. Entgeltreduzierung durch Einführung/Änderung kollektiver Arbeitsvertragsbedingungen

437 Soweit Änderungskündigungen ausscheiden und auch Änderungsvereinbarungen – unter praktischen Aspekten bereits wegen des dafür erforderlichen beiderseitigen Einvernehmens, teilweise aber auch wegen des Umfangs bzw. erheblichen Aufwands (z. B. bei vollständigen/größeren Änderungen ganzer Vergütungsmodelle oder einer Vielzahl an betroffenen Beschäftigten und unterschiedlichen Individualabsprachen) – nicht zielführend sind, können sich **Betriebsvereinbarungen** als Gestaltungsmittel zur Herstellung von Entgeltgleichheit anbieten. Das gilt nicht nur, soweit Ansprüche bereits durch Betriebsvereinbarung begründet werden, sondern vor allem auch für den Fall, dass bislang unterschiedliche individualvertragliche/-rechtliche Ansprüche (nachträglich) zugunsten eines kollektiv einheitlichen Systems **abgelöst** werden sollen; wenn etwa von bislang bestehenden Entgeltstrukturen ohne eine *objektive* Vergütungsordnung auf ein objektives und geschlechtsneutrales Vergütungssystem umgestellt werden soll.[247]

438 Grundlage hierfür ist die von der Rechtsprechung anerkannte ***umfassende*** **Regelungsbefugnis** der Betriebsparteien zur Regelung aller formellen und materiellen Arbeitsbedingungen[248], zu denen in Teilen auch die Ausgestaltung von Vergütungssystemen zählt. Ob bzw. inwieweit dabei aber zur Beseitigung einer Entgeltdiskriminierung in Vergütungsleistungen eingegriffen werden kann, lässt sich nur schwer abstrahieren. Im Kern betrifft die Frage nach der Reichweite resp. den Grenzen dieser Regelungsbefugnis das Verhältnis zwischen kollektivrechtlichen und arbeitsvertraglichen Regelungen[249], das in Rechtsprechung und Literatur vor allem im Zusammenhang mit individualvertraglichen Regelungen kontrovers diskutiert wird. Sachgerechte Lösungen lassen sich hier regelmäßig erst für den Einzelfall finden und werden durch die Rechtsprechung wohl vielfach erst noch ent-

---

247 Ausf. *Krieger/Plambeck*, NZA 2023, 1001 ff.

248 *Hoffmann/Köllmann*, NJW 2019, 3545; *Krieger/Arnold/Zeh*, NZA 2020, 81, 82 f.; vgl. zur umfassenden Regelungsbefugnis BAG, 7.11.1989 – GS 3/85, NZA 1990, 816, 818; BAG, 12.12.2006 – 1 AZR 96/06, NZA 2007, 453.

249 Vgl. etwa *Lembke/Stoffels*, NZA 2025, 277; 279 (Grundfrage); *Krieger/Plambeck*, NZA 2023, 1001; *Schrader*, BB 2022, 244; ausf. *Hoffmann/Köllmann*, NJW 2019, 3545; zur Dogmatik ausf. *Hromadka*, NZA 2021, 749; *ders.*, NZA 2019, 1336.

wickelt werden müssen, was klare Vorhersagen, in welchem Umfang Ablösung möglich ist, bislang weitgehend ausschließt.[250] Eine abschließende Darstellung würde wegen der in der Praxis zahlreichen denkbaren Fallgestaltungen den Rahmen dieses Beitrags sprengen. Nachfolgend sollen aber einige für die Herstellung von Entgeltgleichheit durch Entgeltreduzierung relevante Punkte aufgegriffen werden.

Im Kern geht es um die Frage, unter welchen Voraussetzungen eine *kollektive* Regelung durch eine neue kollektive Regelung geändert werden kann.[251] Einigkeit besteht daher weitgehend darin, dass eine Ablösung durch Betriebsvereinbarung in Fällen rein individueller Vergütungsentscheidungen bzw. bei individuell vereinbarten Entgeltzahlungen wegen des fehlenden notwendigen **kollektiven Bezugs** der (abzulösenden) Vergütungsregelung bereits von vornherein ausscheidet.[252] Ebenso ist anerkannt, dass (allein) durch eine Betriebsvereinbarung begründete Ansprüche einer Ablösung und Absenkung durch neue Betriebsvereinbarung grds. zugänglich sind.[253] **439**

Praktische Bedeutung erlangt die Frage nach der Reichweite der betrieblichen Regelungsbefugnis aber vor allem bei Aufeinandertreffen mit **individualvertraglichen Ansprüchen**. Denn unabhängig von rechtlichen Vorgaben[254] entspricht es idR den Erwartungen der Arbeitnehmer, dass die Zusammensetzung bzw. Höhe des Arbeitsentgelts im Arbeitsvertrag selbst ausgewiesen ist. Insoweit ist anerkannt, dass die Arbeitsvertragsparteien ihre vertraglichen Absprachen nicht nur so gestalten können, dass einzelne oder alle Arbeitsbedingungen einer Abänderung durch betriebliche Normen unterliegen – indem etwa in der vertraglichen Absprache auf eine jeweils geltende Betriebsvereinbarung oder betriebliche Regeln Bezug genommen wird[255], sondern **440**

---

250 So zutr. bereits *Hoffmann/Köllmann*, NJW 2019, 3545, 3549.

251 Vgl. statt vieler *Hromadka*, NZA 2021, 749, 752.

252 Vgl. BeckOK ArbR/*Werner*, 75. Ed. 1.3.2025, BetrVG § 87 Rn. 155; *Fitting*, 32. Aufl. 2024, BetrVG § 87 Rn. 429, 434; *Krieger/Plambeck*, NZA 2023, 1001; *Hoffmann/Köllmann*, NJW 2019, 3545, 3548; *Schrader*, BB 2022, 244, 247.

253 GK-BetrVG/*Kreutz*, 12. Aufl. 2022, BetrVG § 77 Rn. 364.

254 Vgl. § 2 Abs. 1 Nr. 7 NachwG.

255 Vgl. dazu grdl. BAG, 5.3.2013 – 1 AZR 417/12 = NZA 2013, 916, 920 Rn. 58 ff.; *Fitting*, 32. Aufl. 2024, BetrVG § 77 Rn. 353 mwN.

dass dies auch zu Lasten der Arbeitnehmer erfolgen kann.[256] Durch verschlechternde Betriebsvereinbarung kann eine arbeitsvertragliche Regelung daher wirksam – ohne Verletzung des Günstigkeitsprinzips[257] – abgelöst werden, wenn diese den **Vorbehalt einer kollektivrechtlichen Abänderung** enthält (sog. „**Betriebsvereinbarungsoffenheit**").[258] Die abändernde Betriebsvereinbarung als aus Sicht der Praxis häufig notwendigem Gestaltungsmittel wurde den Betriebsparteien faktisch aber erst durch die in der Rechtsprechung entwickelte Möglichkeit einer auch **konkludent** „vereinbarten" Betriebsvereinbarungsoffenheit an die Hand gegeben, die nach der viel beachteten Auftaktentscheidung des 1. Senats des BAG vom 5.3.2013[259] mittlerweile auch vom 3. und 5. Senat zumindest dem Grunde nach etwa auf durch betriebliche Übung,[260] Gesamtzusage[261] und auch Einzelvertrag[262] begründete Ansprüche erstreckt wird. Eine Betriebsvereinbarungsoffenheit wird daher auch dann angenommen, wenn der Vertragsgegenstand in **Allgemeinen Geschäftsbedingungen** geregelt ist und einen **kollektiven Bezug** habe.[263] Zwar ist diese Rechtsprechung auch unter den Senaten des BAG keinesfalls unumstritten[264]; sie wird aber weitgehend iSe den Bedürfnissen der Praxis Rechnung tragenden

---

256 Vgl. dazu grdl. BAG, 5.3.2013 – 1 AZR 417/12 = NZA 2013, 916, 920 Rn. 58 ff.; ErfK/*Kania*, 25. Aufl. 2025, § 77 BetrVG Rn. 79; *Fitting*, 32. Aufl. 2024, BetrVG § 77 Rn. 353, jeweils mwN.; *Meinel/Kiehn*, NZA 2014, 509, 510; *Schrader*, BB 2022, 244.

257 Vgl. dazu ausf. *Fitting*, 32. Aufl. 2024, BetrVG § 77 Rn. 351 ff.; *Hoffmann/Köllmann*, NZA 2020, 914, 918.

258 ErfK/*Kania*, 25. Aufl. 2025, § 77 BetrVG Rn. 79.

259 BAG, 5.3.2013 – 1 AZR 417/12, NZA 2013, 916.

260 BAG, 23.2.2016 – 3 AZR 44/14, NZA 2016, 961.

261 BAG, 30.1.2019 – 5 AZR 442/17, NZA 2019, 1076, 1079 Rn. 64 f. (auch zur Krit.); BAG, 10.3.2015 – 3 AZR 56/14, NZA-RR 2015, 371.

262 BAG, 25.5.2016 – 5 AZR 135/16, NZA 2016, 1327; BAG, 16.11.2011 – 10 AZR 60/11, NZA 2012, 349, 345 Rn. 15 f. (Treuegeld), aA noch BAG (10 Senat), 5.8.2009 – 10 AZR 483/08, NZA 2009, 1105.

263 Vgl. etwa ErfK/*Kania*, 25. Aufl. 2025, § 77 BetrVG Rn. 82 f.; ausf. *Hoffmann/Köllmann*, NJW 2019, 3545 ff.; *Schrader*, BB 2022, 244 ff.; *Hromadka*, NZA 2019, 1336 ff.

264 Vgl. BAG (4. Senat), 11.4.2018 – 4 AZR 119/17, NZA 2018, 1273; *Creuzfeld*, NZA 2018, 111; *Lembke/Stoffels*, NZA 2025, 277, 279; *Preis/Ulber*, NZA 2014, 6; *Bayreuther*, NZA 2019, 735, 737; *Waltermann*, RdA 2016, 296, 300 ff.

und hierdurch gerechtfertigten „Kunstgriffs" verstanden, an dem die Rechtsprechung auch künftig weiter festhalten wird.[265]

Dies gilt umso mehr, als auch die den Betriebsparteien übertragene Regelungsbefugnis – vor allem im Bereich der Vergütung – **keinesfalls schrankenlos** ist. Abgesehen von dem faktischen Erfordernis einer regelmäßig nur gemeinsam mit dem Betriebsrat erzielbaren Lösung setzen hier neben dem erforderlichen kollektiven Bezug regelmäßig bereits **tarifliche Regelungen** (§§ 77 Abs. 3, 87 Abs. 1 BetrVG) weite Grenzen, denen eine in der Rechtsprechung vor allem auf § 75 Abs. 1 BetrVG gestützte **Inhaltskontrolle** nachfolgt. Die danach bereits vor einer *Änderungskontrolle im engeren Sinne* zu beachtenden Grenzen lassen sich sinnvoll anhand folgender mehrstufiger Prüfung nachvollziehen:[266] Im ersten Schritt ist zu prüfen, ob bzw. inwieweit die zu regelnde Thematik überhaupt einen hinreichenden kollektiven Bezug aufweist und als solche der **zwingenden Mitbestimmung** nach § 87 Abs. 1 BetrVG – vor allem der betrieblichen Lohngestaltung (Nr. 10) oder der Regelung leistungsbezogener Entgelte (Nr. 11) – unterliegt. Soweit dies der Fall ist, ist wegen des § 87 Abs. 1 BetrVG zugleich immanenten **Tarifvorbehalts** bei tarifgebundenen Arbeitgebern im zweiten Schritt zu prüfen, ob bereits eine **konkrete** (einschlägige) **Tarifregelung** besteht und damit eine betriebliche Regelung ausschließt. Für (Teil-)Maßnahmen, die der **freiwilligen Mitbestimmung** iSv § 88 BetrVG unterfallen, ist zudem – auch bei nicht tarifgebundenen Arbeitgebern[267] – mit Blick auf die **Tarifsperre** nach § 77 Abs. 3 BetrVG zu klären, ob die jeweiligen Arbeitsentgelte resp. sonstigen Arbeitsbedingungen tariflich in einem auf den jeweiligen Betrieb räumlich, fachlich und persönlich anwendbaren Tarifvertrag geregelt sind oder üblicherweise geregelt werden, soweit der Tarifvertrag keine Öffnungsklausel iSv § 77 Abs. 3 Satz 2 BetrVG enthält. **441**

265 So ausdr. *Hromadka*, NZA 2021, 749, 751; iE ebenso *Hoffmann/Köllmann*, NJW 2019, 3545; wohl auch *Schrader*, BB 2022, 244, 247 (systematisch und dogmatisch eigentlich nicht begründbar); vgl. auch Salamon Entgeltgestaltung/ *Salamon*, 2. Aufl. 2025, § 6 Rn. 145 (gefestigte Rechtsprechung jedenfalls bei einheitlichen Formulararbeitsverträgen).

266 *Hoffmann/Köllmann*, NJW 2019, 3545, 3548.

267 Vgl. zur Sperrwirkung (auch) bei fehlender Mitgliedschaft im tarifschließenden Arbeitgeberverband u. a. BAG, 23.3.2011 – 4 AZR 268/09; BAG, 22.3.2005 – 1 ABR 64/03 (potentielle Mitgliedsunternehmen).

442 Bezogen auf die Herstellung von Entgeltgleichheit ergibt sich daraus, dass Betriebsvereinbarungen zum Zweck der (alleinigen) Entgeltabsenkung bereits nach dem Vorstehendem nur in engen Grenzen vorstellbar sind und in der Praxis vielfach ausscheiden dürften. Denn selbst bei vorhandenem kollektivem Bezug gehört die lohnpolitische Entscheidung des Arbeitgebers über die *konkrete* **Entgelthöhe** – soweit sie nicht bereits (üblicherweise)[268] durch Tarifvertrag geregelt ist – nach ständiger Rechtsprechung des BAG *nicht* zu den mitbestimmungspflichtigen Fragen der betrieblichen Lohngestaltung nach § 87 Abs. 1 Nr. 10 BetrVG.[269] Ein (kollektiver) praktischer Anwendungsbereich wird daher vor allem im außertariflichen Bereich sowie in der Anpassung bereits vorhandener feststehender Entgeltsysteme ohne Dispositionsbefugnis der Beschäftigten liegen[270]; die Bereitschaft der handelnden Akteure zum Abschluss entsprechender Regelungen freilich einmal unterstellend.

443 Erfolgt die Einstellung oder Kürzung von Entgeltleistungen hingegen mit dem Ziel, diese künftig nach anderen Grundsätzen zu gewähren (**Um-/Neuverteilung**), lässt sich daraus ein gewisses, wenn auch wohl begrenztes, Gestaltungspotential heben. Hierzu hat der 1. Senat des BAG mit Entscheidung vom 24.1.2017[271] klargestellt, dass der mit der Absenkung der Vergütung einhergehende Eingriff in die Vergütungsordnung selbst dann eine die Mitbestimmung nach § 87 Abs. 1 Nr. 10 BetrVG auslösende Änderung von Entlohnungsgrundsätzen darstellt, wenn der Arbeitgeber Teile der Vergütung individualvertraglich schulde; dies stehe der Mitbestimmung nach § 87 Abs. 1 Nr. 10 BetrVG (sic!) anders als gesetzliche oder tarifliche Regelungen nicht entgegen. Danach lässt sich der für eine Änderung durch die Betriebsparteien erforderliche Bezug zu § 87 Abs. 1 Nr. 10 BetrVG nicht erst

---

268 Vzgl. Zu Art und Höhe etwa BAG, 21.1.2003 – 1 ABR 5/02 = NZA 2003, 810; BAG, 12.4.2011 – 1 AZR 42/09 = NZA 2011, 989; BAG, 7.6.2011 – 1 AZR 807/09 = NZA 2011, 1234; BAG, 18.10.2011 – 1 AZR 376/10; BAG, 18.11.2014 – 1 ABR 18/13; GK-BetrVG/*Gutzeit*, 12. Aufl. 2022, BetrVG § 88 Rn. 12.

269 BAG, 28.2.2006 – 1 ABR 4/05, NZA 2006, 1426, 1427 Rn. 15; BAG, 18.10.2011 – 1 ABR 25/10 = NZA 2012, 392, 396 Rn. 29; GK-BetrVG/*Gutzeit*, 12. Aufl. 2022, BetrVG § 87 Rn. 849 (allgM); *Krieger/Plambeck*, NZA 2023, 1001, 1006.

270 *Hoffmann/Köllmann*, NJW 2019, 3545, 3548.

271 BAG 24.1.2017 – 1 AZR 772/14, NZA 2017, 931, 934 Rn. 37 f.

in Fällen herstellen, in denen (erstmals) von bislang bestehenden Entgeltstrukturen ohne *objektive* Vergütungsordnung auf ein objektives und geschlechtsneutrales Vergütungssystem umgestellt werden soll[272], sondern kommt mitunter auch dann in Betracht, wenn eine beabsichtigte **Absenkung individualvertraglich begründeter Vergütungsansprüche** nicht im gesamten Betrieb für alle Beschäftigten nach einem einheitlichen prozentualen Anteil vorgenommen wird.[273]

Damit stellt sich die Frage nach dem Maßstab der weiteren **Änderungskontrolle** – soz. den inhaltlichen Grenzen der allgemeinen Regelungsbefugnis der Betriebsparteien *im engeren Sinne*, die der 1. Senat des BAG auch im Verhältnis zu individuellen Rechtspositionen von Arbeitnehmern bereits vor seiner Entscheidung vom 5.3.2013 jedenfalls in den Grenzen von Recht und Billigkeit gemäß § 75 Abs. 1 BetrVG sehen wollte.[274] Dabei handelt es sich mittlerweile um eine **Rechtskontrolle**, im Zuge derer nicht nur allgemeine gesetzliche Vorgaben (u. a. MiLoG, TzBfG, AÜG), sondern wegen der aus § 75 BetrVG folgenden mittelbaren Grundrechtsbindung der Betriebsparteien[275] vor allem auch die Wahrung der Grundsätze der **Verhältnismäßigkeit** und des **Vertrauensschutzes** überprüft werden – d.h. ob ein Änderungsgrund vorliegt und wie weit die in grundrechtlich geschützte Rechtspositionen von Arbeitnehmern (u. a. Art. 14 Abs. 1; Art. 2 Abs. 1, Art. 1 Abs. 1; Art. 12 Abs. 1 GG) eingreifende bzw. diese einschränkende Änderung sein darf.[276] Dazu muss die von den Betriebsparteien getroffene Regelung geeignet, erforderlich und angemessen sein. **Geeignet** ist die Regelung dann, wenn mit ihrer Hilfe der erstrebte Erfolgt gefördert **444**

272 *Krieger/Plambeck*, NZA 2023, 1001, 1006.

273 So bereits *Hoffmann/Köllmann*, NJW 2019, 3545, 3547; vgl. auch LAG Baden-Württemberg, 14.7.1997 – 15 Sa 29/97, NZA-RR 1998, 264, wonach die vereinbarte Absenkung einer betrieblichen Sonderzahlung um 10 % nicht zur mitbestimmungspflichtigen betrieblichen Lohngestaltung zählt.

274 BAG, 18.7.2006 – 1 AZR 578/05, NJW 2007, 1302, 1304 Rn. 33; *Hoffmann/Köllmann*, NJW 2019, 3545, 3548; vgl. bereits BAG, 7.11.1989 – GS 3/85, NZA 1990, 816, unter C.I.3. der Gründe; i.E. wohl auch *Krieger/Arnold/Zeh*, NZA 2020, 81, 87.

275 Vgl. GK-BetrVG/*Kreutz*, 12. Aufl. 2022, BetrVG § 77 Rn. 333, 336 mwN.

276 BAG, 17.8.2021 – 1 AZR 50/20, NZA 2022, 207, 213 Rn. 63; BAG, 30.1.2019 – 5 AZR 450/17 = NZA 2019, 1065 Rn. 71, 73; BAG 11.7.2017, 3 AZR 513/16, NZA 2017, 1471, 1475 Rn. 47 ff.; BAG, 23.1.2008 – 1 AZR 988/06, NZA 2008, 709, 710 Rn. 19.

werden kann. **Erforderlich** ist sie, wenn kein anderes gleich wirksames, aber weniger einschränkendes belastendes Mittel zur Verfügung steht. **Angemessen** ist sie, wenn sie verhältnismäßig im engeren Sinn ist. Es bedarf hier einer Güterabwägung zwischen der Intensität des Eingriffs und dem Gewicht der ihn rechtfertigenden Gründe; die Grenze der Zumutbarkeit darf nicht überschritten werden.[277]

445 Mit Blick auf die Herstellung von Entgeltgleichheit wird ein legitimer **Änderungsgrund** darin gesehen werden müssen, dass die Betriebsparteien über § 75 Abs. 1 BetrVG – dem ein entsprechendes Verbot bereits immanent ist[278] – an das in § 3 Abs. 1 EntgTranspG geregelte Verbot der geschlechtsbezogenen Entgeltbenachteiligung und den Grundsatz der Gleichbehandlung[279] gebunden sind. Entsprechende Maßnahmen wären auch **geeignet**, den Inhalt der Arbeitsverhältnisse der Entlohnung aller vergleichbaren Arbeitnehmer anzupassen. Fraglich ist aber, ob sich das Ziel der Entgeltgleichheit nicht weniger belastend durch die Anhebung der Vergütung der benachteiligten Arbeitnehmer „nach oben" als milderem Mittel erreichen ließe, sodass Absenkungen nicht **erforderlich** sind. Dem lässt sich jedoch entgegenhalten, dass Arbeitgebern nur solche milderen Mittel auferlegt werden können, deren Durchführung ihnen rechtlich und vor allem tatsächlich möglich sind.[280] Denn im Gegensatz zum Fall einer (vergangenheitsbezogenen) gerichtlich festgestellten Entgeltdiskriminierung geht es bei der Schaffung eines objektiven und geschlechtsneutralen Vergütungssystems um die *zukunftsgerichtete* Gewährleistung des Entgeltgleichheitsgrundsatzes, für die sich der Rechtsprechung des EuGH eben *nicht* entnehmen lässt, dass Arbeitgeber dem nur durch eine Anpassung „nach oben" Rechnung tragen können.[281]

446 Erheblich schwieriger gestaltet sich die Frage nach der Verhältnismäßigkeit *im engeren Sinne* (**Angemessenheit**), geht es bei der Bestimmung der zulässigen Reichweite von Änderungen doch vor allem

277 12.12.2006 – 1 AZR 96/06, NZA 2007, 453, 455 Rn. 24; GK-BetrVG/*Kreutz*, 12. Aufl. 2022, BetrVG § 77 Rn. 337.

278 *Fitting*, 32. Aufl. 2024, BetrVG § 75 Rn. 113.

279 So etwa GK-BetrVG/*Kreutz*, 12. Aufl. 2022, BetrVG § 77 Rn. 357.

280 Ähnlich der Prüfung der Sozialwidrigkeit einer Kündigung anerkannt; vgl. BeckOK ArbR/*Rolfs*, 75. Ed. 1.3.2025, KSchG § 1 Rn. 71; NK-ArbR/*Greiner*, 2. Aufl. 2023, KSchG § 1 Rn. 297.

281 Vgl. Rn. 427.

darum, einen sachgerechten Ausgleich zwischen dem Besitzstand der betroffenen Arbeitnehmer einerseits und den von den Betriebsparteien verfolgten Zwecken andererseits herzustellen. Hierzu fehlt es jedoch in einer Vielzahl an Fällen jedenfalls derzeit sowohl an (gefestigter) Rechtsprechung als auch klaren Vorgaben aus der Literatur, an denen sich die Praxis orientieren kann[282] – vor allem für den besonders praxisrelevanten Bereich des arbeitsvertraglichen Synallagma (d.h. Fest-, leistungs- bzw. erfolgsabhängige[283] Vergütung). Zumindest mit Blick auf die Entgelthöhe lassen sich aber zumindest gewisse Konturen zeichnen (dazu sogleich).[284]

Ausgangspunkt ist dabei die Überlegung, dass ein betriebsvereinba- **447**
rungsoffener Arbeitsvertrag von vornherein (nur) eine **vorübergehende Einräumung eines Rechtsanspruchs** bis zum Inkrafttreten einer Betriebsvereinbarung vorsieht.[285] Würde sich die den Betriebsparteien eingeräumte Möglichkeit zur Neugestaltung einer Leistung durch Betriebsvereinbarung wegen einer Vielzahl günstigerer arbeitsvertraglicher Regelungen nicht durchsetzen können, liefe das Mitbestimmungsrecht des Betriebsrats über die Verteilung der Mittel zumindest teilweise leer;[286] zumal sich jedenfalls der jüngeren Rechtsprechung des BAG auch kein absolutes Verbot (rein) belastender Betriebsvereinbarungen entnehmen lässt.[287] Teilweise wird sogar die generelle Entziehung auch ursprünglich vertraglich eingeräumter Entgeltbestandteile für möglich gehalten.[288] Andererseits gehört das **gesetzliche**

---

282 Ebenso *Hoffmann/Köllmann*, NJW 2019, 3545, 3549.

283 Vgl. zur Berücksichtigung des Synallagma im Rahmen von § 75 BetrVG etwa BAG, 7.6.2011 – 1 AZR 807/09, NZA 2011, 1234, 1237 Rn. 36 f.

284 Rn. 447.

285 Salamon Entgeltgestaltung/*Salamon*, 2. Aufl. 2025, § 6 Rn. 148.

286 So für allgemeine Arbeitsbedingungen BAG, 17.7.2012 – 1 AZR 476/11, NZA 2013, 338, 342 Rn. 29, 53 (für eine Abstimmung mit der zust. Arbeitnehmervertretung zu Stande gekommene vertragl. Einheitsregel betreff. Leistungen im Krankheitsfall); vgl. auch Salamon Entgeltgestaltung/*Salamon*, 2. Aufl. 2025, § 6 Rn. 149.

287 Ausf. GK-BetrVG/*Kreutz*, 12. Aufl. 2022, BetrVG § 77 Rn. 362 unter Hinweis auf BAG, 12.12.2006 – 1 AZR 96/06; ebenso *Hoffmann/Köllmann*, NJW 2019, 3545, 3548, unter Hinweis auf BAG, 18.7.2006 – 1 AZR 578/05, NJW 2007, 1302, 1304 Rn. 33; a.A. *Richardi*, BetrVG, 17. Aufl. 2022, § 77 Rn. 123 mwN.

288 So Salamon Entgeltgestaltung/*Salamon*, 2. Aufl. 2025, § 6 Rn. 148, unter Hinweis darauf, dass dies bislang nicht Gegenstand höchstrichterlicher Rechtsprechung gewesen sei.

Leitbild des § 611a BGB – d.h. das enge Abhängigkeitsverhältnis von Arbeitsentgelt und Arbeitsleistung (Synallagma) – zu den im Rahmen der Betriebsverfassung zu beachtenden Binnenschranken,[289] sodass hierin eingreifenden Regelungen einer Betriebsvereinbarung zumindest mit einer gewissen Skepsis zu begegnen ist.[290] Nach Auffassung des 1. Senats des BAG[291] bleibt der Arbeitgeber daher u. a. nach § 611a Abs. 2 BGB zur Erbringung der vereinbarten Gegenleistung verpflichtet, soweit der vorleistungspflichtige Arbeitnehmer seinerseits die ihm obliegende Leistung erbracht hat, sodass eine rückwirkende Kürzung von Arbeitsentgelt („echte Rückwirkung")[292] ausscheiden wird.

448 Inwieweit aber Entgeltansprüche mit Wirkung für die *Zukunft* reduziert bzw. neu bestimmt werden können („unechte Rückwirkung") ist offen. Derzeit wird offenbar eine Orientierung an der Rechtsprechung des BAG zum Widerrufsvorbehalt favorisiert[293], auch wenn das BAG bislang ausdrücklich offengelassen hat, ob im Rahmen der Überprüfung von Betriebsvereinbarungen über § 75 BetrVG die materiellen Grenzen einer Inhalts- bzw. Angemessenheitskontrolle auf die Einräumung eines Widerrufsvorbehalts Anwendung finden.[294] Denn selbst im Fall einer ausdrücklichen Vereinbarung in einem (Formular-)Arbeitsvertrag könnten Vergütungsbestandteile nur bis zur Grenze von regelmäßig **25 %** der Gesamtvergütung widerrufen werden.[295] Solange dies in der

---

289 BAG, 18.3.2020 – 5 AZR 36/19, NZA 2020, 868, 869 Rn. 18, 25(Fahrzeit); BAG, 7.6.2011 – 1 AZR 807/09, NZA 2011, 1234, 1237 Rn. 36 f. (erfolgsabhängige Vergütung); Salamon Entgeltgestaltung/*Salamon*, 2. Aufl. 2025, § 5 Rn. 43; Richardi/BetrVG, 17. Aufl. 2022, § 77 Rn. 115; *Fitting*, 32. Aufl. 2024, BetrVG § 77 Rn. 60.

290 Enger Salamon Entgeltgestaltung/*Salamon*, 2. Aufl. 2025, § 5 Rn. 43 (allenfalls sehr beschränkte Regelungsbefugnis).

291 BAG, 12.4.2011 – 1 AZR 412/09, NZA 2011, 989, 990 Rn. 21 (erfolgsabhängige Vergütung).

292 Vgl. zur Begriffsbestimmung etwa BVerfG, 3.12.1997 – 2 BvR 882/97, BVerfG 97, 67, 78 f.

293 So etwa *Hoffmann/Köllmann*, NJW 2019, 3545, 3549; i.E. wohl auch Salamon Entgeltgestaltung/*Salamon*, 2. Aufl. 2025, § 6 Rn. 192, der Regelungen des Synallagma durch Betriebsvereinbarung aber krit. sieht (Fn. 89).

294 BAG, 1.2.2006 – 5 AZR 187/05, NZA 2006, 563, 565 Rn. 28; Salamon Entgeltgestaltung/*Salamon*, 2. Aufl. 2025, § 6 Rn. 192; dafür LAG Hessen, 20.8.2009 – 14/18 Sa 612/09 (Bonus); abl. SWK-ArbR/*Schönhöft*, 4. Aufl. 2023, Stichtagsklausel Rn. 24; *Albicker/Wiesenecker*, BB 2008, 2631, 2635; aA.

295 So etwa *Hoffmann/Köllmann*, NJW 2019, 3545, 3549.

Rechtsprechung nicht abschließend geklärt ist, bietet diese **(quantitative) Grenze** zumindest eine gewisse Orientierung und sollte beachtet werden.[296] Konkrete **(qualitative) Vorgaben** dazu, welchen weiteren Voraussetzungen Eingriffe in das arbeitsvertragliche Synallagma unterliegen, lassen sich der Heranziehung der zum Widerrufsvorbehalt entwickelten Grundsätze im Hinblick auf die dann am Maßstab von § 315 Abs. 1 BGB vorzunehmende **Ausübungskontrolle**[297] indes nur begrenzt entnehmen. Denn die Ausübung des Widerrufsvorbehalts erfordert danach, dass ein **Widerrufsgrund** vorliegt, der die Entziehung des Vergütungsbestandteils im konkreten **Einzelfall** als angemessen erscheinen lässt, sodass die Ausübung unter Berücksichtigung der Interessen des Arbeitnehmers **billigem Ermessen** entspricht.[298] Immerhin hat dies zur Folge, dass sich damit der Kreis der potentiellen Änderungsgründe – die mangels geltender Transparenzkontrolle für Betriebsvereinbarungen wohl nicht in der Betriebsvereinbarung selbst benannt sein müssten[299] – erweitern lässt.[300] Klare Vorhersagen, in welchem Umfang Ablösungen möglich sind, bleiben damit jedoch in den allermeisten Fällen von vornherein ausgeschlossen. Da es in der Rechtsprechung bislang weitgehend an Positivbeispielen fehlt, erscheint im Fall von in das arbeitsvertragliche Synallagma eingreifenden betrieblichen Regelungen aber Zurückhaltung geboten.[301]

---

296 Salamon Entgeltgestaltung/*Salamon*, 2. Aufl. 2025, § 6 Rn. 192; *Hoffmann/Köllmann*, NJW 2019, 3545, 3549.

297 Salamon Entgeltgestaltung/*Salamon*, 2. Aufl. 2025, § 6 Rn. 193.

298 Vgl. Salamon Entgeltgestaltung/*Salamon*, 2. Aufl. 2025, § 6 Rn. 118, 132.

299 Salamon Entgeltgestaltung/*Salamon*, 2. Aufl. 2025, § 6 Rn. 192 unter Hinweis auf BAG, 1.2.2006 – 5 AZR 187/05, NZA 2006, 563, 566.

300 Widerrufsvorbehalte in (Formular-)Arbeitsverträgen hat die Rechtsprechung im Rahmen der AGB-Kontrolle jedoch regelmäßig für unwirksam erklärt, da das Wirtschaftsrisiko nicht auf den Arbeitnehmer verlagert werden dürfe, vgl. BAG, 24.1.2017 – 1 AZR 774/14, NZA 2017, 777, 778 Rn. 23; BAG, 11.10.2006 – 5 AZR 721/05, NZA 2007, 87, 89 Rn. 22 (unter Hinweis auf § 2 KSchG). Jedoch unterliegen Betriebsvereinbarungen nach § 310 Abs. 4 BGB keiner AGB-Kontrolle und stellen keine einseitige Maßnahme des Arbeitgebers dar, *Hoffmann/Köllmann*, NJW 2019, 3545, 3549.

301 So auch Salamon Entgeltgestaltung/*Salamon*, 2. Aufl. 2025, § 5 Rn. 43; *Hoffmann/Köllmann*, NJW 2019, 3545, 3548 f.

D. Fazit: Besitzstandswahrung – Beibehaltung des Status quo?

449 Für die Praxis lässt sich damit festhalten: Betriebsvereinbarungen kommen als Gestaltungsmittel zur Herstellung von Entgeltgleichheit auch im Rahmen der Einstellung oder Kürzung von tariflich nicht geregelten Entgeltleistungen in Betracht, wenn diese künftig nach anderen Grundsätzen gewährt werden sollen. Dabei sind auch Eingriffe in individualvertragliche/-rechtliche Ansprüche möglich, insbesondere wenn diese infolge betrieblicher Übung oder durch Gesamtzusage gewährt wurden. Die Betriebsparteien haben jedoch neben den aus § 87 Abs. 1 und § 77 Abs. 3 BetrVG folgenden Beschränkungen im Rahmen einer Ausübungskontrolle nach § 75 Abs. 1 BetrVG die Grenzen von Recht und Billigkeit zu beachten und die Grundsätze der Verhältnismäßigkeit und des Vertrauensschutzes zu wahren. Klare (inhaltliche) Vorgaben lassen sich dem Gesetz und der bislang ergangenen Rechtsprechung indes kaum entnehmen und werden in vielen Fällen erst noch entwickelt werden müssen. Eingriffe in das arbeitsvertragliche Synallagma erscheinen ebenso grds. möglich. Im Hinblick auf das in §§ 611, 611a Abs. 2 BGB verankerte gesetzliche Leitbild wird die Regelungsbefugnis der Betriebsparteien aber beschränkt sein, der individuelle Vergütungsentscheidungen bzw. individuell vereinbarte Entgeltzahlungen jedoch vielfach bereits wegen ihres fehlenden kollektiven Bezugs entzogen sein werden, ohne dass es auf eine (konkludent) vereinbarte Betriebsvereinbarungsoffenheit weiter ankommt. In jedem Fall sollte bis zu einer abschließenden Klärung in der Rechtsprechung eine (quantitative) Grenze von 25 % der Gesamtvergütung nicht überschritten werden.

450 Soweit sich die Herstellung von Entgeltgleichheit weder einseitig durch Änderungskündigung, einvernehmlich durch Änderungsvereinbarung, noch kollektiv durch Betriebsvereinbarung erzielen lässt, bliebe gegenüber einer Anpassung „nach oben“ wohl nur die Möglichkeit, den änderungsfesten Besitzstand der bislang bevorzugten Personen im Rahmen der Einführung bzw. Umstellung auf ein objektives und geschlechtsneutrales Vergütungssystem während der Zeit der Übergangsphase beizubehalten (*Einfrieren* und *Ausschleichen*).[302]

Entsprechende Ausnahmen in tariflichen resp. gesetzlichen Regelungen hat der EuGH bei der Umstellung von (alters-)diskriminierenden Entgeltsystemen in den Rechtssachen Hennings und Mai[303] bzw. Specht[304] bereits zugelassen.[305] Dabei konnte bereits das Ziel (!) einer Besitzstandswahrung eine zeitlich begrenzte Fortsetzung von diskriminierenden Auswirkungen des Altsystems rechtfertigen, wenn insgesamt ein Systemwechsel hin zu einer diskriminierungsfreien Praxis vollzogen werde.[306] In diesem Fall handelt es sich um eine stufen- bzw. schrittweise Beseitigung von Entgeltunterschieden, indem etwa die bislang „überbezahlten" Arbeitnehmer ihr Entgelt behalten, aber erst wieder an künftigen Entgeltentwicklungen beteiligt werden, nachdem eine (reguläre) Angleichung mit den vergleichbaren Arbeitnehmern des anderen Geschlechts erfolgt ist, was freilich voraussetzt, dass eine Entgeltentwicklung bei allen vergleichbaren Arbeitnehmern überhaupt stattfinden kann.

---

302 So etwa *Krieger/Plambeck*, NZA 2023, 1001, 1007; vgl. zur Zulässigkeit unterschiedlicher Gehälter nach Einführung bzw. Umstellung auf ein objektives und geschlechtsneutrales Vergütungssystem *von Steinau-Steinrück/Kurth*, NJW-Spezial 2024, 114 f.

303 EuGH, 8.9.2011 – C-297, 298/10, EuZW 2011, 883 – Hennings u. Mai (tarifvertragliche Regelung).

304 EuGH, 19.6.2014 – C-501/12, EuZW 2014, 749 – Specht (gesetzliche Regelung).

305 Ausf. dazu *Thüsing/Pötters*, EuZW 2015, 935 ff.

306 *Thüsing/Pötters*, EuZW 2015, 935, 937; *Krieger/Plambeck*, NZA 2023, 1001, 1007.

Kapitel 8 Zukunftsausblick & Handlungsempfehlungen

Die Umsetzung der EntgTransp-RL wird dazu führen, dass in Unternehmen über Geld gesprochen wird. Ein Umdenken wird stattfinden (müssen). Denn andere Unternehmen werden über Geld sprechen. Auch die internen Prozesse werden neu gedacht werden müssen. Daraus sollten **Innovationen** abgeleitet werden, die gewinnbringend als Unternehmensphilosophie und Strategie benannt werden sollten. Das Sprechen über Geld kann so zu einem **Benefit** werden, der auch als solcher genutzt werden sollte. Die Richtlinie ist eine Chance, aus diskriminierungsfreier Gehaltsgestaltung offensiv einen transparenten und leistungsbezogenen **Entgeltbewertungsprozess abzuleiten**. Denn Leistung sollte sich lohnen und Mitarbeiter sollten wissen, warum sie welche Entgelte erhalten können und warum es Unterschiede geben muss. **451**

Wie beginnen Sie die Umsetzung und wie könnte ein Notfallplan (für eine kurzfristige Umsetzung) aussehen? **452**

I. Analyse der bestehenden Lohnstruktur

Der **erste Schritt** besteht darin, eine Analyse der aktuellen Lohnstruktur vorzunehmen. Dabei sollten die Gehälter aller Beschäftigten in den verschiedenen Abteilungen und Positionen auf Abweichungen geprüft werden. Diese Analyse sollte alle Vergütungsbestandteile – Grundgehalt, Boni, Provisionen, Prämien und sonstige Zusatzleistungen – umfassen. **453**

II. Festlegung transparenter Vergütungsstrategien

Im zweiten Schritt sollten Sie transparente und nachvollziehbare Vergütungsstrategien entwickeln. Schwerpunkt ist, klare Kriterien für die Gehaltsbestimmung festzulegen, wie zum Beispiel berufliche Qualifikationen, Erfahrung, Verantwortung und individuelle Leistungen. Diese Kriterien sollten intern kommuniziert und dokumentiert wer- **454** den, um sicherzustellen, dass alle Beschäftigten verstehen, wie sich die Vergütung zusammensetzt.

III. Benchmark

455 Mit Blick auf die öffentliche Zugänglichkeit der Gehaltsdaten sollte im besten Fall ein Benchmark durchgeführt werden, damit Sie sehen, wo stehen Sie im Vergleich zu anderen Unternehmen.

IV. Kommunikation vorbereiten

456 Im Umgang mit den Beschäftigten ist es zentral, transparent über die Ziele der Entgelttransparenz zu informieren. Beschäftigte sollten nicht nur über ihre eigenen Gehälter Bescheid wissen, sondern auch über die allgemeinen Vergütungskriterien. Auch nach außen hin sollten Unternehmen ihre Transparenz als Benefit darstellen und klar benennen.

V. Einhaltung rechtlicher Vorgaben

457 Unternehmen müssen sicherstellen, dass ihre Vergütungsstrukturen den gesetzlichen Vorgaben der Entgelttransparenz-Richtlinie entsprechen. Das heißt, dass sie Auskunftsersuchen von Mitarbeitern innerhalb der vorgegebenen Fristen (zwei Monate) erfüllen können müssen. Auch hier muss es einen klar definierten Zuständigkeitsprozess sowie Vorlagen (mit Erklärungen und Rechtfertigungen) geben.

VI. Erstellung von Entgeltberichten

458 Unternehmen mit mehr als 100 Arbeitnehmern sollten sich – soweit sie dies noch nicht tun – auf die Erstellung von Entgeltberichten vorbereiten.

VII. Verantwortlichkeiten klären/Internes Kontrollsystem

459 Die Gehaltsstruktur sollte regelmäßig überprüft und gegebenenfalls angepasst werden. Sie sollten die Umsetzung nicht als einmaligen

Vorgang, sondern als Prozess verstehen und aufsetzen. Die Kommunikation über Erfolge ist ebenfalls ein wesentlicher Bestandteil, den Sie positiv nutzen sollten.

Anhang

Erwägungsgründe und Richtlinie

RICHTLINIE (EU) 2023/970 DES EUROPÄISCHEN PARLAMENTS UND DES RATES

vom 10. Mai 2023

zur Stärkung der Anwendung des Grundsatzes des gleichen Entgelts für Männer und Frauen bei gleicher oder gleichwertiger Arbeit durch Entgelttransparenz und Durchsetzungsmechanismen

(Text von Bedeutung für den EWR)

DAS EUROPÄISCHE PARLAMENT UND DER RAT DER EUROPÄISCHEN UNION –

gestützt auf den Vertrag über die Arbeitsweise der Europäischen Union, insbesondere auf Artikel 157 Absatz 3,

auf Vorschlag der Europäischen Kommission,

nach Zuleitung des Entwurfs des Gesetzgebungsakts an die nationalen Parlamente,

nach Stellungnahme des Europäischen Wirtschafts- und Sozialausschusses ([1]),

gemäß dem ordentlichen Gesetzgebungsverfahren ([2]),

in Erwägung nachstehender Gründe:

(1) In Artikel 11 des Übereinkommens der Vereinten Nationen vom 18. Dezember 1979 zur Beseitigung jeder Form von Diskriminierung der Frau, das von allen Mitgliedstaaten ratifiziert worden ist, ist vorgesehen, dass die Vertragsstaaten alle geeigneten Maßnahmen zu treffen haben, um unter anderem das Recht auf gleiches Entgelt, einschließlich sonstiger Leistungen, und auf Gleichbehandlung bei gleichwertiger Arbeit sowie Gleichbehandlung bei der Bewertung der Arbeitsqualität zu gewährleisten.

(2) In Artikel 2 und Artikel 3 Absatz 3 des Vertrags über die Europäische Union ist das Recht auf Gleichstellung von Frauen und Männern als wesentlicher Wert der Union festgeschrieben.

(3) Gemäß den Artikeln 8 und 10 des Vertrags über die Arbeitsweise der Europäischen Union (AEUV) wird gefordert, dass die Union in ihrer Politik und bei allen ihren Tätigkeiten darauf hinwirkt, Ungleichheiten zu beseitigen, die Gleichstellung von Männern und Frauen zu fördern und Diskriminierungen aus Gründen des Geschlechts zu bekämpfen.

(4) Gemäß Artikel 157 Absatz 1 AEUV ist jeder Mitgliedstaat verpflichtet, die Anwendung des Grundsatzes des gleichen Entgelts für Männer und Frauen bei gleicher oder gleichwertiger Arbeit sicherzustellen. In Artikel 157 Absatz 3 AEUV ist vorgesehen, dass die Union Maßnahmen zur Gewährleistung der Anwendung des Grundsatzes der Chancengleichheit und der Gleichbehandlung von Männern und Frauen in Arbeits- und Beschäftigungsfragen, einschließlich des Grundsatzes des gleichen Entgelts bei gleicher oder gleichwertiger Arbeit (im Folgenden „Grundsatz des gleichen Entgelts“), beschließt.

(5) Der Gerichtshof der Europäischen Union (im Folgenden „Gerichtshof“) hat festgestellt, dass der Anwendungsbereich des Grundsatzes der Gleichbehandlung von Männern und Frauen nicht auf die Diskriminierungen beschränkt werden kann, die sich aus der Zugehörigkeit zu dem einen oder dem anderen Geschlecht ergeben ([3]). In Anbetracht des Gegenstands und der Natur der Rechte, die damit geschützt werden sollen, hat dieser Grundsatz auch für Diskriminierungen zu gelten, die ihre Ursache in einer Geschlechtsumwandlung haben.

(6) In einigen Mitgliedstaaten ist es derzeit möglich, sich rechtlich als ein drittes, oftmals neutrales, Geschlecht registrieren zu lassen. Diese Richtlinie berührt nicht die einschlägigen nationalen Vorschriften zur Umsetzung einer solchen Anerkennung in Bezug auf Beschäftigung und Entgelt.

(7) Gemäß Artikel 21 der Charta der Grundrechte der Europäischen Union (im Folgenden „Charta“) sind Diskriminierungen, insbesondere wegen des Geschlechts, verboten. In Artikel 23 der

Charta ist vorgesehen, dass die Gleichheit von Frauen und Männern in allen Bereichen, einschließlich der Beschäftigung, der Arbeit und des Arbeitsentgelts, sicherzustellen ist.

(8) In Artikel 23 der Allgemeinen Erklärung der Menschenrechte heißt es unter anderem, dass jeder, ohne Unterschied, das Recht auf gleiches Entgelt für gleiche Arbeit, auf freie Berufswahl, auf gerechte und befriedigende Arbeitsbedingungen sowie auf gerechte Entlohnung, die eine der menschlichen Würde entsprechende Existenz sichert, hat.

(9) Die vom Europäischen Parlament, dem Rat und der Kommission gemeinsam proklamierte europäische Säule sozialer Rechte enthält unter anderem die Grundsätze der Gleichbehandlung und Chancengleichheit von Frauen und Männern sowie das Recht auf gleiches Entgelt bei gleichwertiger Arbeit.

(10) In der Richtlinie 2006/54/EG des Europäischen Parlaments und des Rates ([4]) ist vorgesehen, dass bei gleicher Arbeit oder bei einer Arbeit, die als gleichwertig anerkannt wird, mittelbare und unmittelbare Diskriminierung aufgrund des Geschlechts in Bezug auf sämtliche Entgeltbestandteile und -bedingungen beseitigt werden soll. Insbesondere wenn zur Festlegung des Entgelts ein System beruflicher Einstufung verwendet wird, muss dieses System auf gemeinsamen geschlechtsneutralen Kriterien beruhen und so beschaffen sein, dass Diskriminierungen aufgrund des Geschlechts ausgeschlossen werden.

(11) In der Bewertung der einschlägigen Bestimmungen der Richtlinie 2006/54/EG (2020) wurde festgestellt, dass die Anwendung des Grundsatzes des gleichen Entgelts durch mangelnde Transparenz der Entgeltsysteme, mangelnde Rechtssicherheit in Bezug auf den Begriff der gleichwertigen Arbeit und Verfahrenshindernisse für Diskriminierungsopfer behindert wird. Arbeitnehmern fehlen die nötigen Informationen, die sie für eine erfolgreiche Geltendmachung eines Anspruchs auf gleiches Entgelt benötigen, insbesondere Angaben zu den Entgelthöhen von Gruppen von Arbeitnehmern, die gleiche oder gleichwertige Arbeit verrichten. In der Bewertung wurde festgestellt, dass sich durch größere Transparenz geschlechtsspezifische Verzerrungen und

Diskriminierungen in den Vergütungsstrukturen eines Unternehmens oder einer Organisation aufdecken ließen. Arbeitnehmer, Arbeitgeber und Sozialpartner wären dadurch auch in der Lage, geeignete Maßnahmen zur Gewährleistung der Anwendung des Rechts auf gleiches Entgelt bei gleicher oder gleichwertiger Arbeit (im Folgenden „Recht auf gleiches Entgelt“) zu ergreifen.

(12) Nach einer gründlichen Bewertung des bestehenden Rahmens für gleiches Entgelt bei gleicher oder gleichwertiger Arbeit und einem umfassenden und inklusiven Konsultationsprozess wurde in der Mitteilung der Kommission „Eine Union der Gleichheit: Strategie für die Gleichstellung der Geschlechter 2020–2025“ vom 5. März 2020 angekündigt, dass die Kommission verbindliche Maßnahmen zur Entgelttransparenz vorschlagen würde.

(13) Die wirtschaftlichen und sozialen Folgen der COVID-19-Pandemie haben sich unverhältnismäßig negativ auf Frauen und die Gleichstellung der Geschlechter ausgewirkt, und der Verlust von Arbeitsplätzen hat sich häufig auf die von Frauen dominierten Niedriglohnsektoren konzentriert. Die COVID-19-Pandemie hat deutlich gemacht, dass die Arbeit, die hauptsächlich von Frauen geleistet wird, nach wie vor strukturell unterbewertet wird, und sie hat den hohen sozioökonomischen Wert der Arbeit von Frauen in Form von Dienstleistungen mit direktem Kontakt mit Menschen unter Beweis gestellt, wie z. B. in den Bereichen der Gesundheitsversorgung, Reinigung, Kinderbetreuung, Sozialfürsorge und häuslichen Pflege für ältere Menschen und andere erwachsene pflegebedürftige Angehörige, was in starkem Gegensatz zur geringen Sichtbarkeit und Anerkennung dieser Arbeit steht.

(14) Die Auswirkungen der COVID-19-Pandemie werden daher das Geschlechtergefälle und das geschlechtsspezifische Entgeltgefälle weiter verschärfen, es sei denn, die Wiederherstellungsmaßnahmen sind geschlechtersensibel. Diese Auswirkungen haben es noch dringlicher gemacht, sich mit der Frage des gleichen Entgelts bei gleicher oder gleichwertiger Arbeit zu befassen. Die Stärkung der Umsetzung des Grundsatzes des gleichen Entgelts durch weitere Maßnahmen ist besonders wichtig, um sicherzu-

stellen, dass die Fortschritte, die bei der Beseitigung von Entgeltunterschieden erzielt wurden, nicht beeinträchtigt werden.

(15) Das geschlechtsspezifische Entgeltgefälle in der Union besteht weiterhin: im Jahr 2020 lag es bei 13 %, wobei es erhebliche Unterschiede zwischen den Mitgliedstaaten gibt, und es hat sich in den letzten zehn Jahren nur geringfügig verringert. Das geschlechtsspezifische Entgeltgefälle ist auf verschiedene Faktoren zurückzuführen, beispielsweise Geschlechterstereotypen, die Fortdauer der „gläsernen Decke" und des „klebrigen Bodens" sowie die horizontale Segregation, einschließlich des überdurchschnittlichen Anteils von Frauen in gering bezahlten Dienstleistungstätigkeiten, sowie die ungleiche Aufteilung von Pflege- und Betreuungsaufgaben. Zudem wird das geschlechtsspezifische Entgeltgefälle zum Teil durch unmittelbare und mittelbare geschlechtsspezifische Entgeltdiskriminierung verursacht. Alle diese Elemente stellen strukturelle Hindernisse dar, die komplexe Herausforderungen für die Schaffung hochwertiger Arbeitsplätze und die Verwirklichung des Grundsatzes des gleichen Entgelts bei gleicher oder gleichwertiger Arbeit schaffen, und sie haben Langzeitfolgen wie das Rentengefälle und die Feminisierung der Armut.

(16) Ein allgemeiner Mangel an Transparenz in Bezug auf die Entgelthöhen innerhalb von Organisationen führt zum Fortdauern einer Situation, in der geschlechtsspezifische Entgeltdiskriminierung und Verzerrungen unentdeckt bleiben oder im Verdachtsfall schwer nachzuweisen sind. Es sind daher verbindliche Maßnahmen erforderlich, um die Entgelttransparenz zu verbessern, Organisationen zu ermutigen, ihre Vergütungsstrukturen zu überprüfen, um sicherzustellen, dass Frauen und Männer, die gleiche oder gleichwertige Arbeit leisten, das gleiche Entgelt erhalten, sowie Diskriminierungsopfer in die Lage zu versetzen, ihr Recht auf gleiches Entgelt auszuüben. Diese verbindlichen Maßnahmen müssen durch Bestimmungen ergänzt werden, mit denen bestehende Rechtsbegriffe wie Entgelt und gleichwertige Arbeit präzisiert werden, und durch Maßnahmen zur Verbesserung der Durchsetzungsmechanismen und des Zugangs zur Justiz.

(17) Die Anwendung des Grundsatzes des gleichen Entgelts sollte durch die Beseitigung unmittelbarer und mittelbarer Entgeltdiskriminierung verbessert werden. Dies hindert Arbeitgeber nicht daran, Arbeitnehmer, die gleiche oder gleichwertige Arbeit verrichten, auf der Grundlage objektiver, geschlechtsneutraler und vorurteilsfreier Kriterien wie Leistung und Kompetenz unterschiedlich zu vergüten.

(18) Diese Richtlinie sollte für alle Arbeitnehmer gelten, einschließlich Teilzeitbeschäftigte, befristet beschäftigte Arbeitnehmer und Personen mit einem Arbeitsvertrag oder Beschäftigungsverhältnis mit einem Leiharbeitsunternehmen sowie Arbeitnehmer in Führungspositionen, die nach den geltenden Rechtsvorschriften, Tarifverträgen oder Gepflogenheiten in dem jeweiligen Mitgliedstaat einen Arbeitsvertrag haben und/oder in einem Beschäftigungsverhältnis stehen, wobei die Rechtsprechung des Gerichtshofs zu berücksichtigen ist ([5]). Falls sie die einschlägigen Kriterien erfüllen, fallen Hausangestellte, Arbeitnehmer, die auf Abruf, intermittierend, auf der Grundlage von Gutscheinen und auf Online-Plattformen beschäftigt sind, Arbeitnehmer in geschützten Beschäftigungsverhältnissen sowie Praktikanten und Auszubildende in den Anwendungsbereich dieser Richtlinie. Die Feststellung des Vorliegens eines Beschäftigungsverhältnisses sollte sich an den Fakten orientieren, die sich auf die tatsächliche Arbeitsleistung beziehen, und nicht an der Beschreibung des Verhältnisses durch die Parteien.

(19) Ein wichtiges Element zur Beseitigung von Entgeltdiskriminierung ist die Entgelttransparenz vor Beschäftigung. Diese Richtlinie sollte daher auch für Stellenbewerber gelten.

(20) Um Hindernisse für die Opfer von geschlechtsspezifischer Entgeltdiskriminierung bei der Ausübung ihres Rechts auf gleiches Entgelt zu beseitigen und Arbeitgeber bei der Gewährleistung der Achtung dieses Rechts anzuleiten, sollten die Kernbegriffe im Zusammenhang mit gleichem Entgelt bei gleicher oder gleichwertiger Arbeit wie Entgelt und gleichwertige Arbeit im Einklang mit der Rechtsprechung des Gerichtshofs präzisiert werden. Dadurch sollte die Anwendung dieser Konzepte insbe-

sondere für Kleinstunternehmen sowie kleine und mittlere Unternehmen erleichtert werden.

(21) Der Grundsatz des gleichen Entgelts sollte in Bezug auf Löhne, Gehälter und alle sonstigen Vergütungen, die die Arbeitnehmer aufgrund ihrer Beschäftigung von ihrem Arbeitgeber unmittelbar oder mittelbar in bar oder in Sachleistung erhalten, eingehalten werden. Im Einklang mit der Rechtsprechung des Gerichtshofs ([6]) sollte der Begriff „Entgelt" nicht nur das Gehalt, sondern auch ergänzende oder variable Bestandteile des Entgelts umfassen. Im Rahmen von ergänzenden oder variablen Bestandteilen sollten alle zusätzlich zum üblichen Grund- oder Mindestlohn oder -gehalt gewährten Vergütungen, die der Arbeitnehmer unmittelbar oder mittelbar in bar oder in Sachleistung erhält, berücksichtigt werden. Solche ergänzenden oder variablen Bestandteile können unter anderem Boni, Überstundenausgleich, Fahrvergünstigungen, Wohnungs- und Verpflegungszuschüsse, Aus- und Weiterbildungsentschädigungen, Abfindungen bei Entlassung, gesetzliches Krankengeld, gesetzlich vorgeschriebene Entschädigungen und Betriebsrenten umfassen. Der Begriff „Entgelt" sollte alle Elemente der gesetzlich oder tarifvertraglich und/oder nach den Gepflogenheiten in den einzelnen Mitgliedstaaten geschuldeten Vergütung umfassen.

(22) Um eine einheitliche Darstellung der in dieser Richtlinie vorgeschriebenen Informationen zu gewährleisten, sollten die Entgelthöhen als Bruttojahresentgelt und entsprechender Bruttostundenentgelt angegeben werden. Es sollte möglich sein, die Entgelthöhen auf der Grundlage des für den Arbeitnehmer festgelegten tatsächlichen Entgelts zu berechnen, unabhängig davon, ob es jährlich, monatlich, stündlich oder anderweitig festgelegt ist.

(23) Die Mitgliedstaaten sollten nicht verpflichtet sein, für die Zwecke dieser Richtlinie neue Stellen einzurichten. Es sollte ihnen möglich sein, die sich daraus ergebenden Aufgaben im Einklang mit den nationalen Rechtsvorschriften und/oder Gepflogenheiten bestehenden Stellen, einschließlich der Sozialpartner, zu übertragen, vorausgesetzt, die Mitgliedstaaten erfüllen die Verpflichtungen gemäß dieser Richtlinie.

(24) Um die Arbeitnehmer zu schützen und ihrer Angst vor Viktimisierung bei der Anwendung des Grundsatzes des gleichen Entgelts Rechnung zu tragen, sollte es ihnen möglich sein, sich durch einen Vertreter vertreten zu lassen. Dabei könnte es sich um Gewerkschaften oder andere Arbeitnehmervertreter handeln. Gibt es keine Arbeitnehmervertreter, so sollten sich die Arbeitnehmer durch einen Vertreter ihrer Wahl vertreten lassen können. Die Mitgliedstaaten sollten die Möglichkeit haben, ihre nationalen Gegebenheiten und unterschiedliche Rollen bei der Arbeitnehmervertretung zu berücksichtigen.

(25) In Artikel 10 AEUV ist vorgesehen, dass die Union bei der Festlegung und Durchführung ihrer Politik und ihrer Maßnahmen darauf abzielt, Diskriminierungen aus Gründen des Geschlechts, der Rasse, der ethnischen Herkunft, der Religion oder der Weltanschauung, einer Behinderung, des Alters oder der sexuellen Ausrichtung zu bekämpfen. In Artikel 4 der Richtlinie 2006/54/EG ist vorgesehen, dass es keine unmittelbare oder mittelbare Diskriminierung aufgrund des Geschlechts in Bezug auf das Arbeitsentgelt geben darf. Geschlechtsspezifische Entgeltdiskriminierung, bei der das Geschlecht eines Opfers eine entscheidende Rolle spielt, kann in der Praxis vielfältige Formen annehmen. Dabei kann es sich um eine Überschneidung verschiedener Achsen der Diskriminierung oder Ungleichheit handeln, bei der der Arbeitnehmer zu einer oder mehreren Gruppen gehört, die gegen eine Diskriminierung aus Gründen des Geschlechts einerseits sowie der Rasse oder der ethnischen Herkunft, der Religion oder der Weltanschauung, einer Behinderung, des Alters oder der sexuellen Ausrichtung nach Maßgabe der Richtlinie 2000/43/EG des Rates ([7]) oder der Richtlinie 2000/78/EG des Rates ([8]) andererseits geschützt ist bzw. sind. Frauen mit Behinderungen, Frauen unterschiedlicher Rasse oder ethnischer Herkunft, einschließlich Roma-Frauen, und junge oder ältere Frauen zählen zu den Gruppen, die intersektioneller Diskriminierung ausgesetzt sein können. Mit der vorliegenden Richtlinie sollte daher klargestellt werden, dass es im Zusammenhang mit geschlechtsspezifischer Entgeltdiskriminierung möglich sein sollte, eine solche Kombination zu berücksichtigen, um etwaige Zweifel auszuräumen, die

nach dem geltenden Rechtsrahmen in dieser Hinsicht bestehen können, und nationale Gerichte, Gleichbehandlungsstellen und andere zuständige Behörden in die Lage zu versetzen, insbesondere zu inhaltlichen und verfahrensrechtlichen Zwecken jeder Benachteiligung, die sich aus intersektioneller Diskriminierung ergibt, gebührend Rechnung zu tragen; dazu gehört die Feststellung des Vorliegens einer Diskriminierung, die Wahl der geeigneten Vergleichsperson, die Bewertung der Verhältnismäßigkeit und gegebenenfalls die Festsetzung der Höhe des gewährten Schadensersatzes oder der verhängten Sanktionen.

Ein intersektioneller Ansatz ist wichtig, um das geschlechtsspezifische Entgeltgefälle zu verstehen und anzugehen. Diese Klarstellung sollte den Umfang der Pflichten der Arbeitgeber in Bezug auf Maßnahmen zur Entgelttransparenz im Rahmen der vorliegenden Richtlinie nicht ändern. Insbesondere sollten Arbeitgeber nicht verpflichtet sein, Daten zu anderen Schutzgründen als dem Geschlecht zu erheben.

(26) Um das Recht auf gleiches Entgelt einzuhalten, müssen Arbeitgeber Vergütungsstrukturen festlegen, die gewährleisten, dass es keine geschlechtsspezifischen Entgeltunterschiede zwischen Arbeitnehmern gibt, die gleiche oder gleichwertige Arbeit leisten, die nicht durch objektive, geschlechtsneutrale Kriterien gerechtfertigt sind. Diese Vergütungsstrukturen sollten einen Vergleich des Wertes unterschiedlicher Aufgaben innerhalb derselben Organisationsstruktur ermöglichen. Diese Vergütungsstrukturen sollten auf bestehenden Leitlinien der Union in Bezug auf Systeme zur geschlechtsneutralen Arbeitsbewertung und beruflichen Einstufung oder auf Indikatoren oder geschlechtsneutralen Modellen aufgebaut werden können. Im Einklang mit der Rechtsprechung des Gerichtshofs sollte der Wert der Arbeit anhand objektiver Kriterien, einschließlich berufliche Anforderungen, Bildungs-, Aus- und Weiterbildungsbildungsanforderungen, Kompetenzen, Belastungen, Verantwortung und Arbeitsbedingungen, unabhängig von Unterschieden in den Beschäftigungsmodellen, bewertet und verglichen werden. Um die Anwendung des Konzepts der gleichwertigen Arbeit insbesondere für Kleinstunternehmen sowie kleinere und mittlere Unternehmen zu erleichtern, sollten die

zu verwendenden objektiven Kriterien vier Faktoren umfassen: Kompetenzen, Belastungen, Verantwortung und Arbeitsbedingungen. Diese Faktoren wurden in den bestehenden Leitlinien der Union als wesentlich und ausreichend für die Bewertung der in einer Organisation ausgeführten Aufgaben ermittelt, unabhängig davon, zu welchem Wirtschaftszweig die Organisation gehört.

Da nicht alle Faktoren für eine bestimmte Position gleichermaßen relevant sind, sollte jeder der vier Faktoren vom Arbeitgeber nach Maßgabe der Relevanz dieser Kriterien für den jeweiligen Arbeitsplatz oder die betreffende Position gewichtet werden. Außerdem sollten, sofern relevant und gerechtfertigt, zusätzliche Kriterien berücksichtigt werden können. Gegebenenfalls sollte die Kommission bestehende Leitlinien der Union im Benehmen mit dem Europäischen Institut für Gleichstellungsfragen (EIGE) aktualisieren können.

(27) Nationale Systeme zur Lohnfestlegung variieren und können auf Tarifverträgen und/oder vom Arbeitgeber beschlossenen Elementen beruhen. Diese Richtlinie hat keine Auswirkungen auf die unterschiedlichen nationalen Systeme zur Lohnfestlegung.

(28) Die Ermittlung einer gültigen Vergleichsperson ist ein wichtiger Parameter für die Feststellung, ob Arbeit als gleichwertig betrachtet werden kann. Dies ermöglicht es Arbeitnehmern, nachzuweisen, dass sie schlechter behandelt wurden als eine Vergleichsperson eines anderen Geschlechts, die gleiche oder gleichwertige Arbeit verrichtet. Auf der Grundlage der durch die Definitionen der unmittelbaren und mittelbaren Diskriminierung gemäß der Richtlinie 2006/54/EG herbeigeführten Entwicklungen sollte in Situationen, in denen es keine reale Vergleichsperson gibt, der Rückgriff auf eine hypothetische Vergleichsperson erlaubt sein, um es Arbeitnehmern zu ermöglichen, nachzuweisen, dass sie nicht in gleicher Weise behandelt wurden wie eine hypothetische Vergleichsperson eines anderen Geschlechts behandelt worden wäre. Damit wäre ein großes Hindernis für potenzielle Opfer geschlechtsspezifischer Entgeltdiskriminierung beseitigt, insbesondere auf stark geschlechtsspezifisch segregierten Arbeitsmärkten, wo es aufgrund der Anforderung, eine Vergleichsperson

des anderen Geschlechts zu finden, fast unmöglich ist, einen Anspruch auf gleiches Entgelt geltend zu machen.

Darüber hinaus sollten Arbeitnehmer nicht daran gehindert werden, andere Fakten, die eine mutmaßliche Diskriminierung vermuten lassen, wie Statistiken oder sonstige verfügbare Informationen, zu verwenden. Dadurch ließen sich geschlechtsspezifische Entgeltungleichheiten in geschlechtsspezifisch segregierten Sektoren und Berufen, besonders in von Frauen dominierten Bereichen wie dem Pflege- und Betreuungssektor, wirksamer bekämpfen.

(29) Der Gerichtshof hat klargestellt, dass sich für die Bewertung, ob sich Arbeitnehmer in einer vergleichbaren Situation befinden, der Vergleich nicht notwendigerweise auf Situationen beschränkt, in denen Männer und Frauen für denselben Arbeitgeber arbeiten ([9]). Arbeitnehmer können sich in einer vergleichbaren Situation befinden, auch wenn sie nicht für denselben Arbeitgeber arbeiten, wenn die Entgeltbedingungen auf eine einheitliche Quelle zurückzuführen sind, die diese Bedingungen festlegt, und wenn diese Bedingungen gleich und vergleichbar sind. Dies kann der Fall sein, wenn die einschlägigen Entgeltbedingungen durch gesetzliche Bestimmungen oder Vereinbarungen geregelt werden, die sich auf für mehrere Arbeitgeber geltendes Entgelt beziehen, oder wenn die Bedingungen für mehr als eine Organisation oder mehr als einen Betrieb einer Holdinggesellschaft oder eines Konzerns zentral festgelegt werden. Darüber hinaus hat der Gerichtshof klargestellt, dass sich der Vergleich nicht auf Arbeitnehmer beschränkt, die gleichzeitig mit der klagenden Partei beschäftigt sind ([10]). Darüber hinaus sollte bei der Durchführung der eigentlichen Bewertung anerkannt werden, dass ein Unterschied beim Entgelt durch Faktoren erklärt werden kann, die nicht mit dem Geschlecht in Verbindung stehen.

(30) Die Mitgliedstaaten sollten sicherstellen, dass Schulungen und spezifische Instrumente und Methoden zur Verfügung gestellt werden, um Arbeitgeber bei der Bewertung der Frage, was unter gleichwertiger Arbeit zu verstehen ist, zu unterstützen und anzuleiten. Dadurch sollte die Anwendung dieses Konzepts ins-

besondere für Kleinstunternehmen sowie kleine und mittlere Unternehmen erleichtert werden. Unter Berücksichtigung des nationalen Rechts, von Tarifverträgen und/oder Gepflogenheiten sollten die Mitgliedstaaten die Sozialpartner mit der Entwicklung spezifischer Instrumente und Methoden betrauen oder diese in Zusammenarbeit mit den Sozialpartnern oder nach Anhörung der Sozialpartner entwickeln können.

(31) Systeme zur beruflichen Einstufung und Arbeitsbewertung können zu geschlechtsspezifischer Entgeltdiskriminierung führen, wenn sie nicht geschlechtsneutral eingesetzt werden, insbesondere wenn sie von traditionellen Geschlechterstereotypen ausgehen. In solchen Fällen tragen sie zum Fortbestehen des Entgeltgefälles bei, indem sie die von Männern oder Frauen dominierten Berufe in Situationen, in denen die geleistete Arbeit gleichwertig ist, unterschiedlich bewerten. Werden hingegen geschlechtsneutrale Systeme zur Arbeitsbewertung und beruflichen Einstufung verwendet, tragen sie wirksam zur Schaffung eines transparenten Entgeltsystems bei und gewährleisten, dass unmittelbare oder mittelbare Diskriminierung aufgrund des Geschlechts ausgeschlossen wird. Mit diesen Systemen wird mittelbare Entgeltdiskriminierung im Zusammenhang mit der Unterbewertung von Tätigkeiten, die üblicherweise von Frauen geleistet werden, erkannt. Dies geschieht durch die Messung und den Vergleich von Tätigkeiten, deren Inhalt zwar unterschiedlich, aber gleichwertig ist; dadurch unterstützen sie den Grundsatz des gleichen Entgelts.

(32) Fehlende Informationen über die vorgesehene Entgeltspanne einer Stelle führen zu einer Informationsasymmetrie, die die Verhandlungsmacht von Stellenbewerbern einschränkt. Durch die Gewährleistung von Transparenz sollten potenzielle Arbeitnehmer in die Lage versetzt werden, eine fundierte Entscheidung über das erwartete Gehalt zu treffen, ohne jedoch die Verhandlungsmacht des Arbeitgebers oder Arbeitnehmers in irgendeiner Weise einzuschränken, um ein Gehalt auch außerhalb der angegebenen Spanne auszuhandeln. Transparenz würde zudem eine explizite und geschlechtsneutrale Grundlage für die Festlegung des Entgelts gewährleisten und die Unterbewertung des Entgelts

im Vergleich zu Kompetenzen und Erfahrungen unterbinden. Transparenz würde auch gegen intersektionelle Diskriminierung vorgegangen werden, bei der intransparente Entgeltfestlegung diskriminierende Praktiken aus verschiedenen Diskriminierungsgründen zulässt. Stellenbewerber sollten Informationen über das Einstiegsentgelt oder dessen Spanne in einer Weise erhalten, dass fundierte und transparente Verhandlungen über das Entgelt gewährleistet werden, wie beispielsweise in einer veröffentlichten Stellenausschreibung, vor dem Vorstellungsgespräch oder andernfalls vor Abschluss eines Arbeitsvertrags. Die Informationen sollten vom Arbeitgeber oder auf andere Weise, z. B. durch die Sozialpartner, bereitgestellt werden.

(33) Um das Fortbestehen des geschlechtsspezifischen Entgeltgefälles zu unterbinden, von dem einzelne Arbeitnehmer im Laufe der Zeit betroffen sind, sollten Arbeitgeber sicherstellen, dass Stellenausschreibungen und Berufsbezeichnungen geschlechtsneutral sind und Einstellungsverfahren auf nichtdiskriminierende Weise geführt werden, um das Recht auf gleiches Entgelt nicht zu unterminieren. Arbeitgebern sollte es nicht gestattet sein, sich nach dem aktuellen Entgelt oder der bisherigen Entgeltentwicklung eines Stellenbewerbers zu erkundigen oder proaktiv zu versuchen, Informationen darüber einzuholen.

(34) Entgelttransparenzmaßnahmen sollten das Recht der Arbeitnehmer auf gleiches Entgelt schützen und gleichzeitig die Kosten und den Verwaltungsaufwand für Arbeitgeber so weit wie möglich begrenzen, wobei Kleinstunternehmen sowie kleinen und mittleren Unternehmen besondere Aufmerksamkeit zu widmen ist. Gegebenenfalls sollten die Maßnahmen auf die Arbeitgebergröße zugeschnitten sein; dabei ist die Mitarbeiterzahl zu berücksichtigen. Die Zahl der bei Arbeitgebern beschäftigten Arbeitnehmer, die als Kriterium dafür heranzuziehen ist, ob ein Arbeitgeber der Berichterstattung über das Entgelt gemäß dieser Richtlinie unterliegt, wird unter Berücksichtigung der Empfehlung 2003/361/EG der Kommission ([11]) über Kleinstunternehmen sowie kleine und mittlere Unternehmen festgelegt.

(35) Arbeitgeber sollten Arbeitnehmern die Kriterien, die für die Festlegung ihrer Entgelthöhe und ihrer Entgeltentwicklung verwen-

det werden, zur Verfügung stellen. Die Entgeltentwicklung bezieht sich auf den Prozess des Übergangs eines Arbeitnehmers zu einer höheren Entgelthöhe. Kriterien für die Entgeltentwicklung können unter anderem individuelle Leistung, Kompetenzentwicklung und Dienstalter sein. Bei der Umsetzung dieser Verpflichtung sollten die Mitgliedstaaten besonders darauf achten, einen übermäßigen Verwaltungsaufwand für Kleinstunternehmen und kleine Unternehmen zu vermeiden. Die Mitgliedstaaten sollten als Minderungsmaßnahme auch gebrauchsfertige Vorlagen bereitstellen können, um Kleinstunternehmen und kleine Unternehmen bei der Erfüllung dieser Verpflichtung zu unterstützen. Die Mitgliedstaaten sollten Arbeitgeber, die Kleinstunternehmen oder kleine Unternehmen sind, von der Verpflichtung im Zusammenhang mit der Entgeltentwicklung befreien können, indem sie ihnen beispielsweise gestatten, die entsprechenden Kriterien auf Antrag der Arbeitnehmer zur Verfügung zu stellen.

(36) Alle Arbeitnehmer sollten das Recht haben, auf Anfrage von ihrem Arbeitgeber Auskunft über ihre individuelle Entgelthöhe und – aufgeschlüsselt nach Geschlecht – über die durchschnittlichen Entgelthöhen für die Gruppe von Arbeitnehmern, die gleiche oder gleichwertige Arbeit wie sie selbst verrichten, zu erhalten. Sie sollten auch die Möglichkeit haben, die Auskünfte über Arbeitnehmervertreter oder eine Gleichbehandlungsstelle zu erhalten. Arbeitgeber sollten Arbeitnehmer jährlich über dieses Recht sowie über die Schritte, die zur Ausübung dieses Rechts unternommen werden müssen, informieren. Arbeitgeber können auch von sich aus solche Informationen bereitstellen, ohne dass die Arbeitnehmer sie anfordern müssen.

(37) Mit dieser Richtlinie sollte sichergestellt werden, dass Menschen mit Behinderungen angemessenen Zugang zu den Informationen haben, die gemäß dieser Richtlinie für Stellenbewerber und Arbeitnehmer zur Verfügung gestellt werden. Solche Informationen sollten diesen Personen unter Berücksichtigung ihrer spezifischen Behinderungen in einem Format und mit der geeigneten Form der Hilfe und Unterstützung zur Verfügung gestellt werden, um Zugänglichkeit und Verständlichkeit der Informationen zu gewährleisten. Dies könnte die Darstellung von Informatio-

nen auf verständliche und wahrnehmbare Weise, in geeigneter Schriftgröße, mit ausreichendem Kontrast oder in der jeweiligen Behinderung angemessenen anderen Formaten umfassen. Gegebenenfalls findet die Richtlinie (EU) 2016/2102 des Europäischen Parlaments und des Rates ([12]) Anwendung.

(38) Arbeitgeber mit mindestens 100 Arbeitnehmern sollten regelmäßig über das Entgelt Bericht erstatten, wie in dieser Richtlinie vorgesehen. Diese Informationen sollten von den Überwachungsstellen der Mitgliedstaaten auf angemessene und transparente Weise veröffentlicht werden. Arbeitgeber können diese Berichte beispielsweise auf ihrer Website veröffentlichen oder sie auf andere Weise öffentlich zugänglich machen, beispielsweise indem sie Informationen in ihre Lageberichte, gegebenenfalls in den Lagebericht, der gemäß der Richtlinie 2013/34/EU des Europäischen Parlaments und des Rates ([13]) erstellt wird, aufnehmen. Arbeitgeber, die den Anforderungen jener Richtlinie unterliegen, können in ihrem Lagebericht zusammen mit anderen beschäftigungsbezogenen Angelegenheiten auch über das Entgelt Bericht erstatten. Um die Entgelttransparenz in Bezug auf die Arbeitnehmer zu maximieren, können die Mitgliedstaaten die Berichterstattungsfrequenz erhöhen oder für Arbeitgeber mit weniger als 100 Arbeitnehmern eine regelmäßige Berichterstattung über das Entgelt vorschreiben.

(39) Die Berichterstattung über das Entgelt sollte es den Arbeitgebern ermöglichen, ihre Entgeltstrukturen und ihre Entgeltpolitik zu bewerten und zu überwachen und so den Grundsatz des gleichen Entgelts proaktiv einzuhalten. Die Berichterstattung und gemeinsame Entgeltbewertungen tragen dazu bei, für geschlechtsspezifische Verzerrungen in den Entgeltstrukturen und für Entgeltdiskriminierung zu sensibilisieren und tragen dazu bei, solche Verzerrungen und Diskriminierung wirksam und systematisch zu bekämpfen, was allen Arbeitnehmern desselben Arbeitgebers zugutekommt. Gleichzeitig sollten die nach Geschlecht aufgeschlüsselten Daten die zuständigen Behörden, Arbeitnehmervertreter und andere Interessenträger dabei unterstützen, das geschlechtsspezifische Entgeltgefälle in allen Sektoren (horizontale Segregation) und Funktionen (vertikale Segregation) zu überwa-

chen. Die Arbeitgeber möchten die veröffentlichten Daten möglicherweise durch eine Erläuterung etwaiger geschlechtsspezifischer Entgeltunterschiede oder Entgeltgefälle ergänzen. Wenn Unterschiede beim durchschnittlichen Entgelt bei gleicher oder gleichwertiger Arbeit zwischen Arbeitnehmerinnen und Arbeitnehmern nicht durch objektive, geschlechtsneutrale Faktoren gerechtfertigt sind, sollte der Arbeitgeber Maßnahmen ergreifen, um die Ungleichheiten zu beseitigen.

(40) Um die Belastung für Arbeitgeber zu verringern, könnten die Mitgliedstaaten die erforderlichen Daten über ihre nationalen Verwaltungen erheben und miteinander verknüpfen, damit das Entgeltgefälle zwischen Arbeitnehmerinnen und Arbeitnehmern je Arbeitgeber berechnet werden kann. Eine solche Datenerfassung kann die Verknüpfung von Daten mehrerer öffentlicher Verwaltungen, wie z. B. Finanzaufsichtsbehörden und Sozialversicherungsstellen, erfordern und wäre möglich, wenn Verwaltungsdaten zur Verfügung stehen, um die Daten der Arbeitgeber auf Betriebs- oder Organisationsebene mit den Daten der Arbeitnehmer auf individueller Ebene, einschließlich Geld- und Sachleistungen, abzugleichen. Die Mitgliedstaaten könnten diese Informationen nicht nur für diejenigen Arbeitgeber einholen, die der Pflicht zur Entgeltberichterstattung nach dieser Richtlinie unterliegen, sondern auch für Arbeitgeber, die nicht der Pflicht zur Entgeltberichterstattung unterliegen und die freiwillig Bericht erstatten. Die Veröffentlichung der erforderlichen Informationen durch die Mitgliedstaaten sollte die Arbeitgeber, die von den Verwaltungsdaten erfasst sind, von der Pflicht zur Entgeltberichterstattung entbinden, sofern das mit der Berichtspflicht angestrebte Ergebnis erreicht wird.

(41) Um die Informationen über das geschlechtsspezifische Entgeltgefälle auf der Organisationsebene allgemein zugänglich zu machen, sollten die Mitgliedstaaten die gemäß dieser Richtlinie benannte Überwachungsstelle damit beauftragen, die von den Arbeitgebern erhaltenen Daten zum Entgeltgefälle zu sammeln, ohne letztere zusätzlich zu belasten. Die Überwachungsstelle sollte diese Daten unter anderem auf einer leicht zugänglichen Website veröffentlichen, damit die Daten der einzelnen Arbeit-

geber, Sektoren und Regionen des betreffenden Mitgliedstaats verglichen werden können.

(42) Die Mitgliedstaaten können Arbeitgeber, die nicht den Berichterstattungspflichten gemäß dieser Richtlinie unterliegen, und die freiwillig über das Entgelt berichten, beispielsweise mittels eines Entgelttransparenzsiegels Anerkennung bieten, im Hinblick darauf, bewährte Verfahren in Bezug auf die in dieser Richtlinie festgelegten Rechte und Pflichten zu fördern.

(43) Gemeinsame Entgeltbewertungen sollten bei Entgeltungleichheiten in Organisationen mit mindestens 100 Arbeitnehmern eine Überprüfung und Überarbeitung der Entgeltstrukturen auslösen. Die gemeinsame Entgeltbewertung sollte durchgeführt werden, wenn Arbeitgeber und die betroffenen Arbeitnehmervertreter sich nicht darüber einig sind, dass ein Unterschied bei der durchschnittlichen Entgelthöhe von mindestens 5% zwischen Frauen und Männern in einer bestimmten Gruppe von Arbeitnehmern durch objektive und geschlechtsneutrale Kriterien gerechtfertigt werden kann, wenn der Arbeitgeber eine solche Rechtfertigung nicht vorlegt oder wenn der Arbeitgeber einen solchen Unterschied der Entgelthöhe innerhalb von sechs Monaten nach dem Tag der Vorlage der Entgeltberichterstattung nicht korrigiert hat. Die gemeinsame Entgeltbewertung sollte von Arbeitgebern in Zusammenarbeit mit Arbeitnehmervertretern durchgeführt werden. Gibt es keine Arbeitnehmervertreter, so sollten sie für den Zweck der gemeinsamen Entgeltbewertung von den Arbeitnehmern benannt werden. Gemeinsame Entgeltbewertungen sollten innerhalb einer angemessenen Frist dazu führen, dass geschlechtsspezifische Entgeltdiskriminierungen beseitigt werden, indem Abhilfemaßnahmen angenommen werden.

(44) Jegliche Verarbeitung oder Veröffentlichung von Informationen im Rahmen dieser Richtlinie sollte der Verordnung (EU) 2016/679 des Europäischen Parlaments und des Rates ([14]) entsprechen. Es sollten spezifische Sicherheitsvorkehrungen hinzugefügt werden, um eine direkte oder indirekte Offenlegung von Informationen über einen identifizierbaren Arbeitnehmer zu verhindern. Arbeitnehmer sollten nicht daran gehindert werden, ihr

Entgelt freiwillig offenzulegen, um den Grundsatz des gleichen Entgelts durchzusetzen.

(45) Es ist wichtig, dass die Sozialpartner Fragen des gleichen Entgelts in Tarifverhandlungen erörtern und ihnen besondere Aufmerksamkeit widmen. Die verschiedenen Merkmale des nationalen sozialen Dialogs und der Tarifverhandlungssysteme in der Union, die Autonomie und Vertragsfreiheit der Sozialpartner sowie ihre Eigenschaft als Arbeitnehmer- und Arbeitgebervertreter sollten berücksichtigt werden. Daher sollten die Mitgliedstaaten im Einklang mit ihrem nationalen System und ihrer nationalen Praxis geeignete Maßnahmen ergreifen, um die Sozialpartner zu ermutigen, Fragen des gleichen Entgelts gebührend zu berücksichtigen; dazu könnten auch Diskussionen auf der geeigneten Ebene der Tarifverhandlungen, Maßnahmen, um die Ausübung des Rechts auf Tarifverhandlungen in Bezug auf die betreffenden Angelegenheiten anzuregen und ungebührliche Einschränkungen dieses Rechts zu beseitigen, und die Entwicklung geschlechtsneutraler Systeme zur Arbeitsbewertung und Einstufung gehören.

(46) Allen Arbeitnehmern sollten die erforderlichen Verfahren zur Verfügung stehen, die ihnen das Recht auf Zugang zur Justiz gewähren. Nationale Rechtsvorschriften, die die Inanspruchnahme der Schlichtung oder der Einschaltung einer Gleichbehandlungsstelle verbindlich vorsehen oder mit Anreizen oder Sanktionen versehen, sollten die Parteien nicht daran hindern, ihr Recht auf Zugang zu den Gerichten wahrzunehmen.

(47) Die Einbindung von Gleichbehandlungsstellen zusätzlich zu anderen Interessenträgern trägt maßgeblich zur wirksamen Anwendung des Grundsatzes des gleichen Entgelts bei. Die Befugnisse und Mandate der nationalen Gleichbehandlungsstellen sollten daher angemessen sein, um geschlechtsspezifische Entgeltdiskriminierung, einschließlich der Entgelttransparenz oder sonstiger in dieser Richtlinie festgelegten Rechte und Pflichten, vollständig abzudecken. Um die verfahrenstechnischen und kostenbedingten Hindernisse zu überwinden, mit denen Arbeitnehmer beim Versuch, ihr Recht auf gleiches Entgelt wahrzunehmen, konfrontiert sind, sollten Gleichbehandlungsstellen sowie Verbände, Organi-

sationen, und Arbeitnehmervertreter oder andere Rechtspersonen mit einem Interesse an der Gewährleistung der Gleichstellung von Männern und Frauen die Möglichkeit haben, Einzelpersonen zu vertreten. Sie sollten Arbeitnehmer helfen können, indem sie in deren Namen oder zu ihrer Unterstützung handeln; dies würde es Arbeitnehmern, die Opfer von Diskriminierung geworden sind, ermöglichen, bei mutmaßlicher Verletzung ihrer Rechte und mutmaßlichem Verstoß gegen den Grundsatz des gleichen Entgelts ihre Ansprüche wirksam geltend zu machen.

(48) Die Geltendmachung von Ansprüchen im Namen oder zur Unterstützung mehrerer Arbeitnehmer ist eine Möglichkeit, Verfahren zu erleichtern, die andernfalls aufgrund von verfahrenstechnischen und finanziellen Hindernissen oder der Furcht vor Viktimisierung nicht eingeleitet würden. Auch wenn Arbeitnehmer Mehrfachdiskriminierungen ausgesetzt sind, die schwer voneinander zu trennen sind, können Verfahren auf diese Weise erleichtert werden. Sammelklagen haben das Potenzial, systemische Diskriminierung aufzudecken und das Recht auf gleiches Entgelt und die Gleichstellung der Geschlechter in der Gesellschaft insgesamt sichtbar zu machen. Die Möglichkeit des kollektiven Rechtsschutzes könnte die proaktive Einhaltung von Maßnahmen zur Entgelttransparenz fördern, Gruppendruck schaffen, das Bewusstsein und die Bereitschaft der Arbeitgeber, präventiv zu handeln, erhöhen und den systemischen Charakter der Entgeltdiskriminierung angehen. Die Mitgliedstaaten können beschließen, Qualifikationskriterien für die Vertreter von Arbeitnehmern in Gerichtsverfahren in Bezug auf Ansprüche auf gleiches Entgelt festzulegen, um sicherzustellen, dass solche Vertreter ausreichend qualifiziert sind.

(49) Die Mitgliedstaaten sollten dafür sorgen, dass Gleichbehandlungsstellen über ausreichende Mittel verfügen, damit sie ihre Aufgaben im Zusammenhang mit geschlechtsspezifischer Entgeltdiskriminierung wirksam und angemessen wahrnehmen können. Werden die Aufgaben mehr als einer Stelle übertragen, so sollten die Mitgliedstaaten gewährleisten, dass diese sich in ausreichendem Maße koordinieren. Dies umfasst zum Beispiel Beträge aus erhobenen Geldbußen den Gleichbehandlungsstel-

len zuzuweisen, damit diese ihre Aufgaben im Zusammenhang mit der Durchsetzung des Rechts auf gleiches Entgelt wirksam wahrnehmen können; dazu gehört auch, Ansprüche aufgrund von Entgeltdiskriminierung geltend zu machen oder Opfer bei der Geltendmachung solcher Ansprüche zu unterstützen.

(50) Gemäß der Rechtsprechung des Gerichtshofs sollte der Schadensersatz den Schaden, der durch geschlechtsspezifische Entgeltdiskriminierung entstanden ist, vollständig decken ([15]). Dazu gehören vollständige Entgeltnachzahlungen und Nachzahlungen damit verbundener Prämien oder Sachleistungen sowie den Schadensersatz für entgangene Chancen, wie Zugang zu bestimmten Leistungen je nach Entgelthöhe, und für immateriellen Schaden, wie beispielsweise erlittenes Leid aufgrund der Unterbewertung der geleisteten Arbeit. Beim Schadensersatz kann gegebenenfalls eine geschlechtsspezifische Entgeltdiskriminierung, die sich mit Diskriminierung in Bezug auf andere Schutzgründe überschneidet, berücksichtigt werden. Die Mitgliedstaaten sollten keine vorab festgelegte Obergrenze für einen solchen Schadensersatz einführen.

(51) Neben dem Schadensersatz sollten auch andere Abhilfemaßnahmen vorgesehen werden. Die zuständigen Behörden oder die nationalen Gerichte sollten beispielsweise einen Arbeitgeber anweisen können, strukturelle oder organisatorische Maßnahmen zu ergreifen, damit er seinen Pflichten im Bereich des gleichen Entgelts nachkommt. Zu diesen Maßnahmen kann zum Beispiel die Pflicht gehören, das Verfahren zur Entgeltfestlegung auf der Grundlage einer geschlechtsneutralen Bewertung und Einstufung zu überprüfen; einen Aktionsplan zu erstellen, um die festgestellten Diskrepanzen zu beseitigen und ungerechtfertigte Entgeltgefälle abzubauen; die Arbeitnehmer über ihr Recht auf gleiches Entgelt zu informieren und dafür zu sensibilisieren sowie eine obligatorische Schulung des für Humanressourcen verantwortlichen Personals in Fragen des gleichen Entgelts und der geschlechtsneutralen Arbeitsbewertung und Einstufung einzuführen.

(52) Nach der Rechtsprechung des Gerichtshofs ([16]) enthält die Richtlinie 2006/54/EG Bestimmungen, um sicherzustellen, dass die

Beweislast auf den die beklagte Partei verlagert wird, wenn die Vermutung einer Diskriminierung besteht. Dennoch ist es für die Opfer und die Gerichte nicht immer einfach, zu wissen, wie sie selbst diese Vermutung begründen können. In der Rechtssache C-109/88 kam der Gerichtshof zu dem Schluss, dass die Beweislast auf die beklagte Partei verlagert werden sollte, wenn ein Entgeltsystem angewandt wird, dem jede Durchschaubarkeit fehlt, ohne dass der Arbeitnehmer die Vermutung einer Entgeltdiskriminierung belegen muss. Entsprechend sollte die Beweislast auf die beklagte Partei verlagert werden, wenn ein Arbeitgeber die in dieser Richtlinie festgelegten Verpflichtungen zur Entgelttransparenz nicht erfüllt, beispielsweise indem er sich weigert, von den Arbeitnehmern angeforderte Informationen bereitzustellen, oder gegebenenfalls nicht über das geschlechtsspezifische Entgeltgefälle Bericht erstattet, es sei denn, der Arbeitgeber weist nach, dass ein solcher Verstoß offensichtlich unbeabsichtigt und geringfügig war.

(53) Nationale Vorschriften über die Verjährungsfristen in Bezug auf das Geltendmachen von Ansprüchen betreffend mutmaßliche Verletzungen der gemäß dieser Richtlinie bestehenden Rechte sollten gemäß der Rechtsprechung des Gerichtshofs so gestaltet sein, dass sie die Ausübung dieser Rechte nicht praktisch unmöglich machen oder übermäßig erschweren. Verjährungsfristen schaffen spezifische Hindernisse für Opfer geschlechtsspezifischer Entgeltdiskriminierung. Zu diesem Zweck sollten gemeinsame Mindeststandards festgelegt werden. Darin sollte festgelegt sein, wann die Verjährungsfrist beginnt, wie lange sie dauert und unter welchen Umständen eine Hemmung oder Unterbrechung der Frist eintritt, und vorgesehen werden, dass die Verjährungsfrist für die Geltendmachung von Ansprüchen mindestens drei Jahre beträgt. Die Verjährungsfristen sollten nicht beginnen, bevor die klagende Partei Kenntnis von dem Verstoß hat oder diese Kenntnis vernünftigerweise von ihm erwartet werden kann. Die Mitgliedstaaten sollten beschließen können, dass die Verjährungsfrist nicht beginnt, solange der Verstoß weiter besteht, oder dass sie nicht vor Beendigung des Arbeitsvertrags oder des Beschäftigungsverhältnisses beginnt.

(54) Die Kosten eines Rechtsstreits stellen ein schwerwiegendes Hindernis für Opfer geschlechtsspezifischer Entgeltdiskriminierung dar, Ansprüche aufgrund mutmaßlicher Verletzungen ihres Rechts auf gleiches Entgelt geltend zu machen, was zu unzureichendem Schutz für Arbeitnehmer und zu einer unzureichenden Durchsetzung des Rechts auf gleiches Entgelt führt. Um dieses wesentliche Verfahrenshindernis auf dem Weg zur Gerechtigkeit zu beseitigen, sollten die Mitgliedstaaten sicherstellen, dass die nationalen Gerichte bewerten können, ob eine unterlegene klagende Partei berechtigte Gründe hatte, den Anspruch geltend zu machen, und, wenn dies so ist, anordnen zu können, dass die unterlegene klagende Partei die Kosten des Verfahrens nicht tragen muss. Dies sollte insbesondere dann gelten, wenn eine obsiegende beklagte Partei die in dieser Richtlinie festgelegten Entgelttransparenzpflichten nicht erfüllt hat.

(55) Die Mitgliedstaaten sollten wirksame, verhältnismäßige und abschreckende Sanktionen für Verstöße gegen nationale Vorschriften zur Umsetzung dieser Richtlinie oder gegen nationale Vorschriften vorsehen, die zum Zeitpunkt des Inkrafttretens dieser Richtlinie bereits in Kraft sind und sich auf das Recht auf gleiches Entgelt beziehen. Diese Sanktionen sollten Geldbußen umfassen, die auf dem Bruttojahresumsatz des Arbeitgebers oder der Gesamtentgeltsumme des Arbeitgebers beruhen könnten. Sonstigen erschwerenden oder mildernden Umständen des Einzelfalls, beispielsweise wenn Entgeltdiskriminierung aufgrund des Geschlechts mit Diskriminierung in Bezug auf andere Schutzgründe verbunden ist, sollte Rechnung getragen werden. Es liegt an den Mitgliedstaaten, festzulegen, für welche Verletzungen der Rechte und Pflichten im Zusammenhang mit gleichem Entgelt bei gleicher oder gleichwertiger Arbeit Geldbußen die angemessenste Form der Sanktionierung darstellen.

(56) Die Mitgliedstaaten sollten spezifische Sanktionen für wiederholte Verletzungen von Rechten oder Pflichten in Bezug auf das gleiche Entgelt für Männer und Frauen bei gleicher oder gleichwertiger Arbeit festlegen, um der Schwere der Handlung Rechnung zu tragen und diese Verletzungen weiter zu verhindern. Solche Sanktionen könnten verschiedene Arten finanzieller

Negativanreize umfassen, wie den Entzug öffentlicher Zuwendungen oder den Ausschluss von sonstigen finanziellen Anreizen oder öffentlichen Ausschreibungen für einen bestimmten Zeitraum.

(57) Die sich aus dieser Richtlinie ergebenden Pflichten der Arbeitgeber sind Teil der geltenden umwelt-, sozial- und arbeitsrechtlichen Verpflichtungen, deren Einhaltung die Mitgliedstaaten gemäß den Richtlinien 2014/23/EU ([17]), 2014/24/EU ([18]) und 2014/25/EU ([19]) des Europäischen Parlaments und des Rates in Bezug auf die Teilnahme an Verfahren zur Vergabe öffentlicher Aufträge zu gewährleisten haben. Um diese Pflichten für Arbeitgeber in Bezug auf das Recht auf gleiches Entgelt zu erfüllen, sollten die Mitgliedstaaten daher insbesondere sicherstellen, dass Wirtschaftsteilnehmer bei der Ausführung eines öffentlichen Auftrags oder einer Konzession über Verfahren zur Entgeltfestlegung verfügen, die nicht zu einem geschlechtsspezifischen Entgeltgefälle zwischen Arbeitnehmern innerhalb einer Gruppe von Arbeitnehmern, die gleiche oder gleichwertige Arbeit verrichten, führen, das sich nicht durch geschlechtsneutrale Faktoren rechtfertigen lässt. Außerdem sollten die Mitgliedstaaten in Erwägung ziehen, öffentliche Auftraggeber zu verpflichten, gegebenenfalls Sanktionen und Kündigungsbedingungen einzuführen, um die Wahrung des Grundsatzes des gleichen Entgelts bei der Ausführung von öffentlichen Verträgen und Konzessionen zu gewährleisten. Den Vertragsparteien sollte es auch möglich sein, die Nichteinhaltung des Grundsatzes des gleichen Entgelts durch den Bieter oder einen seiner Unterauftragnehmer berücksichtigen, wenn sie erwägen, Ausschlussgründe anzuwenden oder beschließen, dem Bieter, der das wirtschaftlich günstigste Angebot einreicht, den Zuschlag nicht zu erteilen.

(58) Die wirksame Umsetzung des Rechts auf gleiches Entgelt erfordert einen angemessenen verwaltungsrechtlichen und gerichtlichen Schutz vor Benachteiligungen als Reaktion auf den Versuch von Arbeitnehmern, dieses Recht wahrzunehmen, als Reaktion auf eine Beschwerde beim Arbeitgeber, oder als Reaktion auf ein Verwaltungs- oder Gerichtsverfahren zur Durchsetzung der Einhaltung dieses Rechts. Nach der Rechtsprechung des Ge-

richtshofs ([20]) sollte die Kategorie der Arbeitnehmer, die unter den vorgesehenen Schutz fallen, weit verstanden werden und alle Arbeitnehmer umfassen, gegen die ein Arbeitgeber als Reaktion auf eine wegen Diskriminierung aufgrund des Geschlechts eingereichte Beschwerde Vergeltungsmaßnahmen ergreifen kann. Der Schutz ist nicht auf Arbeitnehmer, die eine Beschwerde eingereicht haben, oder auf ihre Vertreter oder auf die Personen beschränkt, die bestimmte Formerfordernisse einhalten, von denen die Anerkennung eines bestimmten Status, wie dem eines Zeugen, abhängig gemacht wird.

(59) Um die Durchsetzung des Grundsatzes des gleichen Entgelts zu verbessern, sollten mit dieser Richtlinie die bestehenden Durchsetzungsinstrumente und -verfahren in Bezug auf die Rechte und Pflichten nach dieser Richtlinie und die Bestimmungen über gleiches Entgelt gemäß der Richtlinie 2006/54/EG gestärkt werden.

(60) In der vorliegenden Richtlinie werden Mindestanforderungen festgelegt, womit dem Vorrecht der Mitgliedstaaten, für Arbeitnehmer günstigere Bestimmungen einzuführen und beizubehalten, Rechnung getragen wird. Gemäß dem derzeitigen Rechtsrahmen erworbene Ansprüche sollten weiterhin gelten, es sei denn, durch diese Richtlinie werden für Arbeitnehmer günstigere Bestimmungen eingeführt. Die Umsetzung dieser Richtlinie darf weder dazu genutzt werden, bestehende Rechte abzubauen, die in vorhandenem Unionsrecht oder nationalem Recht in diesem Bereich festgelegt sind, noch darf sie als Rechtfertigung dafür dienen, die Rechte der Arbeitnehmer in Bezug auf den Grundsatz des gleichen Entgelts einzuschränken.

(61) Um eine angemessene Überwachung der Umsetzung des Rechts auf gleiches Entgelt sicherzustellen, sollten die Mitgliedstaaten eigens eine Überwachungsstelle einrichten oder benennen. Diese Stelle, die in eine bestehende Stelle mit ähnlichen Zielen integriert werden können sollte, sollte spezifische Aufgaben im Zusammenhang mit der Umsetzung der Maßnahmen zur Entgelttransparenz nach dieser Richtlinie haben und bestimmte Daten zur Überwachung von Entgeltungleichheiten und Auswirkungen der Maßnahmen zur Entgelttransparenz erfassen. Die Mitglied-

staaten sollten mehr als eine Stelle benennen können, sofern die in dieser Richtlinie vorgesehenen Überwachungs- und Analysefunktionen von einer zentralen Stelle wahrgenommen werden.

(62) Die Erstellung nach Geschlecht aufgeschlüsselter Lohnstatistiken und die Bereitstellung genauer und vollständiger Statistiken für die Kommission (Eurostat) sind für die Analyse und Überwachung von Veränderungen beim geschlechtsspezifischen Entgeltgefälle auf Unionsebene von maßgeblicher Bedeutung. Nach der Verordnung (EG) Nr. 530/1999 des Rates ([21]) sind die Mitgliedstaaten verpflichtet, alle vier Jahre eine Statistik über die Struktur der Verdienste auf Mikroebene zu erstellen, die harmonisierte Daten zur Berechnung des geschlechtsspezifischen Entgeltgefälles liefern. Jährliche qualitativ hochwertige Statistiken könnten die Transparenz erhöhen und die Überwachung und Sensibilisierung für geschlechtsspezifische Entgeltungleichheiten verbessern. Die Verfügbarkeit und Vergleichbarkeit solcher Daten ist entscheidend für die Bewertung von Entwicklungen, sowohl auf nationaler Ebene als auch unionsweit. An die Kommission (Eurostat) übermittelte einschlägige Statistiken sollten für statistische Zwecke im Sinne der Verordnung (EG) Nr. 223/2009 des Europäischen Parlaments und des Rates ([22]) gesammelt werden.

(63) Da die Ziele dieser Richtlinie, nämlich eine bessere und wirksamere Anwendung des Grundsatzes des gleichen Entgelts durch die Festlegung gemeinsamer Mindestanforderungen, die für alle Unternehmen und Organisationen in der gesamten Union gelten sollten, von den Mitgliedstaaten nicht ausreichend verwirklicht werden können, sondern vielmehr wegen ihres Umfangs und ihrer Wirkungen auf Unionsebene besser zu verwirklichen sind, kann die Union im Einklang mit dem in Artikel 5 des Vertrags über die Europäische Union verankerten Subsidiaritätsprinzip tätig werden. Entsprechend dem in demselben Artikel genannten Grundsatz der Verhältnismäßigkeit geht diese Richtlinie, die sich auf die Festlegung von Mindeststandards beschränkt, nicht über das für die Verwirklichung dieser Ziele erforderliche Maß hinaus.

(64) Die Sozialpartner spielen eine entscheidende Rolle bei der Gestaltung der Art und Weise, wie Maßnahmen zur Entgelttrans-

parenz in den Mitgliedstaaten umgesetzt werden, insbesondere in den Mitgliedstaaten mit einer hohen Tarifbindung. Die Mitgliedstaaten sollten daher die Möglichkeit haben, die Sozialpartner mit der vollständigen oder teilweisen Durchführung dieser Richtlinie zu betrauen, sofern die Mitgliedstaaten alle erforderlichen Maßnahmen treffen, um sicherzustellen, dass die mit dieser Richtlinie angestrebten Ergebnisse jederzeit gewährleistet sind.

(65) Bei der Umsetzung dieser Richtlinie sollten die Mitgliedstaaten verwaltungsrechtliche, finanzielle oder rechtliche Auflagen vermeiden, die der Gründung und dem Ausbau von Kleinstunternehmen sowie kleinen oder mittleren Unternehmen entgegenstehen würden. Die Mitgliedstaaten sollten daher die Auswirkungen ihrer Umsetzungsmaßnahmen auf Kleinstunternehmen sowie kleine und mittlere Unternehmen prüfen, um sicherzustellen, dass diese Unternehmen nicht unverhältnismäßig beeinträchtigt werden – wobei besonderes Augenmerk auf Kleinstunternehmen zu richten ist –, den Verwaltungsaufwand zu verringern und die Ergebnisse dieser Prüfung zu veröffentlichen.

(66) Der Europäische Datenschutzbeauftragte wurde gemäß Artikel 42 der Verordnung (EU) 2018/1725 des Europäischen Parlaments und des Rates ([23]) angehört und hat am 27. April 2021 eine Stellungnahme abgegeben –

HABEN FOLGENDE RICHTLINIE ERLASSEN:

KAPITEL I
ALLGEMEINE BESTIMMUNGEN

Artikel 1
Gegenstand

Diese Richtlinie enthält Mindestanforderungen zur Stärkung der Anwendung des Grundsatzes des gleichen Entgelts bei gleicher oder gleichwertiger Arbeit für Männer und Frauen (im Folgenden „Grundsatz des gleichen Entgelts“) nach Artikel 157 AEUV und des Diskriminierungsverbots nach Artikel 4 der Richtlinie 2006/54/EG, insbesondere durch Entgelttransparenz und verstärkte Durchsetzungsmechanismen.

Artikel 2
Geltungsbereich

(1) Diese Richtlinie gilt für Arbeitgeber in öffentlichen und privaten Sektoren.

(2) Diese Richtlinie gilt für alle Arbeitnehmer, die gemäß den in dem jeweiligen Mitgliedstaat geltenden Rechtsvorschriften, Tarifverträgen und/oder Gepflogenheiten einen Arbeitsvertrag haben oder in einem Beschäftigungsverhältnis stehen, wobei die Rechtsprechung des Gerichthofs zu berücksichtigen ist.

(3) Für die Zwecke von Artikel 5 gilt diese Richtlinie für Stellenbewerber.

Artikel 3
Begriffsbestimmungen

(1) Für die Zwecke dieser Richtlinie bezeichnet der Ausdruck

a) „Entgelt" die üblichen Grund- oder Mindestlöhne und -gehälter sowie alle sonstigen Vergütungen, die ein Arbeitgeber aufgrund des Dienstverhältnisses einem Arbeitnehmer unmittelbar oder mittelbar (ergänzende oder variable Bestandteile) als Geld- oder Sachleistung zahlt;

b) „Entgelthöhe" das Bruttojahresentgelt und das entsprechende Bruttostundenentgelt;

c) „geschlechtsspezifisches Entgeltgefälle" die Differenz zwischen den durchschnittlichen Entgelthöhen von Arbeitnehmerinnen und Arbeitnehmern eines Arbeitgebers, ausgedrückt als Prozentsatz der durchschnittlichen Entgelthöhe männlicher Arbeitnehmer;

d) „Median-Entgelthöhe" die Entgelthöhe, von der aus die Zahl der Arbeitnehmer eines Arbeitgebers, die mehr verdienen, gleich groß ist wie die der Arbeitnehmer dieses Arbeitgebers, die weniger verdienen;

e) „mittleres geschlechtsspezifisches Entgeltgefälle" die Differenz zwischen der Median-Entgelthöhe von Arbeitnehmerinnen und Arbeitnehmern eines Arbeitgebers, ausgedrückt als Prozentsatz der Median-Entgelthöhe männlicher Arbeitnehmer;

f) „Entgeltquartil“ jede der vier gleich großen Gruppen von Arbeitnehmern, in die sie gemäß ihrer jeweiligen Entgelthöhen in aufsteigender Folge unterteilt werden;

g) „gleichwertige Arbeit“ Arbeit, die gemäß nichtdiskriminierenden und objektiven geschlechtsneutralen Kriterien nach Maßgabe von Artikel 4 Absatz 4 als gleichwertig gilt;

h) „Gruppe von Arbeitnehmern“ Arbeitnehmer, die gleiche oder gleichwertige Arbeit verrichten und die auf nicht willkürliche Weise auf der Grundlage nichtdiskriminierender und objektiver geschlechtsneutraler Kriterien nach Maßgabe von Artikel 4 Absatz 4 von ihrem Arbeitgeber und, gegebenenfalls, in Zusammenarbeit mit den Arbeitnehmervertretern im Einklang mit nationalen Rechtsvorschriften und/oder Gepflogenheiten, entsprechend eingeteilt werden;

i) „unmittelbare Diskriminierung“ eine Situation, in der eine Person aufgrund ihres Geschlechts eine weniger günstige Behandlung erfährt als eine andere Person in einer vergleichbaren Situation erfährt, erfahren hat oder erfahren würde;

j) „mittelbare Diskriminierung“ eine Situation, in der dem Anschein nach neutrale Vorschriften, Kriterien oder Verfahren Personen des einen Geschlechts in besonderer Weise gegenüber Personen des anderen Geschlechts benachteiligen können, es sei denn, die betreffenden Vorschriften, Kriterien oder Verfahren sind durch ein rechtmäßiges Ziel sachlich gerechtfertigt und die Mittel sind zur Erreichung dieses Ziels angemessen und erforderlich;

k) „Arbeitsaufsichtsbehörde“ die Stelle(n), die im Einklang mit nationalen Rechtsvorschriften und/oder Gepflogenheiten für Kontroll- und Aufsichtsfunktionen auf dem Arbeitsmarkt zuständig ist bzw. sind, mit der Ausnahme, dass die Sozialpartner diese Funktionen ausüben können, wenn das nationale Recht dies vorsieht;

l) „Gleichbehandlungsstelle“ die gemäß Artikel 20 der Richtlinie 2006/54/EG benannte(n) Stelle(n);

m) „Arbeitnehmervertreter“ Arbeitnehmervertreter im Einklang mit den nationalen Rechtsvorschriften und/oder Gepflogenheiten.

(2) Im Sinne dieser Richtlinie umfasst Diskriminierung:

a) Belästigung und sexuelle Belästigung im Sinne von Artikel 2 Absatz 2 Buchstabe a der Richtlinie 2006/54/EG sowie jede ungünstigere Behandlung aufgrund der Zurückweisung oder Duldung solcher Verhaltensweisen durch die betreffende Person, wenn sich diese Belästigung oder Behandlung auf die Ausübung der in dieser Richtlinie vorgesehenen Rechte bezieht oder sich daraus ergibt;

b) jegliche Anweisung zur Diskriminierung einer Person aufgrund des Geschlechts;

c) jegliche ungünstigere Behandlung im Zusammenhang mit Schwangerschaft oder Mutterschaftsurlaub im Sinne der Richtlinie 92/85/EWG des Rates ([24]);

d) jegliche ungünstigere Behandlung im Sinne der Richtlinie (EU) 2019/1158 des Europäischen Parlaments und des Rates ([25]) aufgrund des Geschlechts, einschließlich im Zusammenhang mit Vaterschaftsurlaub, Elternurlaub oder Urlaub für pflegende Angehörige;

e) intersektionelle Diskriminierung, das heißt Diskriminierung aufgrund des Geschlechts, kombiniert mit einer Diskriminierung in Bezug auf einen oder mehrere andere Schutzgründe nach Maßgabe der Richtlinie 2000/43/EG oder der Richtlinie 2000/78/EG.

(3) Aus Absatz 2 Buchstabe e erwachsen Arbeitgebern keine zusätzlichen Pflichten, Daten nach Maßgabe dieser Richtlinie in Bezug auf andere Schutzgründe als das Geschlecht zu erheben.

Artikel 4
Gleiche Arbeit und gleichwertige Arbeit

(1) Die Mitgliedstaaten ergreifen die notwendigen Maßnahmen, um sicherzustellen, dass Arbeitgeber über Vergütungsstrukturen verfügen, durch die gleiches Entgelt bei gleicher oder gleichwertiger Arbeit gewährleistet wird.

(2) Die Mitgliedstaaten ergreifen – im Benehmen mit Gleichbehandlungsstellen – die erforderlichen Maßnahmen, um sicherzustellen, dass Instrumente oder Methoden zur Analyse als Unterstützung und Orientierung bei Bewertungen und Vergleichen des Werts der Arbeit im Einklang mit den in diesem Artikel festgelegten Kriterien verfüg-

bar gemacht werden und leicht zugänglich sind. Diese Instrumente oder Methoden müssen es Arbeitgebern und/oder den Sozialpartnern ermöglichen, leicht Systeme zur geschlechtsneutralen Arbeitsbewertung und beruflichen Einstufung einzurichten und zu verwenden, mit denen jegliche Entgeltdiskriminierung aufgrund des Geschlechts ausgeschlossen wird.

(3) Gegebenenfalls kann die Kommission, im Benehmen mit dem Europäischen Institut für Gleichstellungsfragen (EIGE), unionsweite Leitlinien in Bezug auf Systeme zur geschlechtsneutralen Arbeitsbewertung und beruflichen Einstufung aktualisieren.

(4) Entgeltstrukturen sind so beschaffen, dass anhand objektiver, geschlechtsneutraler und mit den Arbeitnehmervertretern vereinbarter Kriterien, sofern es solche Vertreter gibt, beurteilt werden kann, ob sich die Arbeitnehmer im Hinblick auf den Wert der Arbeit in einer vergleichbaren Situation befinden. Diese Kriterien dürfen weder in unmittelbarem noch in mittelbarem Zusammenhang mit dem Geschlecht der Arbeitnehmer stehen. Sie umfassen Kompetenzen, Belastungen, Verantwortung und Arbeitsbedingungen und gegebenenfalls etwaige weitere Faktoren, die für den konkreten Arbeitsplatz oder die konkrete Position relevant sind. Sie werden auf objektive, geschlechtsneutrale Weise angewandt, wobei jede unmittelbare oder mittelbare Diskriminierung aufgrund des Geschlechts ausgeschlossen wird. Insbesondere dürfen relevante soziale Kompetenzen dabei nicht unterbewertet werden.

KAPITEL II
ENTGELTTRANSPARENZ

Artikel 5
Entgelttransparenz vor der Beschäftigung

(1) Stellenbewerber haben das Recht, vom künftigen Arbeitgeber Informationen über Folgendes zu erhalten:

a) das auf objektiven, geschlechtsneutralen Kriterien beruhende Einstiegsentgelt für die betreffende Stelle oder dessen Spanne; und

b) gegebenenfalls die einschlägigen Bestimmungen des Tarifvertrags, den der Arbeitgeber in Bezug auf die Stelle anwendet.

Diese Informationen sind in einer Weise bereitzustellen, dass fundierte und transparente Verhandlungen über das Entgelt gewährleistet werden, wie beispielsweise in einer veröffentlichten Stellenausschreibung, vor dem Vorstellungsgespräch oder auf andere Weise.

(2) Der Arbeitgeber darf Bewerber nicht nach ihrer Entgeltentwicklung in ihren laufenden oder früheren Beschäftigungsverhältnissen befragen.

(3) Arbeitgeber stellen sicher, dass Stellenausschreibungen und Berufsbezeichnungen geschlechtsneutral sind und Einstellungsverfahren auf nichtdiskriminierende Weise geführt werden, um das Recht auf gleiches Entgelt bei gleicher oder gleichwertiger Arbeit (im Folgenden „Recht auf gleiches Entgelt") nicht zu unterminieren.

Artikel 6

Transparenz bei der Festlegung des Entgelts und der Politik der Entgeltentwicklung

(1) Arbeitgeber stellen ihren Arbeitnehmern Informationen darüber, welche Kriterien für die Festlegung ihres Entgelts, ihrer Entgelthöhen und ihrer Entgeltentwicklung verwendet werden, in leicht zugänglicher Weise zur Verfügung. Diese Kriterien müssen objektiv und geschlechtsneutral sein.

(2) Die Mitgliedstaaten können Arbeitgeber mit weniger als 50 Arbeitnehmern von der Verpflichtung im Zusammenhang mit der Entgeltentwicklung gemäß Absatz 1 ausnehmen.

Artikel 7

Auskunftsrecht

(1) Arbeitnehmer haben das Recht, gemäß den Absätzen 2 und 4 Auskünfte über ihre individuelle Entgelthöhe und über die durchschnittlichen Entgelthöhen zu verlangen und in schriftlicher Form zu erhalten, aufgeschlüsselt nach Geschlecht und für die Gruppen von Arbeitnehmern, die gleiche Arbeit wie sie oder gleichwertige Arbeit verrichten.

(2) Arbeitnehmer haben die Möglichkeit, Auskünfte nach Absatz 1 über ihre Arbeitnehmervertreter im Einklang mit nationalen Rechtsvorschriften und/oder Gepflogenheiten zu verlangen und zu erhal-

ten. Sie haben zudem die Möglichkeit, die Informationen über eine Gleichbehandlungsstelle anzufordern und zu erhalten.

Sind die erhaltenen Informationen unzutreffend oder unvollständig, so haben Arbeitnehmer das Recht, persönlich oder über ihre Arbeitnehmervertreter zusätzliche und angemessene Klarstellungen und Einzelheiten zu den bereitgestellten Daten zu verlangen und eine begründete Antwort zu erhalten.

(3) Arbeitgeber informieren alle Arbeitnehmer jährlich über ihr Recht, die Auskünfte nach Absatz 1 zu erhalten, und über die Schritte, die der Arbeitnehmer unternehmen muss, um dieses Recht wahrzunehmen.

(4) Arbeitgeber stellen die Auskünfte nach Absatz 1 innerhalb einer angemessenen Frist und auf jeden Fall innerhalb von zwei Monaten ab dem Tag, an dem der Antrag gestellt wird, zur Verfügung.

(5) Arbeitnehmer dürfen nicht daran gehindert werden, ihr Entgelt offenzulegen, um den Grundsatz des gleichen Entgelts durchzusetzen. Insbesondere ergreifen die Mitgliedstaaten Maßnahmen, um Vertragsbedingungen zu verbieten, durch die Arbeitnehmer davon abgehalten werden, Informationen über ihr Entgelt offenzulegen.

(6) Arbeitgeber können verlangen, dass Arbeitnehmer, die Informationen gemäß diesem Artikel erhalten haben, bei denen es sich nicht um Informationen betreffend ihr eigenes Entgelt oder ihre eigene Entgelthöhe handelt, diese Informationen nur zur Ausübung ihres Rechts auf gleiches Entgelt verwenden.

Artikel 8
Zugänglichkeit von Informationen

Die Arbeitgeber stellen alle Informationen, die Arbeitnehmern oder Stellenbewerbern gemäß den Artikeln 5, 6 und 7 zur Verfügung gestellt werden, in einem Format bereit, das für Personen mit Behinderungen zugänglich ist und deren besonderen Bedürfnissen Rechnung trägt.

Artikel 9

Berichterstattung über das Entgeltgefälle zwischen Arbeitnehmerinnen und Arbeitnehmern

(1) Die Mitgliedstaaten stellen sicher, dass Arbeitgeber folgende Informationen zu ihrer Organisation gemäß diesem Artikel zur Verfügung stellen:

a) das geschlechtsspezifische Entgeltgefälle;

b) das geschlechtsspezifische Entgeltgefälle bei ergänzenden oder variablen Bestandteilen;

c) das mittlere geschlechtsspezifische Entgeltgefälle;

d) das mittlere geschlechtsspezifische Entgeltgefälle bei ergänzenden oder variablen Bestandteilen;

e) der Anteil der Arbeitnehmerinnen und Arbeitnehmer, die ergänzende oder variable Bestandteile erhalten;

f) der Anteil der Arbeitnehmerinnen und Arbeitnehmer in jedem Entgeltquartil;

g) das geschlechtsspezifische Entgeltgefälle zwischen Arbeitnehmern bei Gruppen von Arbeitnehmern, nach dem normalen Grundlohn oder -gehalt sowie nach ergänzenden oder variablen Bestandteilen aufgeschlüsselt.

(2) Arbeitgeber mit 250 oder mehr Arbeitnehmern haben bis zum 7. Juni 2027 und in jedem darauf folgenden Jahr die Informationen nach Absatz 1 in Bezug auf das vorangehende Kalenderjahr vorzulegen.

(3) Arbeitgeber mit 150 bis 249 Arbeitnehmern haben bis zum 7. Juni 2027 und danach alle drei Jahre die Informationen nach Absatz 1 in Bezug auf das vorangehende Kalenderjahr vorzulegen.

(4) Arbeitgeber mit 100 bis 149 Arbeitnehmern haben bis zum 7. Juni 2031 und danach alle drei Jahre die Informationen nach Absatz 1 in Bezug auf das vorangehende Kalenderjahr vorzulegen.

(5) Die Mitgliedstaaten hindern Arbeitgeber mit weniger als 100 Arbeitnehmern nicht daran, die in Absatz 1 festgelegten Informationen auf freiwilliger Basis vorzulegen. Die Mitgliedstaaten können nach

Maßgabe des nationalen Rechts von Arbeitgebern mit weniger als 100 Arbeitnehmern verlangen, Informationen über das Entgelt vorzulegen.

(6) Die Richtigkeit der Angaben wird von der Leitungsebene des Arbeitgebers nach Anhörung der Arbeitnehmervertreter bestätigt. Die Arbeitnehmervertreter haben Zugang zu den vom Arbeitgeber angewandten Methoden.

(7) Die Informationen nach Absatz 1 Buchstaben a bis g des vorliegenden Artikels werden der Stelle, die mit der Aufgabe betraut ist, diese Daten gemäß Artikel 29 Absatz 3 Buchstabe c zu sammeln und zu veröffentlichen, mitgeteilt. Der Arbeitgeber kann die Informationen nach Absatz 1 Buchstaben a bis f des vorliegenden Artikels auf seiner Website veröffentlichen oder sie auf andere Weise öffentlich zugänglich machen.

(8) Die Mitgliedstaaten können die in Absatz 1 Buchstaben a bis f des vorliegenden Artikels genannten Informationen selbst auf der Grundlage von Verwaltungsdaten wie etwa Daten, die Arbeitgeber den Steuer- oder Sozialversicherungsbehörden übermitteln, zusammenstellen. Diese Informationen sind gemäß Artikel 29 Absatz 3 Buchstabe c zu veröffentlichen.

(9) Arbeitgeber stellen allen ihren Arbeitnehmern und den Arbeitnehmervertretern ihrer Arbeitnehmer die in Absatz 1 Buchstabe g genannten Informationen zur Verfügung. Arbeitgeber stellen die Informationen auf Ersuchen der Arbeitsaufsichtsbehörde und der Gleichbehandlungsstelle zur Verfügung. Soweit verfügbar, sind auf Anfrage auch die Informationen der vorangegangenen vier Jahre zur Verfügung zu stellen.

(10) Arbeitnehmer, Arbeitnehmervertreter, Arbeitsaufsichtsbehörden und Gleichbehandlungsstellen haben das Recht, von Arbeitgebern zusätzliche Klarstellungen und Einzelheiten zu allen bereitgestellten Daten, einschließlich Erläuterungen zu etwaigen geschlechtsspezifischen Entgeltunterschieden, zu verlangen. Arbeitgeber übermitteln auf entsprechende Anfrage innerhalb einer angemessenen Frist eine begründete Antwort. Sind geschlechtsspezifische Entgeltunterschiede nicht durch objektive, geschlechtsneutrale Kriterien gerechtfertigt, so haben Arbeitgeber innerhalb einer angemessenen Frist in enger Zu-

sammenarbeit mit den Arbeitnehmervertretern, der Arbeitsaufsichtsbehörde und/oder der Gleichbehandlungsstelle Abhilfe zu schaffen.

Artikel 10
Gemeinsame Entgeltbewertung

(1) Die Mitgliedstaaten ergreifen geeignete Maßnahmen, um sicherzustellen, dass Arbeitgeber, die Berichterstattungspflichten nach Artikel 9 unterliegen, in Zusammenarbeit mit ihren Arbeitnehmervertretern eine gemeinsame Entgeltbewertung vornehmen, wenn alle der folgenden Bedingungen erfüllt sind:

a) aus der Berichterstattung über das Entgelt ergibt sich ein Unterschied bei der durchschnittlichen Entgelthöhe von Arbeitnehmerinnen und Arbeitnehmern in Höhe von mindestens 5 Prozent in einer Gruppe von Arbeitnehmern;

b) der Arbeitgeber hat einen solchen Unterschied bei der durchschnittlichen Entgelthöhe nicht auf der Grundlage objektiver, geschlechtsneutraler Kriterien gerechtfertigt;

c) der Arbeitgeber hat einen solchen ungerechtfertigten Unterschied bei der durchschnittlichen Entgelthöhe innerhalb von sechs Monaten nach dem Tag der Berichterstattung über das Entgelt nicht korrigiert.

(2) Die gemeinsame Entgeltbewertung wird durchgeführt, um Entgeltunterschiede zwischen Arbeitnehmerinnen und Arbeitnehmern, die nicht durch objektive und geschlechtsneutrale Kriterien gerechtfertigt sind, festzustellen, zu korrigieren und zu verhindern, und sie umfasst Folgendes:

a) eine Analyse des Anteils der Arbeitnehmerinnen und Arbeitnehmer in jeder Gruppe von Arbeitnehmern;

b) Informationen über die durchschnittlichen Entgelthöhen von Arbeitnehmerinnen und Arbeitnehmern sowie über ergänzende oder variable Bestandteile für jede Gruppe von Arbeitnehmern;

c) etwaige Unterschiede bei den durchschnittlichen Entgelthöhen zwischen Arbeitnehmerinnen und Arbeitnehmern in jeder einzelnen Gruppe von Arbeitnehmern;

d) die Gründe für solche Unterschiede bei den durchschnittlichen Entgelthöhen, gegebenenfalls auf der Grundlage objektiver und geschlechtsneutraler Kriterien, wie von den Arbeitnehmervertretern und dem Arbeitgeber gemeinsam festgestellt;

e) den Anteil der Arbeitnehmerinnen und Arbeitnehmer, denen eine Verbesserung beim Entgelt nach ihrem Wiedereinstieg nach Mutterschafts- oder Vaterschaftsurlaub, Elternurlaub oder Urlaub für pflegende Angehörige, gewährt wurde, wenn es eine solche Verbesserung in der einschlägigen Gruppe von Arbeitnehmern während des Zeitraums, in dem der Urlaub in Anspruch genommen wurde, gegeben hat;

f) Maßnahmen zur Beseitigung von Entgeltunterschieden, wenn diese nicht auf der Grundlage objektiver, geschlechtsneutraler Kriterien gerechtfertigt sind;

g) eine Bewertung der Wirksamkeit von Maßnahmen aus früheren gemeinsamen Entgeltbewertungen.

(3) Die Arbeitgeber stellen die gemeinsamen Entgeltbewertungen den Arbeitnehmern und den Arbeitnehmervertretern zur Verfügung und teilen sie der Überwachungsstelle nach Artikel 29 Absatz 3 Buchstabe d mit. Sie stellen die Informationen auf Ersuchen der Arbeitsaufsichtsbehörde und der Gleichbehandlungsstelle zur Verfügung.

(4) Bei der Umsetzung der Maßnahmen aus der gemeinsamen Entgeltbewertung hat der Arbeitgeber in enger Zusammenarbeit mit den Arbeitnehmervertretern entsprechend den nationalen Rechtsvorschriften und/oder Gepflogenheiten für die ungerechtfertigten Entgeltunterschiede Abhilfe zu schaffen. Die Arbeitsaufsichtsbehörde und/oder die Gleichbehandlungsstelle kann aufgefordert werden, an diesem Prozess mitzuwirken. Die Umsetzung der Maßnahmen umfasst eine Analyse bestehender Systeme zur geschlechtsneutralen Arbeitsbewertung und beruflichen Einstufung oder die Einrichtung solcher Systeme, um sicherzustellen, dass jegliche unmittelbare oder mittelbare Entgeltdiskriminierung aufgrund des Geschlechts ausgeschlossen wird.

Artikel 11

Unterstützung für Arbeitgeber mit weniger als 250 Arbeitnehmern

Die Mitgliedstaaten bieten Arbeitgebern mit weniger als 250 Arbeitnehmern und den betreffenden Arbeitnehmervertretern Unterstützung in Form von technischer Hilfe und Schulungen, um die Einhaltung der in dieser Richtlinie festgelegten Verpflichtungen zu erleichtern.

Artikel 12

Datenschutz

(1) Soweit Informationen, die im Rahmen von Maßnahmen nach den Artikeln 7, 9 und 10 übermittelt werden, mit der Verarbeitung personenbezogener Daten verbunden sind, werden sie im Einklang mit der Verordnung (EU) 2016/679 bereitgestellt.

(2) Personenbezogene Daten, die gemäß den Artikeln 7, 9 oder 10 dieser Richtlinie verarbeitet werden, dürfen nicht für andere Zwecke als die Anwendung des Grundsatzes des gleichen Entgelts verwendet werden.

(3) Die Mitgliedstaaten können beschließen, dass in Fällen, in denen die Offenlegung von Informationen nach den Artikeln 7, 9 und 10 zur unmittelbaren oder mittelbaren Offenlegung des Entgelts eines bestimmbaren Arbeitnehmers führen würde, nur die Arbeitnehmervertreter, die Arbeitsaufsichtsbehörde oder die Gleichbehandlungsstelle Zugang zu den betreffenden Informationen haben. Die Arbeitnehmervertreter oder die Gleichbehandlungsstelle beraten Arbeitnehmer über mögliche Ansprüche nach dieser Richtlinie, ohne dass die tatsächlichen Entgelthöhen einzelner Arbeitnehmer, die gleiche oder gleichwertige Arbeit verrichten, offengelegt wird. Für Zwecke der Überwachung gemäß Artikel 29 werden die Informationen uneingeschränkt zugänglich gemacht.

Artikel 13

Sozialer Dialog

Die Mitgliedstaaten ergreifen unbeschadet der Autonomie der Sozialpartner und im Einklang mit den nationalen Rechtsvorschriften und Gepflogenheiten geeignete Maßnahmen, um sicherzustellen, dass die

Sozialpartner wirksam einbezogen werden, indem die in dieser Richtlinie festgelegten Rechte und Pflichten erörtert werden, gegebenenfalls auf ihr Ersuchen.

Die Mitgliedstaaten ergreifen, unbeschadet der Autonomie der Sozialpartner und unter Berücksichtigung der Vielfalt der nationalen Gepflogenheiten, geeignete Maßnahmen zur Förderung der Rolle der Sozialpartner und zur Ermutigung zur Ausübung des Rechts auf Kollektivverhandlungen über Maßnahmen, um gegen Entgeltdiskriminierung und deren nachteilige Auswirkungen auf die Bewertung von Arbeit, die überwiegend von einem Geschlecht verrichtet wird, vorzugehen.

KAPITEL III
RECHTSMITTEL UND RECHTSDURCHSETZUNG

Artikel 14

Rechtsschutz

Die Mitgliedstaaten stellen sicher, dass allen Arbeitnehmern, die sich durch die Nichtanwendung des Grundsatzes des gleichen Entgelts in ihren Rechten für verletzt halten, nach einer etwaigen Schlichtung gerichtliche Verfahren zur Durchsetzung der Rechte und Pflichten im Zusammenhang mit dem Grundsatz des gleichen Entgelts zur Verfügung stehen. Diese Verfahren müssen für Arbeitnehmer und Personen, die in ihrem Namen handeln, selbst nach Beendigung des Beschäftigungsverhältnisses, während dessen die Diskriminierung vorgekommen sein soll, leicht zugänglich sein.

Artikel 15

Verfahren im Namen oder zur Unterstützung von Arbeitnehmern

Die Mitgliedstaaten stellen sicher, dass Verbände, Organisationen, Gleichbehandlungsstellen und Arbeitnehmervertreter oder andere juristische Personen, die gemäß den im nationalen Recht festgelegten Kriterien ein berechtigtes Interesse an der Gewährleistung der Gleichstellung von Männern und Frauen haben, sich an Verwaltungs- oder Gerichtsverfahren betreffend eine mutmaßliche Verletzung der Rechte oder Pflichten im Zusammenhang mit dem Grundsatz des gleichen Entgelts beteiligen können. Sie können mit Zustimmung eines Arbeitnehmers, der mutmaßliches Opfer einer Verletzung von Rechten oder Pflichten im Zusammenhang mit dem Grundsatz des gleichen Entgelts ist, im Namen oder zur Unterstützung dieser Person handeln.

Artikel 16
Anspruch auf Schadensersatz

(1) Die Mitgliedstaaten stellen sicher, dass Arbeitnehmer, die durch die Verletzung von Rechten oder Pflichten im Zusammenhang mit dem Grundsatz des gleichen Entgelts einen Schaden erlitten haben, das Recht haben, für diesen Schaden – je nach Vorgabe des Mitgliedstaats – vollständigen Schadensersatz oder vollständige Entschädigung zu verlangen und zu erhalten.

(2) Der in Absatz 1 genannte Schadensersatz bzw. die in Absatz 1 genannte Entschädigung müssen einen tatsächlichen und wirksamen Schadensersatz oder eine tatsächliche und wirksame Entschädigung für den erlittenen Schaden – je nach Vorgabe des Mitgliedstaats – auf eine abschreckende und angemessene Art und Weise darstellen.

(3) Durch den Schadensersatz oder die Entschädigung wird der Arbeitnehmer, der einen Schaden erlitten hat, in die Situation versetzt, in der er sich befunden hätte, wenn er nicht aufgrund des Geschlechts diskriminiert worden wäre oder wenn keine Verletzung der Rechte oder Pflichten im Zusammenhang mit dem Grundsatz des gleichen Entgelts erfolgt wäre. Die Mitgliedstaaten stellen sicher, dass der Schadensersatz oder die Entschädigung die vollständige Nachzahlung entgangener Entgelte und damit verbundener Boni oder Sachleistungen sowie den Schadensersatz für entgangene Chancen, immateriellen Schaden, jeglichen Schaden, der durch andere relevante Faktoren verursacht wurde, zu denen auch intersektionelle Diskriminierung zählen kann, und Verzugszinsen umfasst.

(4) Der Schadensersatz oder die Entschädigung darf nicht durch eine vorab festgelegte Obergrenze beschränkt werden.

Artikel 17
Sonstige Abhilfemaßnahmen

(1) Die Mitgliedstaaten stellen sicher, dass die zuständigen Behörden oder nationalen Gerichte im Falle einer Verletzung von Rechten oder

Pflichten im Zusammenhang mit dem Grundsatz des gleichen Entgelts im Einklang mit dem nationalen Recht auf Antrag der klagenden Partei und zulasten der beklagten Partei Folgendes anordnen können:

a) die Unterlassung der Verletzung;

b) die Ergreifung von Maßnahmen zur Sicherstellung, dass die Rechte oder Pflichten im Zusammenhang mit dem Grundsatz des gleichen Entgelts erfüllt werden.

(2) Kommt eine beklagte Partei einer Anordnung nach Absatz 1 nicht nach, so stellen die Mitgliedstaaten sicher, dass ihre zuständigen Behörden oder nationalen Gerichte in der Lage sind, gegebenenfalls Zwangsgelder zu verhängen, um die Erfüllung sicherzustellen.

Artikel 18

Verlagerung der Beweislast

(1) Die Mitgliedstaaten ergreifen im Einklang mit ihrem nationalen Justizsystem geeignete Maßnahmen, um sicherzustellen, dass in Fällen, in denen Arbeitnehmer, die sich durch die Nichtanwendung des Grundsatzes des gleichen Entgelts in ihren Rechten für verletzt halten, bei einer zuständigen Behörde oder einem nationalen Gericht Tatsachen glaubhaft machen, die das Vorliegen einer unmittelbaren oder mittelbaren Diskriminierung vermuten lassen, die beklagte Partei nachweisen muss, dass keine unmittelbare oder mittelbare Entgeltdiskriminierung vorliegt.

(2) Die Mitgliedstaaten stellen sicher, dass in Verwaltungs- oder Gerichtsverfahren in Bezug auf mutmaßliche unmittelbare oder mittelbare Entgeltdiskriminierung, die Fälle betreffen, in denen der Arbeitgeber Pflichten im Zusammenhang mit der Entgelttransparenz nach den Artikeln 5, 6, 7, 9 und 10 nicht erfüllt hat, der Arbeitgeber nachweisen muss, dass keine derartige Diskriminierung vorliegt.

Unterabsatz 1 des vorliegenden Absatzes findet keine Anwendung, wenn der Arbeitgeber nachweist, dass der Verstoß gegen die Verpflichtungen nach den Artikeln 5, 6, 7, 9 und 10 offensichtlich unbeabsichtigt und geringfügig war.

(3) Diese Richtlinie lässt das Recht der Mitgliedstaaten unberührt, eine günstigere Beweislastregelung für einen Arbeitnehmer vorzuse-

hen, der in Bezug auf eine mutmaßliche Verletzung von Rechten und Pflichten im Zusammenhang mit dem Grundsatz des gleichen Entgelts ein Verwaltungsverfahren oder ein Gerichtsverfahren anstrengt.

(4) Die Mitgliedstaaten können davon absehen, Absatz 1 auf Verfahren anzuwenden, in denen die zuständige Behörde oder das Gericht den Sachverhalt ermittelt.

(5) Vorbehaltlich anderslautender nationaler Rechtsvorschriften gilt dieser Artikel nicht für Strafverfahren.

Artikel 19
Nachweis für gleiche oder gleichwertige Arbeit

(1) Bei der Bewertung, ob Arbeitnehmerinnen und Arbeitnehmer die gleiche oder gleichwertige Arbeit verrichten, ist die Bewertung, ob sich die Arbeitnehmer in einer vergleichbaren Situation befinden, nicht auf Situationen beschränkt, in denen Arbeitnehmerinnen und Arbeitnehmer für denselben Arbeitgeber arbeiten, sondern wird auf eine einheitliche Quelle, die die Entgeltbedingungen festlegt, ausgeweitet. Eine einheitliche Quelle besteht, wenn diese alle für den Vergleich zwischen Arbeitnehmern relevanten Elemente des Entgelts festlegt.

(2) Die Bewertung, ob sich Arbeitnehmer in einer vergleichbaren Situation befinden, ist nicht auf Arbeitnehmer beschränkt, die zur gleichen Zeit wie der betreffende Arbeitnehmer beschäftigt sind.

(3) Wenn keine echte Vergleichsperson ermittelt werden kann, können andere Beweismittel zum Nachweis einer mutmaßlichen Entgeltdiskriminierung herangezogen werden, einschließlich Statistiken oder eines Vergleichs darüber, wie ein Arbeitnehmer in einer vergleichbaren Situation behandelt würde.

Artikel 20
Zugang zu Beweismitteln

(1) Die Mitgliedstaaten stellen sicher, dass zuständige Behörden oder nationale Gerichte in Verfahren betreffend Ansprüche auf gleiches Entgelt im Einklang mit den nationalen Rechtsvorschriften und Gepflogenheiten anordnen können, dass die beklagte Partei einschlägige Beweismittel, die sich in ihrer Verfügungsgewalt befinden, offenlegt.

(2) Die Mitgliedstaaten stellen sicher, dass die zuständigen Behörden oder die nationalen Gerichte befugt sind, die Offenlegung von Beweismitteln, die vertrauliche Informationen enthalten, anzuordnen, wenn sie diese als sachdienlich für den Anspruch auf gleiches Entgelt erachten. Die Mitgliedstaaten stellen sicher, dass die zuständigen Behörden oder die nationalen Gerichte bei der Anordnung der Offenlegung solcher Informationen im Einklang mit nationalem Verfahrensrecht über wirksame Maßnahmen zu deren Schutz verfügen.

(3) Dieser Artikel lässt das Recht der Mitgliedstaaten, eine für die klagende Partei günstigere Beweislastregelung aufrechtzuerhalten oder einzuführen, unberührt.

Artikel 21
Verjährungsfristen

(1) Die Mitgliedstaaten stellen sicher, dass in den anwendbaren nationalen Vorschriften für Verjährungsfristen für das Geltendmachen von Ansprüchen auf gleiches Entgelt festgelegt ist, wann die Verjährungsfrist beginnt, wie lange sie dauert, und unter welchen Umständen eine Hemmung oder Unterbrechung der Frist eintritt. Die Verjährungsfristen beginnen nicht, bevor die klagende Partei Kenntnis von einem Verstoß hat oder diese Kenntnis vernünftigerweise von ihm erwartet werden kann. Die Mitgliedstaaten können beschließen, dass Verjährungsfristen nicht beginnen, solange ein Verstoß weiter besteht, oder dass sie nicht vor Beendigung des Arbeitsvertrags oder des Beschäftigungsverhältnisses beginnen. Diese Verjährungsfristen dürfen nicht kürzer sein als drei Jahre.

(2) Die Mitgliedstaaten stellen sicher, dass Verjährungsfristen gehemmt oder – je nach nationalem Recht – unterbrochen werden, sobald eine klagende Partei tätig wird, indem sie den Arbeitgeber über eine Beschwerde in Kenntnis setzt oder indem sie, direkt oder über die Arbeitnehmervertreter, die Arbeitsaufsichtsbehörde oder die Gleichbehandlungsstelle ein Verfahren bei einem Gericht anstrengt.

(3) Dieser Artikel gilt nicht für Vorschriften über das Erlöschen von Ansprüchen.

Artikel 22
Verfahrenskosten

Die Mitgliedstaaten stellen sicher, dass in Fällen, in denen die beklagte Partei in einem Verfahren aufgrund eines Anspruchs wegen Entgeltdiskriminierung die obsiegende Partei ist, die nationalen Gerichte im Einklang mit dem nationalen Recht bewerten können, ob die unterlegene klagende Partei berechtigte Gründe hatte, den Anspruch geltend zu machen, und, wenn dies der Fall ist, zu beurteilen, ob es angemessen wäre, dass die unterlegene klagende Partei die Verfahrenskosten nicht tragen muss.

Artikel 23
Sanktionen

(1) Die Mitgliedstaaten erlassen Vorschriften über wirksame, verhältnismäßige und abschreckende Sanktionen, die bei Verletzungen der Rechte und Pflichten im Zusammenhang mit dem Grundsatz des gleichen Entgelts zu verhängen sind. Die Mitgliedstaaten ergreifen alle erforderlichen Maßnahmen, um sicherzustellen, dass diese Vorschriften umgesetzt werden, und teilen der Kommission diese Vorschriften und Maßnahmen unverzüglich mit und melden ihr etwaige spätere Änderungen.

(2) Die Mitgliedstaaten stellen sicher, dass die in Absatz 1 genannten Sanktionen eine tatsächlich abschreckende Wirkung bei Verletzungen der Rechte und Pflichten im Zusammenhang mit dem Grundsatz des gleichen Entgelts gewährleisten. Zu diesen Sanktionen gehören auch Geldbußen, die gemäß dem nationalen Recht festgesetzt werden.

(3) Bei den in Absatz 1 genannten Sanktionen ist allen relevanten erschwerenden oder mildernden Umständen Rechnung zu tragen, die auf den Sachverhalt der Verletzung anwendbar sind, wozu auch intersektionelle Diskriminierung gehören kann.

(4) Die Mitgliedstaaten stellen sicher, dass für wiederholte Verletzungen der Rechte und Pflichten im Zusammenhang mit dem Grundsatz des gleichen Entgelts spezifische Sanktionen Anwendung finden.

(5) Die Mitgliedstaaten treffen alle erforderlichen Maßnahmen, um sicherzustellen, dass die Sanktionen gemäß diesem Artikel in der Praxis wirksam angewendet werden.

Artikel 24
Gleiches Entgelt bei öffentlichen Aufträgen und Konzessionen

(1) Zu den geeigneten Maßnahmen, die die Mitgliedstaaten im Einklang mit Artikel 30 Absatz 3 der Richtlinie 2014/23/EU, Artikel 18 Absatz 2 der Richtlinie 2014/24/EU und Artikel 36 Absatz 2 der Richtlinie 2014/25/EU ergreifen, gehören Maßnahmen, mit denen sichergestellt wird, dass Wirtschaftsteilnehmer bei der Ausführung von öffentlichen Aufträgen oder Konzessionen ihre Pflichten betreffend den Grundsatz des gleichen Entgelts einhalten.

(2) Die Mitgliedstaaten prüfen, öffentliche Auftraggeber gegebenenfalls zu verpflichten, Sanktionen und Kündigungsbedingungen einzuführen, um die Wahrung des Grundsatzes des gleichen Entgelts bei der Ausführung von öffentlichen Verträgen und Konzessionen zu gewährleisten. Wenn die Behörden der Mitgliedstaaten im Einklang mit Artikel 38 Absatz 7 Buchstabe a der Richtlinie 2014/23/EU, Artikel 57 Absatz 4 Buchstabe a der Richtlinie 2014/24/EU oder Artikel 80 Absatz 1 der Richtlinie 2014/25/EU in Verbindung mit Artikel 57 Absatz 4 Buchstabe a der Richtlinie 2014/24/EU handeln, können öffentliche Auftraggeber einen Wirtschaftsteilnehmer von der Teilnahme an einem Vergabeverfahren ausschließen oder von den Mitgliedstaaten dazu angewiesen werden, wenn sie in geeigneter Form eine Verletzung der Pflichten nach Absatz 1 des vorliegenden Artikels im Zusammenhang mit der Nichteinhaltung der Pflichten hinsichtlich der Entgelttransparenz oder mit einem Entgeltgefälle von mehr als 5 % in einer Gruppe von Arbeitnehmern nachweisen und der Arbeitgeber diesen Unterschied nicht auf der Grundlage objektiver, geschlechtsneutraler Kriterien begründen kann. Dies gilt unbeschadet anderer Rechte und Pflichten nach der Richtlinie 2014/23/EU, 2014/24/EU oder 2014/25/EU.

Artikel 25
Viktimisierung und Schutz vor ungünstigerer Behandlung

(1) Arbeitnehmer und deren Arbeitnehmervertreter dürfen nicht deshalb ungünstiger behandelt werden, weil sie ihre Rechte in Bezug auf den Grundsatz des gleichen Entgelts ausgeübt haben oder eine andere Person beim Schutz ihrer Rechte unterstützt haben.

(2) Die Mitgliedstaaten treffen im Rahmen ihrer nationalen Rechtsordnungen die erforderlichen Maßnahmen, um Arbeitnehmer, einschließlich Arbeitnehmer, die Arbeitnehmervertreter sind, vor Entlassung oder anderen Benachteiligungen durch einen Arbeitgeber zu schützen, die als Reaktion auf eine Beschwerde innerhalb der Organisation des Arbeitgebers oder auf die Einleitung eines Verwaltungsverfahrens oder eines Gerichtsverfahrens für die Zwecke der Durchsetzung von Rechten oder Pflichten im Zusammenhang mit dem Grundsatz des gleichen Entgelts erfolgen.

Artikel 26
Verhältnis zur Richtlinie 2006/54/EG

Kapitel III der vorliegenden Richtlinie findet auf Verfahren betreffend die Rechte oder Pflichten im Zusammenhang mit dem Grundsatz des gleichen Entgelts nach Artikel 4 der Richtlinie 2006/54/EG Anwendung.

KAPITEL IV
HORIZONTALE BESTIMMUNGEN

Artikel 27
Schutzniveau

(1) Die Mitgliedstaaten können Vorschriften beibehalten oder einführen, die für die Arbeitnehmer günstiger sind als die Bestimmungen dieser Richtlinie.

(2) Die Umsetzung dieser Richtlinie darf keinesfalls als Rechtfertigung für eine Absenkung des Schutzniveaus in den von dieser Richtlinie erfassten Bereichen benutzt werden.

Artikel 28
Gleichbehandlungsstellen

(1) Unbeschadet der Zuständigkeiten der Arbeitsaufsichtsbehörden oder anderer mit der Durchsetzung der Arbeitnehmerrechte befasster Stellen, einschließlich der Sozialpartner, sind die Gleichbehandlungsstellen für Fragen zuständig, die unter diese Richtlinie fallen.

(2) Die Mitgliedstaaten ergreifen im Einklang mit den nationalen Rechtsvorschriften und Gepflogenheiten aktive Maßnahmen zur Sicherstellung der engen Zusammenarbeit und Koordinierung zwischen den Arbeitsaufsichtsbehörden, den Gleichbehandlungsstellen und gegebenenfalls den Sozialpartnern in Bezug auf den Grundsatz des gleichen Entgelts.

(3) Die Mitgliedstaaten statten ihre Gleichbehandlungsstellen mit den angemessenen Ressourcen für die wirksame Erfüllung ihrer Aufgaben im Hinblick auf die Wahrung des Rechts auf gleiches Entgelt aus.

Artikel 29
Überwachung und Sensibilisierung

(1) Die Mitgliedstaaten stellen eine konsequente und koordinierte Überwachung und Unterstützung der Anwendung des Grundsatzes des gleichen Entgelts und der Durchsetzung aller verfügbaren Rechtsmittel sicher.

(2) Jeder Mitgliedstaat benennt eine Stelle für die Überwachung und Unterstützung der Anwendung nationaler Maßnahmen zur Umsetzung dieser Richtlinie (im Folgenden „Überwachungsstelle") und trifft die erforderlichen Vorkehrungen für das reibungslose Funktionieren dieser Stelle. Die Überwachungsstelle kann Teil einer bestehenden Stelle oder Struktur auf nationaler Ebene sein. Die Mitgliedstaaten können mehr als eine Stelle für Zwecke der Sensibilisierung und Datenerhebung benennen, sofern die nach Absatz 3 Buchstaben b, c und e vorgesehenen Überwachungs- und Analysefunktionen von einer zentralen Stelle wahrgenommen werden.

(3) Die Mitgliedstaaten stellen sicher, dass Folgendes zu den Aufgaben der Überwachungsstelle gehört:

a) Sensibilisierung öffentlicher und privater Unternehmen und Organisationen, der Sozialpartner und der Öffentlichkeit im Hinblick auf die Förderung des Grundsatzes des gleichen Entgelts und des Rechts auf Entgelttransparenz, einschließlich durch Bekämpfung intersektioneller Diskriminierung in Bezug auf gleiches Entgelt bei gleicher oder gleichwertiger Arbeit;

b) Analyse der Ursachen des geschlechtsspezifischen Entgeltgefälles und Entwicklung von Instrumenten für eine bessere Beurteilung von Ungleichheiten beim Entgelt, insbesondere unter Verwendung der Analysearbeit und der Analyseinstrumente des EIGE;

c) Sammlung der gemäß Artikel 9 Absatz 7 erhaltenen Daten der Arbeitgeber und unverzügliche Veröffentlichung der in Artikel 9 Absatz 1 Buchstaben a bis f genannten Daten in einfach zugänglicher und benutzerfreundlicher Weise, um einen Vergleich zwischen Arbeitgebern, Sektoren und Regionen des betreffenden Mitgliedstaats zu ermöglichen und, sofern verfügbar, sicherzustellen, dass Informationen aus den vorangehenden vier Jahren zugänglich sind;

d) Sammlung der Berichte über die gemeinsame Entgeltbewertung gemäß Artikel 10 Absatz 3;

e) Bereitstellung von Daten über die Zahl und die Art der wegen Entgeltdiskriminierung bei den zuständigen Behörden, einschließlich Gleichbehandlungsstellen, eingegangenen Beschwerden und der vor den nationalen Gerichten geltendgemachten Ansprüchen.

(4) Die Mitgliedstaaten übermitteln der Kommission bis zum 7. Juni 2028 und danach alle zwei Jahre in einer einzigen Vorlage die in Absatz 3 Buchstaben c, d und e genannten Daten.

Artikel 30
Tarifverhandlungen und Kollektivmaßnahmen

Diese Richtlinie berührt in keiner Weise das Recht auf die Aushandlung, den Abschluss und die Durchsetzung von Tarifverträgen oder das Recht auf Kollektivmaßnahmen im Einklang mit den nationalen Rechtsvorschriften oder Gepflogenheiten.

Artikel 31
Statistik

Die Mitgliedstaaten stellen der Kommission (Eurostat) jährlich aktuelle nationale Daten für die Berechnung des geschlechtsspezifischen Entgeltgefälles in unbereinigter Form bereit. Diese Statistiken sind nach Geschlecht, Wirtschaftssektor, Arbeitszeit (Voll-/Teilzeit), wirtschaftlicher Kontrolle (öffentliches/privates Eigentum) und Alter aufgeschlüsselt und auf jährlicher Basis zu berechnen.

Die in Absatz 1 genannten Daten werden ab dem 31. Januar 2028 für das Bezugsjahr 2026 übermittelt.

Artikel 32
Verbreitung von Informationen

Die Mitgliedstaaten ergreifen aktive Maßnahmen, um sicherzustellen, dass ihre gemäß dieser Richtlinie angenommenen Vorschriften sowie die bereits geltenden einschlägigen Vorschriften allen Betroffenen in ihrem Hoheitsgebiet in geeigneter Form bekannt gemacht werden.

Artikel 33
Durchführung

Die Mitgliedstaaten können die Sozialpartner im Einklang mit den nationalen Rechtsvorschriften und/oder Gepflogenheiten in Bezug auf die Rolle der Sozialpartner mit der Durchführung dieser Richtlinie betrauen, sofern die Mitgliedstaaten alle erforderlichen Maßnahmen treffen, um zu gewährleisten, dass die mit dieser Richtlinie angestrebten Ergebnisse jederzeit erzielt werden. Die den Sozialpartnern übertragenen Durchführungsaufgaben können Folgendes umfassen:

a) Entwicklung von Analyseinstrumenten oder -methoden gemäß Artikel 4 Absatz 2;

b) finanzielle Sanktionen, die Geldbußen gleichkommen, sofern sie wirksam, verhältnismäßig und abschreckend sind.

Artikel 34
Umsetzung

(1) Die Mitgliedstaaten setzen die Rechts- und Verwaltungsvorschriften in Kraft, die erforderlich sind, um dieser Richtlinie bis zum 7. Juni 2026 nachzukommen. Sie setzen die Kommission unverzüglich davon in Kenntnis.

Wenn sie die Kommission in Kenntnis setzen, übermitteln die Mitgliedstaaten der Kommission auch eine Zusammenfassung der Ergebnisse einer Bewertung zu den Auswirkungen ihrer Umsetzungsmaßnahmen auf Arbeitnehmer sowie auf Arbeitgeber mit weniger als 250 Arbeitnehmern und einen Verweis darauf, wo diese Bewertung veröffentlicht wird.

(2) Bei Erlass der in Absatz 1 genannten Vorschriften nehmen die Mitgliedstaaten in den Vorschriften selbst oder durch einen Hinweis bei der amtlichen Veröffentlichung auf diese Richtlinie Bezug. Die Mitgliedstaaten regeln die Einzelheiten dieser Bezugnahme.

Artikel 35
Berichterstattung und Überprüfung

(1) Die Mitgliedstaaten informieren die Kommission bis zum 7. Juni 2031 über die Durchführung dieser Richtlinie und ihre Auswirkungen in der Praxis.

(2) Bis zum 7. Juni 2033 legt die Kommission dem Europäischen Parlament und dem Rat einen Bericht über die Umsetzung dieser Richtlinie vor. In dem Bericht werden unter anderem die Schwellenwerte für Arbeitgeber gemäß den Artikeln 9 und 10 sowie der Schwellenwert von 5 % für die gemeinsame Entgeltbewertung gemäß Artikel 10 Absatz 1 geprüft. Die Kommission schlägt gegebenenfalls Änderungen der Gesetzgebung vor, die sie auf der Grundlage dieses Berichts für erforderlich hält.

Artikel 36
Inkrafttreten

Diese Richtlinie tritt am zwanzigsten Tag nach ihrer Veröffentlichung im *Amtsblatt der Europäischen Union* in Kraft.

Artikel 37
Adressaten

Diese Richtlinie ist an die Mitgliedstaaten gerichtet.

Geschehen zu Straßburg am 10. Mai 2023.

Im Namen des Europäischen Parlaments	*Im Namen des Rates*
Die Präsidentin	*Die Präsidentin*
R. METSOLA	J. ROSWALL

Anlage 1 (1) ABl. C 341 vom 24.8.2021 S. 84.

Anlage 2 ([2]) Standpunkt des Europäischen Parlaments vom 30. März 2023 (noch nicht im Amtsblatt veröffentlicht) und Beschluss des Rates vom 24. April 2023.

Anlage 3 ([3]) Urteil des Gerichtshofs vom 30. April 1996, P gegen S, C-13/94, ECLI:EU:C:1996:170; Urteil des Gerichtshofs vom 7. Januar 2004, K.B., C-117/01, ECLI:EU:C:2004:7; Urteil des Gerichtshofs vom 27. April 2006, Richards, C-423/04, ECLI:EU:C:2006:256; Urteil des Gerichtshofs vom 26. Juni 2018, MB, C-451/16, ECLI:EU:C:2018:492.

Anlage 4 ([4]) Richtlinie 2006/54/EG des Europäischen Parlaments und des Rates vom 5. Juli 2006 zur Verwirklichung des Grundsatzes der Chancengleichheit und Gleichbehandlung von Männern und Frauen in Arbeits- und Beschäftigungsfragen (ABl. L 204 vom 26.7.2006, S. 23).

Anlage 5 ([5]) Urteil des Gerichtshofs vom 3. Juli 1986, Lawrie-Blum, 66/85, ECLI:EU:C:1986:284; Urteil des Gerichtshofs vom 14. Oktober 2010, Union Syndicale Solidaires Isère, C-428/09, ECLI:EU:C:2010:612; Urteil des Gerichtshofs vom 4. Dezember 2014, FNV Kunsten Informatie en Media, C-413/13, ECLI:EU:C:2014:2411; Urteil des Gerichtshofs vom 9. Juli 2015, Balkaya, C-229/14, ECLI:EU:C:2015:455; Urteil des Gerichtshofs vom 17. November 2016, Betriebsrat der Ruhrlandklinik, C-216/15, ECLI:EU:C:2016:883; Urteil des Gerichtshofs vom 16. Juli 2020, Governo della Repubblica italiana (Status der italienischen Friedensrichter), C-658/18, ECLI:EU:C:2020:572.

Anlage 6 ([6]) Beispielsweise Urteil des Gerichtshofs vom 9. Februar 1982, Garland, C-12/81, ECLI:EU:C:1982:44; Urteil des Gerichtshofs vom 9. Juni 1982, Kommission der Europäischen Gemeinschaften/Großherzogtum Luxemburg, C-58/81, ECLI:EU:C:1982:215; Urteil des Gerichtshofs vom 13. Juli 1989, Rinner-Kühn, C-171/88, ECLI:EU:C:1989:328; Urteil des Gerichtshofs vom 27. Juni 1990, Kowalska, C-33/89,

ECLI:EU:C:1990:265; Urteil des Gerichtshofs vom 4. Juni 1992, Böttel, C-360/90, ECLI:EU:C:1992:246; Urteil des Gerichtshofs vom 13. Februar 1996, Gillespie und andere, C-342/93, ECLI:EU:C:1996:46; Urteil des Gerichtshofs vom 7. März 1996, Freers und Speckmann, C-278/93, ECLI:EU:C:1996:83; Urteil des Gerichtshofs vom 30. März 2004, Alabaster, C-147/02, ECLI:EU:C:2004:192.

Anlage 7 ([7]) Richtlinie 2000/43/EG des Rates vom 29. Juni 2000 zur Anwendung des Gleichbehandlungsgrundsatzes ohne Unterschied der Rasse oder der ethnischen Herkunft (ABl. L 180 vom 19.7.2000, S. 22).

Anlage 8 ([8]) Richtlinie 2000/78/EG des Rates vom 27. November 2000 zur Festlegung eines allgemeinen Rahmens für die Verwirklichung der Gleichbehandlung in Beschäftigung und Beruf (ABl. L 303 vom 2.12.2000, S. 16).

Anlage 9 ([9]) Urteil des Gerichtshofs vom 17. September 2002, Lawrence u. a., C-320/00, ECLI:EU:C:2002:498.

Anlage 10 ([10]) Urteil des Gerichtshofs vom 27. März 1980, Macarthys Ltd, C-129/79, ECLI:EU:C:1980:103.

Anlage 11 ([11]) Empfehlung 2003/361/EG der Kommission vom 6. Mai 2003 betreffend die Definition der Kleinstunternehmen sowie der kleinen und mittleren Unternehmen (ABl. L 124 vom 20.5.2003, S. 36).

Anlage 12 ([12]) Richtlinie (EU) 2016/2102 des Europäischen Parlaments und des Rates vom 26. Oktober 2016 über den barrierefreien Zugang zu den Websites und mobilen Anwendungen öffentlicher Stellen (ABl. L 327 vom 2.12.2016, S. 1).

Anlage 13 ([13]) Richtlinie 2013/34/EU des Europäischen Parlaments und des Rates vom 26. Juni 2013 über den Jahresabschluss, den konsolidierten Abschluss und damit verbundene Berichte von Unternehmen bestimmter Rechtsformen und zur Änderung der Richtlinie 2006/43/EG des Europäischen Parlaments und des

Rates und zur Aufhebung der Richtlinien 78/660/ EWG und 83/349/EWG des Rates (ABl. L 182 vom 29.6.2013, S. 19).

Anlage 14 ([14]) Verordnung (EU) 2016/679 des Europäischen Parlaments und des Rates vom 27. April 2016 zum Schutz natürlicher Personen bei der Verarbeitung personenbezogener Daten, zum freien Datenverkehr und zur Aufhebung der Richtlinie 95/46/EG (Datenschutz-Grundverordnung) (ABl. L 119 vom 4.5.2016, S. 1).

Anlage 15 ([15]) Urteil des Gerichtshofs vom 17. Dezember 2015, Arjona Camacho, C-407/14, ECLI:EU:C:2015:831, Rn. 45.

Anlage 16 ([16]) Urteil des Gerichtshofs vom 17. Oktober 1989, Danfoss, C-109/88, ECLI:EU:C:1989:383.

Anlage 17 ([17]) Richtlinie 2014/23/EU des Europäischen Parlaments und des Rates vom 26. Februar 2014 über die Konzessionsvergabe (ABl. L 94 vom 28.3.2014, S. 1).

Anlage 18 ([18]) Richtlinie 2014/24/EU des Europäischen Parlaments und des Rates vom 26. Februar 2014 über die öffentliche Auftragsvergabe und zur Aufhebung der Richtlinie 2004/18/EG (ABl. L 94 vom 28.3.2014, S. 65).

Anlage 19 ([19]) Richtlinie 2014/25/EU des Europäischen Parlaments und des Rates vom 26. Februar 2014 über die Vergabe von Aufträgen durch Auftraggeber im Bereich der Wasser-, Energie- und Verkehrsversorgung sowie der Postdienste und zur Aufhebung der Richtlinie 2004/17/EG (ABl. L 94 vom 28.3.2014, S. 243).

Anlage 20 ([20]) Urteil des Gerichtshofs vom 20. Juni 2019, Hakelbracht u. a., C-404/18, ECLI:EU:C:2019:523.

Anlage 21 ([21]) Verordnung (EG) Nr. 530/1999 des Rates vom 9. März 1999 zur Statistik über die Struktur der Verdienste und der Arbeitskosten (ABl. L 63 vom 12.3.1999, S. 6).

Anlage 22 ([22]) Verordnung (EG) Nr. 223/2009 des Europäischen Parlaments und des Rates vom 11. März 2009 über europäische Statistiken und zur Aufhebung der Verordnung (EG, Euratom) Nr. 1101/2008 des Europäischen Parlaments und des Rates über die Übermittlung von unter die Geheimhaltungspflicht fallenden Informationen an das Statistische Amt der Europäischen Gemeinschaften, der Verordnung (EG) Nr. 322/97 des Rates über die Gemeinschaftsstatistiken und des Beschlusses 89/382/EWG, Euratom des Rates zur Einsetzung eines Ausschusses für das Statistische Programm der Europäischen Gemeinschaften (ABl. L 87 vom 31.3.2009, S. 164).

Anlage 23 ([23]) Verordnung (EU) 2018/1725 des Europäischen Parlaments und des Rates vom 23. Oktober 2018 zum Schutz natürlicher Personen bei der Verarbeitung personenbezogener Daten durch die Organe, Einrichtungen und sonstigen Stellen der Union, zum freien Datenverkehr und zur Aufhebung der Verordnung (EG) Nr. 45/2001 und des Beschlusses Nr. 1247/2002/EG (ABl. L 295 vom 21.11.2018, S. 39).

Anlage 24 ([24]) Richtlinie 92/85/EWG des Rates vom 19. Oktober 1992 über die Durchführung von Maßnahmen zur Verbesserung der Sicherheit und des Gesundheitsschutzes von schwangeren Arbeitnehmerinnen, Wöchnerinnen und stillenden Arbeitnehmerinnen am Arbeitsplatz (zehnte Einzelrichtlinie im Sinne des Artikels 16 Absatz 1 der Richtlinie 89/391/EWG) (ABl. L 348 vom 28.11.1992, S. 1).

Anlage 25 ([25]) Richtlinie (EU) 2019/1158 des Europäischen Parlaments und des Rates vom 20. Juni 2019 zur Vereinbarkeit von Beruf und Privatleben für Eltern und pflegende Angehörige und zur Aufhebung der Richtlinie (EU) 2010/18/EU des Rates (ABl. L 188 vom 12.7.2019, S. 79).